Eberhard Apffelstaedt

Finnland, Matti & Co.

Eberhard Apffelstaedt

Finnland, Matti & Co.

Familie Machtniks reist nach Suomi

Heiner Labonde Verlag

FSC
www.fsc.org
MIX
Papier aus verantwortungsvollen Quellen
Paper from responsible sources
FSC® C105338

ISBN 978-3-937507-73-6

Gestaltung: Antje Zerressen, Pada ri GmbH, Essen
Printed in Germany

Inhalt

1 »Augenzwinkerlein«

So geht es, wenn man mit Matti befreundet ist: Eigentlich wollte ich diese kleine Texteinführung ins vorliegende Buch ganz gesittet und bescheiden ›Vorwort‹ nennen. Dann jedoch, damit hatte ich nicht gerechnet, gelangten die betreffenden Manuskriptseiten in die Hände des finnischen Allroundgenies – und da war ›Schluss mit Ernst‹. »Kannst du nicht schreiben ›Vorwort‹, musst du schreiben sehr lustiges Wort wie ... wie ... ›pieni silmänvilkutus‹!«, tönte mein Freund.

Diesen Matti-Vorschlag habe ich mit ›Augenzwinkerlein‹ ins Deutsche übertragen, und das also ist die Erklärung für die obige Überschrift.

Und es stimmt ja, Matti hat recht: Mit einem Augenzwinkern habe ich die Geschichten und Geschichtchen im vorliegenden Buch geschrieben. Und mit einem Augenzwinkern und einem Lächeln sollten sie gelesen und vergnügt delektiert werden.

Vielleicht werden Sie manches Mal beim Lesen denken: »Das kann doch gar nicht sein! So überspannt ist doch kein Mensch, weder in Finnland noch in Deutschland! Das sind eindeutig Hirngespinste eines verrückten Autors!«

Nun, man könnte das vermuten. Die schriftstellerische Fantasie neigt ja bekanntlich zu ›kapriziösen Kapriolen‹ und schafft womöglich Scheinrealitäten. Aber wer weiß das schon so genau? Ich jedenfalls war bei sämtlichen Geschehnissen, die in diesem Buch beschrieben sind, dabei oder habe sie von vertrauenswürdigen Personen berichtet bekommen.

Bei all den scheinbar unsinnigen Handlungen des finnischen Urgesteins Matti ebenso wie denen des ihm ebenbürtigen deutschen Unikums Jens muss eben festgehalten werden:

Ihre Aktionen sind letztlich durchaus zielgerichtet. Es ist halt nur entscheidend zu erkennen, welches das Ziel jeweils ist. Nach ausgiebigen Beobachtungen und Analysen kann ich dazu sagen: Das überwiegende Bestreben der zwei ist, im Mittelpunkt zu stehen, Spaß zu haben und den Grauschleier der Langeweile aus dem Alltag zu verbannen.

Dass das sehr oft gelingt, wenn auch manchmal auf Umwegen und nicht selten mit gewissen Beschwerden, relativiert die Verschrobenheiten der beiden Chaoten für die Umgebung auf ein erträgliches Maß. Denn es bleibt immer spürbar, beide veralbern nicht nur ihre Familien und Freunde, sondern können auch herzlich über sich selbst lachen.

Ich wünsche Ihnen Spaß und Kurzweil beim Lesen, und dass es Matti und Jens, Fridolin und mir gelingt, auch Ihren Alltag wenigstens für die kurze Zeit des Abtauchens in die dargebotenen Absurditäten der Protagonisten etwas bunter und fröhlicher zu gestalten.

Eberhard Apffelstaedt

PS: Ich möchte an dieser Stelle meiner lieben Frau Pirjo meinen Dank aussprechen, die mit Ideen und finnischem Sprachwissen zum Text beigetragen hat.

2 Reiseziel Finnland

Das Städtchen, von dem ich auf den folgenden Seiten berichten möchte, sticht durch nichts aus der Menge weiterer Kleinstädte in Deutschland hervor. Was gibt es hier: Geschäfte, Kneipen, ein Kaufhaus, Schulen, einen Fußballverein, ein Museum usw. Nichts Ungewöhnliches eben. Und doch: Es lohnt sich durchaus, genauer hinzuschauen.

Denn in diesem beschaulich-kleinbürgerlichen Milieu lebt, wirkt und »chaotisiert« die Familie Machtniks. Sie ist vermutlich unbekannt, aber genau aus diesem Grund möchte ich sie in diesem Buch vorstellen.

Beginnen wir mit Claudia. Und keine Angst! Peu à peu werde ich auch die anderen Mitglieder der Familie Machtniks beschreiben. Jede und jeder von ihnen ist irgendwie einzigartig – und doch scheint es manches Mal so, als wohnten sie bei uns allen in der Nachbarschaft ...

Claudia jedenfalls ist das, was man gemeinhin als treusorgende Seele bezeichnet: a) Mutter zweier liebreizender Kinder, b) Besitzerin eines feuerroten Kleinwagens und c) einiges von ihrer gesamten Familie gewohnt ... Hauptsächlich ist Claudia allerdings wohl Ehefrau ihres bemerkenswert unkonventionellen Jens. Mindestens bekommt man als stiller Beobachter des Machtniksschen Alltags häufig diesen Eindruck. Wobei Jens, wenn man ihn fragt, mit Sicherheit sich selbst als die tragende Säule des Familienlebens bezeichnet.

Wie dem auch sei: Es ist früher Nachmittag mitten in der Woche. Die Sonne scheint vom strahlend blauen Himmel, und das kleine rote Auto kurvt zackig um die Ecke, so ungefähr auf zwei Rädern. Claudia ist auf dem Weg nach Hause. Der Tag war anstrengend: erst die Elternsprechstunde in

Tommis Schule, dann die Einkäufe für Silke, wegen ihres bevorstehenden Geburtstags. Dazu Lebensmittel für die nächsten Tage. Und der Besuch bei Franzi, ihrer Jugendfreundin: auch kein reiner Genuss. Ist es nicht ein herrliches Gefühl: In wenigen Minuten wird sie in der Küche sitzen, eine heiße Tasse Kaffee auf dem Tisch und dann: Pause! Wer würde ihr das nicht gönnen?

Leider, leider verläuft der ganz normale Alltag der Familie Machtniks nicht unbedingt in vorhersehbaren Bahnen. Ich könnte jedenfalls im Grund genommen schon jetzt schreiben: »Träum weiter, Claudia!« Denn:

Da ist schon die Garageneinfahrt. Claudia kann gerade noch bremsen. Wer parkt da? Sie schaut zweimal hin, obwohl, eigentlich ist ihr sofort klar: Das kann nur einer sein. Jens. Wieso ist der Kerl jetzt schon zu Hause? Ist natürlich wieder mal typisch, dass der Bursche seinen Schlitten nicht in die Garage fährt, sondern die Einfahrt versperrt. Hatte er nicht heute Morgen noch bedauernd verkündet, er habe leider keine Zeit, sie zum Elternsprechtag in Tommis Schule zu begleiten? Oder mit ihr die nötigen Geschenke für Silkes bevorstehenden Geburtstag zu besorgen? Sie hört noch: »Im Büro stapelt sich die Arbeit, ich weiß nicht mehr, wo mir der Kopf steht, hab' schon schlaflose Nächte!« Und so weiter und so fort. Wobei seine ausdauernden nächtlichen Schnarchkonzerte ihn allerdings bezüglich der so jammervoll geklagten Schlafstörungen Lügen strafen. Claudia war schon gezwungen, sich eine Großpackung Ohrstöpsel zuzulegen, um in der Nacht wenigstens gelegentlich ein Auge zutun zu können ... Und jetzt: Da kommt der Bursche so ungefähr schon vor der Mittagspause nach Hause, stellt seine Karosse prompt dick und breit in die Einfahrt, statt das (elektrische und ferngesteuerte!) Garagentor zu öffnen, reinzufahren und so Platz für ihren fahrbaren Untersatz zu machen.

Claudia atmet tief durch. Sie hat ja im Laufe der Jahre gelernt, erstmal bis zehn, manchmal allerdings auch bis hundert zu zählen, bevor sie ihrer Wut Raum gibt. Im aktuellen Fall bedeutet das: Sie kocht noch nicht, ist aber immerhin schon am köcheln. Und da Jens die ausgeprägte Eigenschaft besitzt, seine leicht schmorende Claudia durch unzählige Tricks innerhalb kürzester Zeit zur Weißglut zu bringen, ist auch jetzt ein durchaus lebhafter Fortgang der Geschichte zu erwarten.

Claudia jedenfalls stellt ihren roten Flitzer vorerst direkt hinter das Auto von Jens. Und zwar so dicht wie möglich. Und quer. Soll der Bursche doch mal sehen. Jetzt kann sie zwar selbst nur noch unter akrobatischen Verrenkungen über den Beifahrersitz aussteigen, doch das nimmt sie gerne in Kauf. Als sie dann die Einkaufstüten vom Rücksitz kramt, steigt ihr Gereiztheitspegel weiter an. Denn es sind bei den heutigen Einkäufen doch allerhand Beutelchen und Beutel, Täschchen und Taschen zusammengekommen. Nicht nur rein zahlenmäßig, sondern auch in Bezug aufs Gewicht.

Sie klemmt die diversen Papier- und Plastikbehältnisse unter ihre Arme, ein paar hält sie in den Händen. Wobei sie unter Schmerzen feststellen muss: Die sind ganz schön unhandlich und schnüren ihr die Finger ab ... Die Autoschlüssel klemmt sie sich fest zwischen die Zähne. Doch wie jetzt das Auto abschließen? Könnte dieser Faulpelz von Jens ihr nicht mal helfen? Er hat doch mit Sicherheit gehört, dass sie gekommen ist. Es bleibt ihr keine Wahl, sie muss einige der Tüten nochmal absetzen. Mist, elendiger. Platsch, umgekippt – und, wie könnte es anders sein, genau die mit den Joghurtbechern. Alles schwimmt in zarten Pastellfarben aus Erdbeer-

und Kirschjoghurt. Sieht eigentlich ganz malerisch aus, zumindest für Außenstehende.

Claudias Blutdruck steigt beim Erreichen des Hauseingangs in durchaus dramatische Höhen. Der Grund ist einfach: Die Eingangstür steht weit offen, liebe- und rücksichtsvoll geöffnet. Von Jens. Der hat, wie Claudia richtig vermutet hatte, die Ankunft seiner holden Ehefrau durchs Wohnzimmerfenster beobachtet. Und hilfsbereit, wie er ist, hat er ihr die Tür geöffnet, als er erkannte, wie schwer sein Eheweib beladen ist.

Das kann Claudia selbstverständlich und nachvollziehbar nicht unkommentiert hinnehmen. »Jens, Teufel auch, kannst du mir nicht mal helfen?!« – »Geht gerade nicht, ich bin hier im Wohnzimmer am Sortieren!« – »Was sortieren, Mensch, und dein Auto hast du auch nicht weggefahren!« – »Gleich!«

Claudia, als jahrelang geprüfte Ehefrau von Herrn Machtniks, ist klar, Jens wird seinen Wagen niemals innerhalb der nächsten zehn Minuten in die Garage fahren. Oder in den nächsten Stunden. Erfahrungsgemäß heute überhaupt nicht mehr.

»Was sind das denn für Faltblätter hier, Mann?« – »Wo?« – »Na hier, auf dem Boden, im Flur. Und da, auf der Treppe!« – »Hab' ich vom Reisebüro mitgebracht, die waren kostenlos!«

Claudia hat ihre Einkäufe inzwischen auf Tisch und Stühle in der Küche abgestellt. Wobei – den Tisch hat sie erstmal leergeräumt beziehungsweise leergefegt, denn auf dem stapelten sich Reisekataloge. Ebenso auf der Arbeitsplatte und dem Küchenschrank. Anschließend folgt sie den auf dem Boden verstreuten Handzetteln und Flyern ins Wohnzimmer, ähnlich wie Hänsel und Gretel im entsprechenden Märchen den im Wald ausgestreuten Brotkrumen.

»Sag' mal, geht's dir noch gut?« Sämtliche Wohnzimmersessel sind mit Reiseprospekten und Büchern belegt. Von Jens ist hinter einem Stapel Landkarten lediglich noch der Kopf zu sehen. Er blickt nicht mal hoch, als Claudia den Raum betritt. Sie steigt über sich türmende Berge von Reiseunterlagen und Info-Material. Ihr Göttergatte lässt sich nun hören, mit eindeutig begeistertem Unterton: »Sa-gen-haft! Claudia, das ist sa-gen-haft! Guck' mal, da leben nur einige tausend Leute! Wart' mal, irgendwo hab' ich es doch gelesen ...!« Er wühlt in seinen Papieren. »Hier: nur etwa fünfeinhalb Millionen, stell' dir vor!« – »Jens, was soll das?! Ich denke, du bist im Büro, hast doch angeblich so viel Arbeit. Was soll dieser ganze Quatsch hier?!«

Jens erhebt sich feierlich: »Claudia, ich habe beschlossen: Wir fahren nach Finnland. Heißt übrigens auf Finnisch ›Sohmi‹. Oder so ähnlich.« Jens, ich muss es gestehen, ist nicht besonders sprachbegabt ... Denn korrekt ausgesprochen heißt Finnland in der Landessprache »Suomi«, mit scharfem ›S‹ gesprochen. Zudem ist unser Freund momentan total aus dem Häuschen. »Weißt du, Fiefi und Detlef, das sind doch Finnen. Also, die Fiefi mindestens ...« (die Dame, von der hier die Rede ist, ist tatsächlich Finnin und heißt mit Vornamen »Viivi«. Und das wird im Finnischen ›Wiiwi‹ ausgesprochen, mit laaangem »I« ... Oh nein, Jens hat wirklich kein ausgeprägtes Gefühl für Fremdsprachen.) – «Jens!« – «Und schließlich haben die beiden gesagt, wir sollen mal nach Finnland kommen.« – »Jehens!« – »Find' ich auch, Claudia! Immer nur Nordsee oder Schwarzwald bringt's echt nicht.« –»JENS!« – Claudia sammelt Kräfte. Jens nimmt zum ersten Mal wahr, dass sein Eheweib auch was sagen möchte: »Was ist?« – »Nummer eins: ›Viivi‹ heißt nicht ›Fiefi‹! Das wird ›Wiewi‹

ausgesprochen! Merk' dir das doch endlich mal. Nummer zwei: Nein!«

Des besseren Verständnisses wegen muss ich hier die Zeit um einige Wochen zurückdrehen: Damals zogen unsere guten Freunde Viivi und Detlef um. Ja, so ist es nun mal. Viivi, wie schon erwähnt Finnin und ihr treusorgender deutscher Ehemann Detlef (im Freundeskreis «Detti« gerufen) bezogen ein Haus neben Machtniks. Es ist, wie erwähnt, noch nicht sehr lange her.

Eben dieser Umzug ist der Anlass unserer Bekanntschaft mit der hochgeschätzten Familie Machtniks. Denn – wie so üblich – als zuverlässige Freunde haben wir, meine Ehefrau und ich, Viivi und Detti ganz selbstverständlich bei der Übersiedlung in den neuen Wohnort geholfen. Haben Schränke, Waschkommoden, Bücherkisten geschleppt. Auch das Klavier und so allerlei mehr. Denn die beiden hatten beschlossen, kein professionelles Unternehmen mit Packen, Verladen, Entladen und Aufstellen vor Ort zu beauftragen, sondern das selbst zu erledigen. Schließlich, Original-Ton Detti, haben sie so tatkräftige und robuste Bundesgenossen wie uns. Zudem ist meine geliebte Ehefrau ebenfalls Finnin und schon von daher prädestiniert für alles, was mit Heben und Tragen von Lasten zu tun hat. Mindestens mal ist Detti dieser Auffassung. Und meiner zartgebauten Gestalt konnte seiner Überzeugung nach etwas körperliche Ertüchtigung in Form von Möbelpackerei nur gut tun.

Also wurde ein Lkw gemietet, nach einigem Hin und Her sogar mit Hebebühne, und dann ging's los.

Ich weiß schon, Wohnungswechsel sind Ereignisse, die alle Tage vorkommen. Von daher gesehen sind sie keiner besonderen Erwähnung würdig. Aber im vorliegenden Fall zieht diese banale Umzugsgeschichte ihr Recht auf literarische Darstellung aus zwei Tatsachen: Dass a) Viivi und Detti sowie meine Ehefrau plus meine bescheidene Person die Familie Machtniks und b) diese hinwiederum uns kennenlernte. Nur dieses wechselseitige Finden ohne vorheriges Suchen führte letztlich zu diesem Buch. Bedauerlich, aber wahr.

Ich muss vermelden: Hinter mir stehen, während ich diese Zeilen zu Papier bringe, Detti samt teurer Gemahlin und mosern mich an. Warum? Weil ich, wie sie mir zu verstehen geben, gefälligst von Machtniks erzählen soll und nicht von ihrem Umzug. Können wieder mal nicht abwarten, bis ich zum Punkt komme. Dabei gehört diese Geschichte nun mal dazu, damit die Zusammenhänge besser verständlich werden.

Also zurück zum Umzug: Unser Ausladen neigte sich dem Ende zu, beim Blick auf die Ladefläche jubilierte mein Herz in Anbetracht des absehbaren Finales. Gerne hätte ich meine Arme voll Dankbarkeit gen Himmel erhoben, jedoch: Unüberwindbare Muskelschmerzen standen diesem Unterfangen entgegen ... Gottlob lehnte an der Hinterwand des gähnend leeren Laderaumes nur noch ein Beistelltisch. Klein, leicht wie eine Feder, zusammenklappbar und mit Rollen.

Und siehe da: Die Eingangstür des Nachbarhauses tat sich auf, und heraus trat ein kräftiger, jüngerer Mann. Stellte sich höflich und verbindlich lächelnd als »Jens Machtniks« vor. Und teilte unverzüglich mit, er habe schon geraume Zeit zugesehen, wie wir uns mit den Möbeln und Umzugskartons abmühten. Zartfühlend ergänzte er, besonders das Klavier scheine ja ein ziemliches Gewicht zu haben, so wie wir geschleppt hätten. Da wolle er uns doch mal zu Hilfe kommen. Verkündete dies, schwang sich auf die Ladefläche unseres Lastwagens, schnappte sich den einsamen Beistelltisch, rollte (!)

ihn mit beeindruckender Leichtigkeit an die Laderaumöffnung, sprang, ohne die Ladefläche zu senken (!), zu Boden, ergriff lässig den Tisch, rollte (!) ihn in Viivis und Dettis Haus und nahm mit Gönnermiene unseren Dank für seine Unterstützung entgegen.

So also trat Jens Machtniks in unser aller Leben.

Diese Schilderung zeigt hoffentlich: Nicht nur Claudia leidet unter der ausgeprägten Beobachtungsgabe von Jens, was Schwerarbeit anderer anbetrifft – wobei er gleichzeitig über eine ausgefeilte Technik verfügt, sich bei derartigen Gelegenheiten nicht zu früh einzubringen und kräftemäßig zu verausgaben.

Die Übersiedelung unserer treuen Freunde nahm anschließend ihren ruhigen Fortgang, wobei Jens die Oberaufsicht übernahm. Das bedeutete, er unterbreitete seinen neuen Nachbarn unablässig und mit großer Überzeugungskraft Vorschläge, wo sie welche Möbelstücke wie aufzustellen hätten. Und wurde aktiv! Hier hielt er tatkräftig die Wasserwaage, dort setzte er, begleitet von ausgiebigem Stöhnen, eine Schublade in die Kleiderkommode ein. Daneben telefonierte er ausgiebig mittels Smartphone mit Claudia und legte ihr umfassend dar, welche Teppiche Viivi und Detlef im Wohnzimmer hätten. Und dass er in den nächsten drei Stunden nicht nach Hause kommen könne, da seine Mitarbeit hier unerlässlich sei.

Sie solle schon mal Kaffee kochen und rüberbringen. Nach so viel Arbeit und Mühen benötige er dringend eine Stärkung, die älteren Herrschaften, denen er hier zur Seite stünde, womöglich auch. Im Küchenschrank sei noch ein halber Käsekuchen, den solle sie auch mitbringen. Auf die – wie wir der leicht erhöhten Stimmlage von Claudia am Telefon entnahmen – offensichtlich etwas ungehaltene Rückfrage, wieso nur noch die Hälfte vom Kuchen da sei, blieb er die Antwort schuldig ...

Tatsächlich dauerte es nicht lange und Claudia stand vor der Tür. Hatte in einer Thermoskanne Kaffee und trug auf einem Tablett den Käsekuchenrest, Teller und Becher sowie Milch und Zucker. Jens polterte die Treppe vom ersten Stock herunter, Schweißtropfen auf der Stirn (er hatte oben im zukünftigen Büro von Detlef gerade den PC verkabelt, unter unbeschreiblichen Verrenkungen, weil die Steckdose hinter einem noch leeren Regal ›versteckt‹ war) und machte sich schleunigst über den Kuchen her. Während er eifrig kaute, verkündete er, dass der Computer spätestens morgen funktionieren werde.

Es sei der Vollständigkeit halber hier noch kurz erwähnt, dass der Rechner tatsächlich in Gang kam, wenn auch mit Verspätung. Allerdings kostete das Detti nicht nur einiges an Nerven, sondern auch eine nicht geringe Summe. Er sah sich nämlich gezwungen, einen Fachmann zu bestellen. Denn es kam leider, laut Auskunft des herbeigerufenen Spezialisten eindeutig als Folge der PC- und Telekommunikations-Aktionen unseres lieben Jens, immer wieder vor, dass beim Anwählen der Rufnummer von Viivis Eltern in Suomi, also Finnland, irgendeine Sushi-Bar auf der Insel Hokkaido am Telefon war. Detti fand das zwar anfangs amüsant und benutzte seine umfassenden Japanisch-Kenntnisse auch gerne. Die bestehen in der wohllautenden Verabschiedung: »Sayonara!«, zu Deutsch: »Auf Wiedersehen!«. Das japanische »Hai!«, das ihm in höflichem Ton mehrfach aus dem Hörer entgegenklang, interpretierte er – schließlich war er, das hatte er nach ausgiebigen Fernstgesprächen mit Nippon herausgefunden, mit einem Sushi-Lokal verbunden – eine ziemliche Zeit lang als Fischgericht. Bis ihm klar wurde, dass »Hai« in Japan schlicht und ergreifend »Ja« bedeutet.

Auf jeden Fall fassten er und Viivi nach einigen Japangesprächen, nach ernüchterndem Einblick in die aktuelle Telefonrechnung und ihren schwindenden Bankkontostand den Entschluss, den PC durch einen Experten verkabeln und neu konfigurieren zu lassen, einschließlich Router fürs Telefon.

Trotz dieser Tatsache entwickelte sich die Beziehung zwischen Machtniks einerseits und Viivi inklusive Detti andererseits durchaus positiv. So lud Jens Detlef zu seinen regelmäßigen Stammtisch-Treffen ein und zeigte ihm den kürzesten Schleichweg per Auto aus der Stadt nach Hause (»Quer über die Feuerwehrzufahrt vom Krankenhaus, dann links Richtung Gesamtschule, dort über den Lehrerparkplatz, etwa 200 Meter entgegen der Einbahnstraße – und schon erreicht man einen Feldweg mit dem Schild ›Durchfahrt verboten – Landwirtschaftliche Fahrzeuge frei‹, der auf die Hauptstraße führt«).

Viivi und Claudia verstehen sich ebenfalls prächtig. Sie fachsimpeln über Kindererziehung, über Männer und deren Krankheiten, Männer und deren Hobbys, Männer und deren Spinnereien, Männer und deren offenbar genetisch bedingte Eigenschaft, Frauen den letzten Nerv zu kosten, Männer und deren Überzeugung, ohne sie ginge nichts. Gelegentlich diskutieren sie auch Fragen wie: »Warum gibt's überhaupt Männer?« Kurz und gut, sie sind ein Herz und eine Seele.

In Ordnung. Ich denke, ich habe vermitteln können, unsere lieben Freunde und die Machtniks kommen sehr gut miteinander aus. Nicht anders ist zu erklären, dass Viivi und Detti bei der Feier ihres Einzugs, zu der neben Machtniks und weiteren Nachbarn auch meine Ehefrau und ich eingeladen waren, allen Anwesenden vorschlugen: »Besucht uns doch mal in Finnland.« Vergebens versuchte ich noch, Detti diskret zur Seite zu nehmen, als ich das Unheil kommen sah. Erfolglos flüsterte ich ihm zu: »Achtung! Die kommen auch wirklich!« Chancenlos mein warnendes Augenaufreißen in Richtung Viivi. Beide hatten dem Sekt, ihrem Begrüßungsschnaps und diversen anderen gehaltvollen Gesöffen schon eifrig zugesprochen und waren so richtig in Geberlaune. Während der Rest der Versammelten höflich, freundlich und verständnisvoll meinte: »Ach, das ist so weit ... und außerdem, wir fahren so gerne ins Allgäu. Und dann, wir sprechen ja kein Finnisch. Finnland soll ja auch so teuer sein«, sah ich Jens Machtniks in grübelndes Nachdenken versinken ... Zugegeben, er sah nicht besonders geistreich aus, wie er so dastand, den Blick zur Decke gerichtet, den Mund leicht geöffnet – aber immerhin erweckte er bei mir den Eindruck intensiven Sinnierens. Und wer wirkt bei angestrengter Kopfarbeit schon hellsichtig?

Die Stehparty bei Viivi und Detti musste – zu Detlefs Bedauern, wie er mir in leicht ironischem Ton am Folgetag anvertraute – im weiteren Verlauf mit einem zwar als Person, nicht jedoch mit seinem Esprit anwesenden Jens auskommen. Der beteiligte sich nur noch recht einsilbig an der Unterhaltung, ganz im Gegensatz zu sonst. Und wenn etwas von ihm kam, dann waren es allenfalls wissbegierige Erkundigungen, »Sohmi« betreffend. Wobei aus nicht nachvollziehbaren Gründen in seinem Kopf die Vorstellung zu spuken schien, Finnland müsse eine von Menschenhand unberührte Wildnis sein, voller ungezähmter Raubtiere à la Bären und Wölfe, Schlangen und sonstiger Ungeheuer. Eindeutig!

An diesem Abend lag ich zwar müde im Bett, aber der Schlaf floh mich, wie Goethe oder Schiller möglicherweise geschrieben hätten … Mein Geist war intensiv damit beschäftigt, sich das Ergebnis der durch die spontane Einladung unseres finnisch-deutschen Ehepaares angestoßenen Überlegungen des Herrn Machtniks auszumalen … Und wie würde wohl Claudia mit der Jensschen Gedankenakrobatik sowie den daraus resultierenden Plänen umgehen?

3 Fridolin

Während ich, wie dargelegt, schlaflos lag, zogen die Bilder der vorausgegangenen Feierlichkeit vor meinem geistigen Auge vorüber:

Claudia hatte ihren Gatten mit unverhohlenem Misstrauen betrachtet – und offenbar mit Vorahnungen, die sie beunruhigten. Ich hörte, wie sie Jens zuzischte: »Mach die Klappe zu, Jens, das kommt überhaupt nicht in Frage!« Allerdings schien diese aufmunternde Bemerkung Jens in seinem leicht weggetretenen Zustand nicht unbedingt zu erreichen. Offensichtlich durchmaß sein Geist schon jetzt die unendlichen Dimensionen einer Reise in den Norden ...

Gut. Diese Geschichte sei eine Warnung: Man sollte jeweils gut überlegen, welchen Gesprächspartnern gegenüber man solche oder ähnliche Äußerungen loslässt. Leicht dahingesagte Einladungen ziehen gar nicht so selten gar erschröckliche Folgen nach sich ...

Ich möchte allerdings die Machtniks auch ein wenig in Schutz nehmen: Ihr selbsternanntes Familienoberhaupt Jens ist hinsichtlich seiner in manchen Fällen nervenaufreibenden Lebensgestaltung und in Bezug auf seine gelegentlich abenteuerlichen Umgangsformen zwar schlitzohrig und ausgekocht. Aber höchstens ein ganz klein wenig, deutlich weniger als manch einer glaubt. Doch, doch! Eher ist er halt sehr rasch von einer Sache oder von einem Menschen umfassend begeistert. Ja, stimmt schon, am meisten von sich selbst. Aber direkt nach ihm kommt für ihn seine Claudia, zwar ein wenig mit Abstand, aber immerhin. Und seine Kinder: Tommi ist sein Prinz und Thronfolger, Silkchen seine Prinzessin und eine künftige Königin. Allerdings keinesfalls zum jetzigen Zeitpunkt! Denn momentan kann nur einer auf dem Königsstuhl sitzen: Jens, in aller Bescheidenheit.

Claudia, es sei hier ausdrücklich erwähnt, steht treu zu ihrem Ehegespons. Sie weiß, was sie an ihm hat. Und, wie sie ihn nehmen muss. Wenigstens in den allermeisten Fällen. Zudem hält Jens sie mit seiner Hektik in Atem, und Atem benötigt man zum Leben. Genau diese Überlegung hat Claudia schon des Öfteren angestellt und ist zu der Erkenntnis gekommen: Jens ist für sie unersetzlich – auch wenn er manchmal unersättlich ist – siehe Käsekuchen bei Viivis und Dettis Umzug ...

Kommen wir zurück in die Gegenwart. Claudias sanfter Hinweis während der meditativen Phase von Jens bei Viivis und Dettis Einzugsfeier hatte nichts gefruchtet. Denn da sitzt er nun hinter dem Wohnzimmertisch, malerisch umgeben von Reisematerial-Gebirgen über Finnland. Nicht mal Zeit hat er gefunden, sein Auto in die Garage zu fahren.

So ist ihr Jens ... Strahlt sie mit glänzenden Augen an, voller Vorfreude und hat sogar schon eine schultafelgroße Landkarte von Finnland mittels Klebestreifen am Wohnzimmerschrank befestigt. Das Bücherregal auf der gegenüberliegenden Seite dagegen ist fast vollständig von einer Europakarte verdeckt.

»Hast du die Absicht, das Zeug jetzt hier überall rumliegen zu lassen, Jens?« Claudias Stirn ist umwölkt. Jens zieht ein beleidigtes Gesicht: »Das ist kein Zeug, sondern wichtiges Info-Material, ja?! Und außerdem, sei froh, dass ich mir so rechtzeitig Gedanken übern Urlaub mache! Die haben im Reisebüro nämlich gesagt, dass man früh genug buchen muss, wegen der Kabinen aufm Schiff!« – »Ach ja? Und wenn ich Nein sage, was dann, Herr Jens, was dann? Du weißt genau, dass mir immer schlecht wird aufm Schiff, erst letzten Sommer, als du mich auf den Äppelkahn geschleift hast. Schüttel' nicht den Kopf, hast du aber, ich kann mich noch genau erinnern, bei Hilde und Rudi am Königssee!«

Claudia gerät allmählich in Rage, und Jens zieht den Kopf ein. Am besten, das hat er gelernt, Ohren auf Durchzug, Kopf zwischen die Schultern, Klappe halten. Sicherheitshalber türmt er noch einige Reise-Handbücher auf den Stapel vor sich, als eine Art Maginot-Linie gewissermaßen. Was bleibt Claudia übrig? Sie donnert die Wohnzimmertür hinter sich zu, dass die Fugen krachen und ein Erdbeben mittlerer Stärke die Prospekt-Schutzwälle von Jens gefährlich ins Wanken bringt. Dann hört er sie in der Küche krakeelen. Aber da ist ihm schon klar, das Gewitter flaut ab ... Denn er hat die Erfahrung gemacht, wenn Claudia sich in die Küche verzieht, ist das Schlimmste überstanden.

Jens vertieft sich erneut in seine Unterlagen. Schön scheint's da in Finnland zu sein. Allein schon die Flagge wirkt so freundlich: weiß, mit blauem Kreuz.

Jens macht es sich hinter seiner Literaturmauer richtig gemütlich. Seine Gedanken bewegen sich in den für ihn üblichen Bahnen: Ha, die Weiber ... keine Ahnung von nix. Wird sich schon abregen, das Claudia, kennt er ja ... Ob die Leute in Finnland bei dieser Kälte – denn kalt muss es da sein, so nah am Nordpol – überhaupt jemals ohne Mantel raus können? Aber, schau an, schau an, da auf dem Foto sind sogar ein paar leicht bekleidete Badenixen in Bikinis – das ist sicher nur gestellt oder retuschiert. Jens überlegt. »Muss ich mal den Detlef fragen, von wegen, was man da an Kleidung mitnehmen muss.«

So weit sind seine Überlegungen gediehen, da kommt Tommi nach Hause, von seinem Freund. Jens nimmt sein Söhnchen umgehend in die Pflicht: »He, Tommi, guck mal: Wir fahr'n im Sommer nach Finnland. Was meinst du dazu?«

– »Ist mir egal, Papa, aber guck *du* mal, mein Schnürsenkel ist gerissen. Und außerdem: Was hat denn die Schneider gesagt?« – »Welche Schneider?« – Tommi verdreht die Augen: »Na, meine Englischlehrerin, die mit der Zahnlücke. Der Phillip hat gesagt, deswegen kann die das ›Ti-Äitsch‹ so gut aussprechen. Heut' war doch Elternsprechtag!« Jens schüttelt den Kopf. »Weiß ich nicht, die Mama war alleine in der Schule. Frag' die mal. Die hat bestimmt auch noch neue Schnürsenkel; frag' sie, sie ist in der Küche. – Aber, hör' mal, Tommi, sag' der Mama, dass du unbedingt nach Finnland fahren willst, im Sommer, kapiert? Und nimm die Silke mit in die Küche, die ist oben in ihrem Zimmer am Spielen.«

Dieser Schlawiner Jens kennt doch alle Tricks! Ist ja klar, dass Tommi und Silke ihre Mutter ›weichklopfen‹ sollen. Wahrscheinlich hat er Silke schon vorher ›präpariert‹, damit sie Claudia gegenüber verkündet, dass sie nach Finnland will ...

Aber Tommi ist auch nicht auf den Kopf gefallen. Wenn sein Papa ihn und seine kleine Schwester so offensichtlich als Stoßtrupp Richtung Mama schickt, ist bestimmt was zu holen. Zudem spekuliert er schon geraume Zeit auf einen coolen Leucht-Fußball. Und clever, wie der Bursche mit seinen elf Jahren ist, geht er ausgeklügelt strategisch vor: »Mir ist aber egal, wohin wir in den Ferien fahren. Außerdem ist die Mama sowieso sauer. Hör' mal, wie sie mit den Töpfen rumklappert. Die meckert bestimmt wieder, wegen der Schneider. Ich wart' lieber, bis sie sich abgeregt hat.«

Jens wird allmählich nervös, letzten Endes hat er sich vorgenommen, so bald wie möglich die Sache mit der Finnlandreise klarzumachen. Und er will nach Finnland. Unbedingt. – »Tommi, sei vernünftig, du weißt doch, die Mama will immer nur zum Wandern nach Schlopfingen. Finnland wär' mal was andres. Und wir fahren mit einem Riesenpott von Schiff über die Ostsee, mit allem Drum und Dran. Also hol' jetzt die Silke und dann ab in die Küche!« – »Schiff ist mir aber auch egal.« Tommi kann nötigenfalls recht hartnäckig sein ... Von wem hat er das wohl? Er macht eine gelangweilte Miene. Jens stöhnt. »Okay, was kostet's?« – »Beim Sport-Center gibt's einen super Fußball, der leuchtet im Dunkeln! Der Sebastian hat auch so einen, Papa. Ich hab' auch schon fast acht Euro dafür gespart. Alle haben so einen!« Und als gewitzter Bursche schiebt er noch ein unschlagbares Argument nach: »Den könnt' ich in die Ferien mitnehmen, nach Finnland, mein' ich.«

Selbstverständlich ist sich Jens darüber im Klaren, dass er hier ›erpresst‹ wird. Doch diese Erkenntnis schluckt er jetzt einfach mal runter ... Auch, wenn er bei jeder anderen Gelegenheit, beispielsweise bei einschlägigen Diskussionen im Freundes- und Bekanntenkreis über das Thema Kindererziehung, immer vehement die Meinung vertritt: Keinesfalls dürfen sich Eltern von ihren Sprösslingen unter Druck setzen lassen. Wäre ja noch schöner! Schon aus Prinzip nicht!

Aber gerade jetzt ist halt nicht pädagogisch korrektes Handeln angesagt, sondern das Durchsetzen des Finnland-Planes. Und Claudia, das hat Jens in langen Ehejahren erfahren, kann ganz schön auf stur schalten. Da muss er Diplomat sein – und die Kinder vorschicken. Tommi muss ja nicht wissen (und Claudia schon gar nicht), dass er Silke einen neuen Teddybären versprochen hat, damit sie schöne runde Augen macht, beim Vortragen ihres sehnlichen Wunsches, Finnland kennenzulernen.

Wenige Minuten später: Silke und Thomas donnern die Treppe herunter und verschwinden in der Küche. Jens' Ohren werden groß wie Schalltrichter, aber er hört nur undeutliches

Gemurmel, bis plötzlich Silkes helles Stimmchen hervorsticht: »Finnland, Finnland, FINNLAND! Papa hat gesagt, ich krieg' einen Teddy! Hat er aber!« – Jens schaut sich sicherheitshalber nach einem Fluchtweg um: Die Terrassentür ist von seinem Reisekatalog-Fundus versperrt. Bleibt eigentlich nur der Weg über den Flur, aber da muss er an der gegnerischen Linie vorbei. Nicht ganz ungefährlich. »FINNLAND, FINNLAND!« tönt jetzt auch Tommi. Und »RUHE!« donnert Claudia. »So ist es«, denkt Jens, »mit Diplomatie kommst du meist nicht weit.«

»Raus und nach oben!« Claudia greift jetzt durch. »Mit dir, Tommi, sprech' ich später noch, wegen der Frau Schneider!« – »Welche Frau Schneider?« – Das ist die Stimme von Thomas. »Du weißt genau, wen ich meine. Die Frau Schneider mit der Zahnlücke, deine Englischlehrerin. Und jetzt ab!«

Jens geht vorsichtig hinter seinem Bücherberg in Deckung. Tatsächlich steht Claudia schon nach kurzer Zeit in der Wohnzimmertür. Jens bereitet sich auf ein Gewitter vor, das sich ›gewaschen‹ hat. Doch was ist das? Zwar sieht er in die Hüfte gestemmte Arme, zwar blitzen ihn zwei Augen an, aber irgendwie ... Kann das sein? Da zuckt doch tatsächlich ein Grinsen über Claudias Gesicht. Tatsächlich! »Jehens«, flötet sie völlig überraschend, »sag' mal, ist dir das wirklich so wichtig, Kerl?« Und umrundet den Wohnzimmertisch und setzt sich in den nächstbesten Sessel – um genau zu sein, exakt auf die Innenstadt von Helsinki. Denn Jens hat auf dem Sitz einen Stadtplan der finnischen Hauptstadt ausgebreitet. Aber was soll's, Hafen und ›tori‹ (Finnisch: ›Marktplatz‹) halten Claudias Kehrseite schon aus.

Jens atmet auf. »Siehst du, Claudia«, er hat schon wieder Oberwasser, »wie gut, dass ich was von Diplomatie verstehe!« – »??« – »Wegen der Kinder! Die wollen doch auch mal da oben hin. Und was das Schiff angeht: Du wirst sehen, die Schiffe sind so unheimlich groß, die schaukeln fast gar nicht, guck, hier steht es.« Jens durchstöbert seine Prospekte. »Die haben Stabilisatoren, deswegen wackeln sie kaum!« Claudia schüttelt zweifelnd ihren Kopf: »Stabilisatoren? Was soll das denn sein?« – »Weiß ich auch nicht, aber hier steht es, guck!«

In diesem Moment schellt es. Wer steht vor der Tür? Fridolin. Cousin von Jens. Mitte vierzig, schlank, um nicht zu sagen dünn wie eine Bohnenstange, immer elegant mit Seidentuch um den Schwanenhals und offenem Hemdkragen.

Jawohl, Fridolin. Er ist unumstrittenen der Künstler in der Familie. Zentrales Ziel seines Daseins: Er will international anerkannter Mundharmoniker werden. Was ihm allerdings schwerfallen dürfte, wie im weiteren Leseverlauf sicherlich klar wird. Wovon Fridolin lebt, weiß keiner, Tatsache ist jedoch, dass er niemals um Geld verlegen ist. Er gilt daher als Finanzgenie, trotz seiner etwas weltfremden Art. Wessen Sohn Fridolin eigentlich ist, hat man in der Familie längst vergessen.

»Was ist denn hier los?! Macht ihr 'ne Altpapierhandlung auf oder was? Hallo Claudia, hallo Jens! Ach du liebes Lieschen (Fridolins Lieblingsausdruck!), hier sieht's ja aus ...« Jens, mit neu gefasstem Mut hinter seiner Verschanzung hervorgekommen, strahlt: »Hallo, Fridolin! Stell dir vor: Wir fahren nach Finnland in Urlaub!« – »Aha.« – »Nach Sohmi, Fridolin. Oder so ähnlich.« Claudia kräuselt die Lippen: »Da ist das letzte Wort noch nicht gesprochen, Jens! Aber komm', Fridolin, setz' dich erstmal – sofern du irgendwo in diesem Chaos Platz findest. Und du, HERR Jens, räumst jetzt diesen Papierkram weg!« Sie steht auf und verschwindet in die Küche.

Fridolin sieht sich um. Die riesige Finnlandkarte am Wohnzimmerschrank fasziniert ihn besonders: »Ach du liebes

Lieschen. Da wollt ihr hin? Wollt ihr fliegen oder was?« – »Nein, Junge, wir fahren mit dem Schiff, von Travemünde aus. Ich muss nur schnell buchen, weil es sonst Probleme mit den Kabinen oder auch mit einem Platz fürs Auto geben kann. Haben die mindestens gesagt, im Reisebüro. Und das Claudia (Jens sagt wirklich ›das‹ Claudia) zieht noch nicht richtig mit.« Fridolin legt die Stirn in nachdenkliche Falten. »Ach, das kommt noch, wie ich die kenne.« Er betrachtet angelegentlich die Europakarte.

»Das ist ja ganz schön weit oben, guck mal. Würd' mich, ehrlich gesagt, auch reizen.« Fridolins Blick wird immer nachdenklicher. Jens wittert Morgenluft: Er weiß, dass Claudia Fridolin gut leiden mag. Wenn er seinen Cousin dazu bewegen kann, mit Claudia zu reden, kann das nur von Vorteil sein. Oder, ha! Noch bessere Idee: Fridolin kommt mit.

»Hör' mal, Fridolin, warum fährst du nicht mit? Du hast doch den Bus, da passen locker fünf Leute rein. Als wir damals zusammen in Österreich waren, vor zwei Jahren, ging's doch auch. Also los, komm' mit!«, sprudelt er hervor. Fridolin überlegt: Im Sommer hat er noch nichts vor, Österreich war wirklich ganz amüsant, Finnland kennt er noch nicht. »Topp! Ich fahr' mit!« Fridolin ist manchmal ein Mann der raschen Entschlüsse. »Meinst du, dass eure neuen Nachbarn, diese – wie hieß sie noch gleich – ach ja, Viivi (er spricht Viivis Namen tatsächlich korrekt aus!) und ihr Mann, nichts dagegen haben, wenn wir zu fünft bei ihnen auftauchen?« Für Jens ist das überhaupt kein Problem: »Fiefi und Detlef freuen sich garantiert! Detlef ist völlig unproblematisch, und Fiefi und Claudia stecken sowieso dauernd beieinander.« – »Die heißt aber doch nicht Fiefi, Jens, das wird doch bestimmt Wiewi ausgesprochen!« – »Sag' ich doch: Fiefi!«

Muss ich wiederholen, dass Jens sprachwissenschaftlich gesehen nicht nur eine Niete, sondern die Katastrophe an sich ist?

Wie bestellt klingelt es: Detlef steht vor der Tür. Sein Blick wandert über die Finnland-Prospekte im Flur und auf den Treppenstufen und bleibt mit merklicher Überraschung an den Karten hängen. Dann mustert er zweifelnd und mit scheuem Erstaunen Jens und Fridolin. Seinen Lippen entringt sich die geflüsterte Frage: »Geht es Claudia gut?« Irgendwie hat er anscheinend den Verdacht, Claudia sei leidend – was Jens überhaupt nicht verstehen kann.

Was ist der Grund für Dettis Erscheinen? Nebensächlich. Für Jens lediglich exakt das, was er jetzt braucht, um Fridolins Bedenken, ob sie gleich zu fünft bei Viivi und Detti in Finnland aufkreuzen können, zu zerstreuen. Denn, wenngleich er diese Sorge auch nicht unbedingt nachvollziehen kann, ist es ja wichtig, Fridolin zur Mitreise zu bewegen: Erstens ist so Claudias Okay wesentlich wahrscheinlicher, zweitens ist es mit Fridolin lustiger, drittens fahren sie dann mit Fridolins Auto und viertens – Jens überlegt – Warum »viertens« ... Na ja, sowieso egal.

Da kommt Claudia aus der Küche: »Hallo, Detlef, was führt dich zu uns? Keine Angst, Jens ist nur wieder mal am Spinnen. Möchtest du auch einen Kaffee? Ich hab' gerade frischen gekocht.« – »Gern. Aber eigentlich bin ich nur hier, weil ich nicht in meine Einfahrt komme, dein Auto steht halb davor.« Jens strahlt: »Siehst du, Claudia, ich hab' dir schon oft gesagt, fahr' vor unsere Garage. Da ist doch Platz genug!«

Die dunklen Wolken, die sich wieder über ihm zusammenbrauen, bemerkt er nicht. Im liebenswerten Antlitz seiner geschätzten Ehefrau wetterleuchtet es zunehmend. Doch Claudia muss gar nicht aktiv werden, Detti äußert in aller Unschuld:

»Aber da steht doch dein Wagen, Jens.« Woraufhin Claudia um einen Kopf größer wird, während Jens lapidar meint: »Ei, dann fahr' ich ihn halt gleich weg.«

Diese Ankündigung erfüllt nun Claudia wiederum mit einer gewissen Vorfreude. Hat sie doch ihr Wägelchen so geparkt, dass Jens seine Karosse höchstens um fünf Zentimeter bewegen kann. Und sie sieht zurzeit keinerlei Grund, ihn über diesen Sachverhalt aufzuklären. Schließlich sitzt Detti im Moment erstmal in ihrer Küche und trinkt Kaffee, fährt also seinen Wagen nicht sofort in seine Einfahrt. Jetzt kommt die große Stunde für Jens ... Er richtet sich zu voller Größe auf und schickt einen achtungsheischenden Blick in die Runde, gleich einem Feldherrn. Claudia räuspert sich warnend, was Jens geflissentlich überhört. Man vernimmt Fridolin, der leise vor sich hin murmelt: »Ach du liebes Lieschen!« Detti hält mitten im Trinken inne, voller Spannung auf das Kommende. Denn nun verkündet Jens mit erhobener, froher Stimme, dass Fridolin mit nach Finnland reist. Fridolin habe zwar gemeint, dass es vielleicht für ›Fiefi‹ (Detlef merkt überrascht auf) und Detlef zu viel sei, wenn sie zu fünft zu ihnen kämen, aber das könne er, Jens, sich nicht vorstellen. Detlef und seine ›Fiefi‹ seien garantiert dankbar und freuten sich über so unkomplizierte, rücksichtsvolle Besucher (erneutes Aufhorchen von Detlef). Allerdings erfasst er jetzt glücklicherweise, dass mit ›Fiefi‹ Viivi gemeint ist und nicht irgendein unbekannter Vierbeiner, den Jens zusätzlich mit anschleifen will. Er lehnt sich daher amüsiert zurück. Jens ergänzt, die beiden seien vielmehr über die zu erwartende Abwechslung bestimmt höchst erfreut.

Claudia ist völlig perplex über diese Entwicklung und schickt hilfesuchende Blicke zu Fridolin und Detlef. Doch der Erstere betrachtet eingehend einen Reiseprospekt, den er vom

Flurboden aufgelesen hat und zeigt keinerlei Bedürfnis, sich zu äußern. Der Zweite grinst nur und nickt und meint: »Na klar! Fiefi und ich haben nix dagegen. Wir haben genug Platz im Sommerhaus, und Jens kann mir helfen, Holz zu hacken für die Sauna.« – Ergebnis: Jens strahlt, sein Mund reicht vom linken Ohr bis zum rechten. Damit ist es beschlossene Sache: Im Sommer reisen Machtniks nach Finnland.

4 Kleinbus-Check

Es sind ein, zwei Wochen ins Land gegangen. Jens hat tatsächlich gemeinsam mit Fridolin die Schiffspassage von Travemünde nach Helsinki gebucht. Claudia weigerte sich, mit ins Reisebüro zu gehen – ein letztes Aufbegehren. Insgeheim jedoch stöbert auch sie inzwischen in den Reiseprospekten, und Jens entdeckte sogar vor einigen Tagen auf ihrem Nachttisch einen Finnlandführer, versteckt unter einem dieser tränenumflort geschriebenen und aufgewühlt zu lesenden Herzblut-Romane ... Und zwischen Seite 42 und 43 des ›zufällig‹ gefundenen Reisebüchleins fand Jens ein Lesezeichen, das Claudia dort hineingelegt hatte ... Wie es dazu kam, dass er das feststellte? Weil er völlig unbekümmert auf Claudias Nachttischchen nach seinen Strümpfen suchte – wohl wissend, dass sie dort nicht zu finden sein würden.

Nun muss ich Jens der Gerechtigkeit halber zu Gute halten, dass er nachvollziehbar unter Spannung steht: Mit welchen Gefühlen erwartet denn nun seine bessere Hälfte den diesjährigen Sommerurlaub? Claudia hatte als kleinen persönlichen Rachefeldzug beschlossen, den Schleier des Schweigens über das Thema Finnlandreise zu breiten. Entsprechend sieht Jens sich gezwungen (und übrigens geradezu berechtigt dazu), nach dezenten Hinweisen auf Claudias Urlaubserwartungen zu forschen. Schließlich sitzt er selbst jetzt schon so manches Mal tagträumend im Büro, was allerdings nicht unbedingt etwas Ungewöhnliches bei ihm ist! Und statt nächtens wohlig und unangestrengt in Morpheus Armen zu liegen, kämpft er in seinen Phantasien mit finnischen Wölfen und Bären und durchlebt wüste Träume von meterlangen, zentnerschweren Fischen jeglicher Art, die er unter unsäglichen

Mühen aus finnischen Gewässern an Land zieht. Dabei sind es noch mehrere Monate bis zur Reise in den Norden!

Wenigstens ist er inzwischen insoweit in der Wirklichkeit angekommen, dass er weiß: Suomi liegt nicht unter einer sommerlichen Schneedecke, und es herrscht dort auch nicht Dauerfrost. Jedoch: Nach wie vor bezeichnet er Finnland als »Sohmi«. Trotz ungezählter Belehrungen von Claudia, die ihre entsprechende Information des Öfteren auch mit der Anrede »HERR« Jens einläutet. Ein dezenter Anhaltspunkt für ihre aktuelle Stimmungslage bei diesen Unterhaltungen.

Anlässlich eines zufälligen Treffens auf dem Wochenmarkt habe ich Claudia auf den Stand der Urlaubsplanungen angesprochen. Die Ärmste begann unkontrolliert zu zittern und konnte kurzzeitig nur noch mit ersterbender Stimme reden. Das reinste Nervenbündel!

So schilderte sie mir, wie ihr Göttergatte gemeinsam mit Fridolin vor wenigen Tagen dessen Bus begutachtete, zur Klärung der Frage, ob dieses Gefährt wirklich tauglich ist für die Nordlandfahrt. Denn Jens ist der unverrückbaren Überzeugung, eine Reise nach Finnland sei vergleichbar mit einer Reise durch die Sahara. Wohl kälter als dort und nicht so sandig, aber genauso einsam. Mindestens. Keine Löwen, dafür Elche, Bären, Wölfe. Keine tückischen Sandflöhe, dafür hinterhältig lauernde Stechmücken. Keine endlos sich dehnenden Sanddünen, dafür ebenso endlose, undurchdringliche Waldungen. Keine ›räuberischen‹ Beduinen, dafür aber ›rätselhafte‹ Finnen: ewig schweigend, noch dazu nicht mal auf Deutsch, sondern in einer völlig unverständlichen Sprache. Eben einfach undurchschaubar, ominös, exotisch.

Und Detti, unser alter Freund, macht sich einen Jux daraus, Jens in dieser Einstellung den Finnen und Finnland gegenüber noch zu bestärken. Da hilft es auch nichts, dass ich ihm ins Gewissen rede. Er findet es einfach puppenlustig und amüsiert sich köstlich. Meine Ermahnung, dass die Rache möglicherweise schrecklich sein wird, verhallt ungehört. Zumal auch Viivi bei entsprechenden Gelegenheiten unbekümmert drauflos schwadroniert, von Reisenden, die sich in der finnischen Wildnis verfuhren und nie wieder gesehen wurden. Und dergleichen Schauergeschichten mehr. Wie sie mir gestand, musste sie das tun, allein schon als Revanche für die Verballhornung ihres Namens durch Jens.

Das alles kommt naturgemäß der angeborenen romantischen Struktur unseres lieben Jens entgegen. Wer ihn näher kennt, weiß ja, dass er nicht selten, sondern eher dauerhaft in Wolkenkuckucksheim lebt. Sein logischer Schluss: Auf diese Reise muss man sich detailliert vorbereiten.

Doch zurück zum Besuch von Fridolin inklusive Kleinbus. Claudia hielt sich zu diesem Zeitpunkt in der Küche auf, zwecks Bestückung der Spülmaschine mit dem Mittagsgeschirr. Sie freute sich schon auf ein wenigstens kurzes Nickerchen, denn sie hatte an diesem Tag so allerhand erledigt. Es war ein eher ruhiger Samstag-Frühnachmittag. Die Nachbarn, unter ihnen Viivi und Detti und auch Schnatzingers, hatten sich vermutlich gleichfalls soeben zur wohlverdienten Ruhepause hingelegt. Schnatzingers wohnen nebenan und sind etwas vermögender als die anderen Straßenbewohner. Was immer mal wieder Anlass zu mehr oder weniger spitzfindigen Bemerkungen insbesondere von Jens gibt. Claudia jedenfalls registriert: Ihr lieber Jens werkelt irgendwas in der Garage, sie hört ihn nur gelegentlich einen Oldie trällern, eher unmelodiös, aber mit Inbrunst.

Plötzlich, aus heiterem Himmel, ein Knall wie von einem

überdimensionalen Chinaböller, gefolgt von ohrenzerreißend quietschenden Bremsen. Schnurrli, die Machtnikssche Katze, rettet sich mit einem Sprung in die offenstehende Spülmaschine. Claudia lugt vorsichtig aus dem Küchenfenster, nachdem sie sich von ihrem Schrecken erholt hat. Es ist so, wie sie schon ahnte: Fridolin ist eingetroffen. Nahm mit Karacho die Kurve von der Hauptstraße und ist mit angelegten Ohren und kräftiger Fehlzündung an der Schnatzinger-Villa vorübergerauscht. Vor der Machtniksschen Einfahrt hat er kurz, aber kräftig die Bremse betätigt, weil er im allerletzten Moment dort Claudias rotes Gefährt entdeckte.

Sein orange-grünes Vehikel ist etwa dreißig Zentimeter hinter Claudias Autochen zum Stehen gekommen. Fridolin lehnt ungerührt und nonchalant am Steuer. Jens taucht aus der Garage auf: »He, Fridolin, mach' nicht so'n Krach! Bist wohl vom wilden Watz gebissen? Aber gut, dass du da bist, dann kann's losgehen. CLAUDIA! Du musst dein Auto wegfahren!« – »Und *du* sagst mir, ich soll leise sein?!« Fridolin ist empört. »Du brüllst ja selbst wie zehntausend ungemolkene Affen!« Claudia ist inzwischen bei den beiden angelangt: »Hallo, Fridolin! Jens, wenn ihr zwei jetzt nicht ganz, ganz still und husch das erledigt, was ihr erledigen wollt, was immer das auch sein mag, gibt's Ärger! Ist das klar?« – »Du musst aber dein Auto wegfahren, damit wir den Bus in die Einfahrt stellen können.« – »Das hättest du mir ja auch früher sagen können, Mensch. Deswegen brauchst du doch nicht so rumzuplärren! Fridolin, fahr' deinen Bus ein Stück zurück, sonst komm' ich nicht raus.«

Mit einem Initialknall springt der Motor von Fridolins Bus an. Claudia zieht die Augenbrauen hoch und schickt ein Stoßgebet zum Herrn, auf dass er ihr ausreichend Geduld sende.

Dann parkt sie ihr ›Rotkäppchen‹ (so hat Silke ihr Auto getauft) auf der Straße vor dem Haus.

Fridolin stellt inzwischen den Bus in die Einfahrt, unter wohlgefälligem Grinsen von Jens: »Mach' dir nix aus Claudias Gemeckere. Du weißt ja, wie sie ist. Und versperrt immer die Einfahrt ...« Fridolin ist aber etwas vernunftgeprägter als Jens: »Na ja, irgendwie hat sie schon recht, wir sollten nicht zu laut sein, die Nachbarn werden sonst sauer.« – »Sauer? Was sauer, wer sauer?!« Jens ist pikiert. »Der Schnatzinger säbelt auch immer mit seiner Heckenschere am Gebüsch rum, am besten Ostersonntagmorgen! Und Fiefi und Detlef interessiert das nicht, die können's kaum noch erwarten, bis wir kommen. Hat der Detlef mir selbst gesagt, gestern.«

Fridolin öffnet sämtliche Türen, die Heckklappe sowie die Motorhaube des Busses, was Jens dazu veranlasst, eine wichtige Miene aufzusetzen. Er macht sich an die Begutachtung des Gefährts. Fridolin ist schweigender Beobachter, lediglich zum Motor erklärt er: »Der wird noch überprüft und neu eingestellt, dann sind die Fehlzündungen weg. Aber sonst ist alles okay, ich war erst vor vier Monaten zur Inspektion.«

Jens murmelt lediglich etwas Unverständliches vor sich hin. Er kriecht so ungefähr auf allen Vieren in den Motorraum, ohne Rücksicht auf seine guten Jeans und sein weißes Hemd. Leuchtet mit einer Taschenlampe in jeden Winkel und verkündet in pathetischem Ton: »Genehmigt, Fridolin! Alles in Ordnung! Sei ganz beruhigt, keinerlei Probleme! Jetzt lass' uns mal innen gucken.« An seinen Jeans: dunkle Flecken. An seinem Hemd: dito! Halt das Ergebnis einer Motorraum-Inspektion mit Ganzkörpereinsatz ...

Freund Jens lassen die oberbekleidungsmäßigen Folgen kalt, schließlich geht es hier um Wichtigeres. Auch Fridolins entgeisterten Kommentar: »Ach du liebes Lieschen!«, als er die Folgen der Motorraum-Durchsicht bemerkt, überhört er. Gemeinsam mit Fridolin entert er die ›Fahrgastzelle‹. Dann folgt das ›große Probesitzen‹, und die beiden verteilen schon mal vorab die Plätze. Fahrer und Beifahrer, welche Frage, stehen allerdings sofort fest: Jens und Fridolin im Wechsel, da herrscht Einigkeit. Zweite Sitzreihe: Claudia mit den Kindern, wobei Jens anmerkt, dass sie die drei bei Bedarf auch auf die hinteren Plätze (der Bus verfügt über drei Sitzbänke) umsiedeln könnten: »Wenn die uns zu viel reinquatschen, zum Beispiel. Das Claudia kann nämlich nicht links und rechts unterscheiden. Is' aber bei allen Frauen so!« Fridolin zweifelt: »Blödsinn!« – »Doch, du wirst's sehen!« – »Das war aber in Österreich anders, Jens. Da bist du gefahren, und wir sind in Innsbruck gelandet, als wir nach Wien wollten.« – »Das Claudia hat mich auch völlig irre gemacht, mit ihrem dauernden ›da vorne musst du abbiegen, Jens‹ und ›Achtung, Kurve‹ und diesem ganzen Kram. Jedenfalls soll sie sich um Silke und Tommi kümmern, da hat sie genug zu tun.«

Fridolin kennt Claudia aber auch, und er ist sich sicher, dass sie diese Jenssche Verordnung nicht unwidersprochen hinnehmen wird. »Meinst du nicht, Jens, wir sollten Claudia auch fragen?« Jens starrt seinen Cousin völlig überrascht, fassungs- und verständnislos an. Er, Jens, ist schließlich das Familienoberhaupt. Er, Jens, plant diese Abenteuerreise. Er, Jens, kennt sämtliche Tricks. Und nur und ausschließlich er, Jens, kann Auto fahren. Na gut, Fridolin, den muss er leider ranlassen, schließlich ist es sein Bus, aber Claudia ...

Bevor ich in meiner wahrheitsgemäßen und völlig emotionslosen Berichterstattung fortfahre, ist es wohl erforderlich, noch etwas mehr in das ›Personengefüge‹ des Machtniks-

Clans einzuführen. Bisher haben wir Claudia und Jens kennengelernt, ein wenig auch Fridolin. Die beiden Sprösslinge: Thomas, genannt Tommi sowie Silke sind bisher nur recht marginal in Erscheinung getreten ...

Tommi ist elf Jahre alt, frühreif und in fortwährendem Clinch mit seiner Schwester Silke. Er besucht das örtliche Gymnasium und liebt seine Eltern und sein Smartphone. Und eigentlich, ja eigentlich, liebt er auch seine Schwester. Aber das weiß er noch nicht so genau.

Silke, Thomas' kleine Schwester, hat soeben das zarte Alter von gerade fünf Jahren und elfeinhalb Monaten erreicht. Wobei für sie die elf*einhalb* Monate wichtig sind. Sie trickst den Bruder gerne als ›liebes Silkchen‹ bei den Eltern, besonders bei der Mama, aus; was Thomas ihr recht übel nimmt, zumal sie, was er ihr besonders vorwirft, ein Mädchen ist.

Silke mag Katzen und Hunde und hasst Tiger. Zumindest, wenn sie größenmäßig Ausmaße haben, die es unmöglich machen, sie in einer Reisetasche zu verstauen. Und sie liebt eigentlich auch ihren Bruder. Allerdings, siehe oben, weiß sie das noch nicht so genau.

Und ein weiteres Familienmitglied wurde schon kurz erwähnt, jedoch, im wahrsten Sinne des Wortes, nur ›flüchtig‹: Schnurrli. Sie ist der noch junge Stubentiger der Familie, darf trotz ›Tigerphobie‹ auch mit Silkchens Einverständnis als solcher bezeichnet werden – und ist nach Meinung von Silke ausschließlich *ihre* Katze. Schnurrli erkundete vor wenigen Minuten in panischem Schrecken das Innere der Machtnikschen Spülmaschine, dank Fridolins Kleinbusgetöse. Aber sie hat diese Flucht Gott sei Dank unbeschadet überlebt, denn Claudia entdeckte sie noch rechtzeitig, ehe sie die Spülmaschinentür schloss.

Nun gut. Jetzt aber erscheint erstmal unsere liebe Claudia erneut auf der Bildfläche. Sie hat auf Grund der laufenden Jens-Fridolin-Aktion auf ihr geplantes Samstagnachmittags-Schläfchen verzichtet. Aus Erfahrung ist ihr nämlich klar, dass sie die beiden nicht allein irgendwelche Entscheidungen fällen lassen sollte. Demnach kommt sie nunmehr ebenfalls nach draußen, um Schlimmeres zu verhüten. Sie ist ja offensichtlich das einzige vernunftbegabte Familienmitglied (bei dieser Feststellung höre ich Jens empört schnaufen). Daher trägt sie einen Gegenstand in ihren Armen, der für die Reise unbedingt erforderlich ist: den Kindersitz von Silke. Die von Jens und Fridolin ausgetüftelte Sitzordnung ist ihr, entgegen Fridolins Befürchtungen, schnurzpiepegal; von ihr aus können die beiden auf dem Dach sitzend mitfahren. Aber der Kindersitz muss mit und regelgerecht zu befestigen sein. Und ich finde, da hat sie eindeutig recht.

Jens und Silke freilich sehen das nicht so eng: Silke betrachtet ihren Kindersitz als Folterstuhl und maßlose Diskriminierung – schließlich ist sie, wie erwähnt, kein Baby mehr, sondern fünf Jahre und *elfeinhalb* Monate alt.

Entsprechend turnt sie rum, wehrt sich mit Händen und Füßen, windet sich und beißt und kratzt notfalls gar wie eine Wildkatze, wenn sie in ihn verfrachtet werden soll. Detlef schilderte mir vor Kurzem eine Szenerie, die er als unbeteiligter Beobachter beim Einkaufen miterleben konnte: Er sah Claudia, bekleidet mit einer alten, völlig zerfetzten Bomberjacke, ihre Hände steckten in dicken Gartenhandschuhen aus Leder. Sie beugte sich soeben in den Fond eines Autos. Begleitet von schrillstem Kleinmädchen-Gebrüll stand ein völlig entnervter Mensch männlichen Geschlechts daneben, unschwer als Jens zu erkennen, der sich beide Ohren zuhielt. Detlef war sofort klar: Machtniks waren seit geraumer Zeit damit beschäftigt, Silke in ihrem Kindersitz unterzubringen ...

Jens, dem es ja überhaupt nicht schwerfällt, sein Gehirn zu für ihn vorteilhaften Geistesblitzen zu nutzen (oder es bedarfsmäßig auszuschalten), umgeht dieses ganze Theater allerdings möglichst: Er hat bei irgendwelchen Fahrten stets vor dem Start noch unbedingt etwas Unaufschiebbares in der Garage, im Keller oder auf dem Speicher oder im Geräteschuppen zu tun. Und erscheint vorzugsweise erst auf der Bildfläche, wenn Silke in ihrem Sitz verstaut ist und seine schweißgebadete Claudia ihn unter Androhung von körperlicher Gewalt herbeizitiert. Hat auch ganz überwiegend Erfolg mit dieser Strategie, zumal er seiner geliebten Ehefrau gegenüber, ausgekocht, wie er ist, den Standpunkt vertritt, sie sei die Geschicktere im Umgang mit Silke. Was letztlich sogar stimmt, wie Claudia sehr wohl weiß.

Während mithin Claudia als besorgte Mutter während der soeben beschriebenen technischen Begutachtung des Fridolinschen Gefährts wieder mal frauliche Vernunft beweist und den Kindersitz anschleppt, ist Jens in der Garage verschwunden. Die zentrale Frage ist: Warum mag er dies getan haben? An und für sich geht es momentan doch ausschließlich darum, zu testen, ob der Sitz in Fridolins Bus passt. Die ›Inthronisation‹ von Prinzessin Silke soll zum jetzigen Zeitpunkt noch gar nicht erfolgen. Weswegen also geht »HERR« Jens (um mit Claudia zu sprechen) stiften?

Jens jedoch hat gar nicht das Weite gesucht, oh nein! Es ist vielmehr so, dass unser eifriger Familienvater und Reiseprojektleiter lediglich extrem bedeutungsschwere Entscheidungen treffen muss. In seinem Eifer hat er nämlich überhaupt nicht registriert, dass Claudia mit Silkes ›heißem Stuhl‹ naht!

Er hat etwas völlig Anderes, seiner Meinung nach überaus Wichtiges zu tun: Er muss aus der Garage einige Kästen Bier holen. Hintergrund dieser Aktion ist, dass Detlef Jens erklärt hat, alle alkoholischen Getränke seien in Finnland wesentlich teurer als bei uns. Als Folge dieses Hinweises hält Freund Jens es für unabdingbar zu prüfen, ob sich unter den Sitzbänken des Fridolin-Busses entsprechende Flaschenkästen in nennenswerter Zahl verstauen lassen.

»Jens, hilf mir mal, den Kindersitz festzumachen!« – Claudia hat den Sicherheitsgurt in der Hand und versucht vergeblich, ein praktikables System zu entwickeln, um Gurt und Sitz miteinander zu verbinden. Fridolin ist ganz Gentleman: »Lass' mich das nur machen!« – Schließlich geht es um seinen Bus, und so, wie er Claudia mit dem Gurt hantieren sieht, bekommt er zunehmend Bedenken, ob er alle Knoten wieder lösen kann ...

Mit vereinten Kräften gelingt es Claudia und Fridolin nach einiger Zeit, den Kindersitz so auf der Bank zu fixieren, dass Claudia zufriedengestellt ist. Für den Wiederausbau benötigen sie allerdings etwa doppelt so lange. Insbesondere Claudia beweist erhöhtes Geschick, sich in den Schlaufen und Schlingen des Gurtes zu verfangen. Jens schaut mit wachsender Begeisterung zu; er ist bestens gestimmt, weil sein Bierkastentest das Ergebnis hatte: Drei volle Behältnisse sind nebeneinander unterzubringen. Liebe- und rücksichtsvoll unterstützt er die beiden Kindersitz-Monteure durch so hilfreiche Bemerkungen wie: »Höher! – Tiefer! – Rechtsrum! – Nee, doch linksrum! – Mann, oh Mann! – Wie lange dauert das denn?!« und dergleichen mehr. Claudia schießt tödliche Blicke auf ihren Ehemann. Die prallen allerdings an dessen wie immer unangreifbarer ›Insensibilité‹ wirkungslos ab.

Fridolin, sonst eher zurückhaltend, reißt endlich doch mal der Geduldsfaden mit seinem Cousin: »Sag' mal, Jens, kannst du nicht mal in deine Garage verschwinden?! Manchmal bis du echt nicht ganz bei dir!« Was nun wiederum bewirkt, dass Jens mit beleidigter Miene seine Bierkästen unter der Vorderbank hervorkramt und sich tatsächlich zurückzieht. Die beiden anderen hören ihn nur vor sich hin murmeln: »Undankbares Volk. Da will man helfen und nix ist. Arbeiten, ja das darf man, den ganzen Tag schon ... Keine Ahnung haben die! Sollen sie seh'n, wo sie bleiben ... Ich jedenfalls kümmer' mich nicht um den Sitz, ich nicht! Aber die Bierkästen, die darf ich schleppen ...« Und brummelnd verschwand der ›Genius loci‹ in seinen garagenesken Gefilden ...

5 Tante Ottilie und Opa Karl

Beeindruckend finde ich, dass Jens selbst beim größten Ärger eines, oder besser: eine, niemals vergisst: seine unvergleichliche Ehefrau. Denn, Claudia hat scharfe Augen. Und das weiß Jens aus leidvoller Erfahrung ... Beim erwähnten Treffen zwischen Claudia und mir auf dem Marktplatz schilderte sie mir nämlich in Bezug auf den Ablauf der ›Fridolin-Bus-Testmaßnahme‹ folgendes Phänomen: Schon beim Anschleppen der erwähnten Bierkästen habe Jens ihr in auffallender Weise unablässig den Rücken gezeigt. Ja, er sprach mit ihr gar nur mit abgewendetem Gesicht, quasi »über seine Schultern hinweg«, wie sie mir mit vor Empörung bebender Stimme vermeldete. Und auch, als er in die Garage abzog, vermied er es mit staunenswerter Sorgfalt, sich zu ihr umzudrehen.

Ich vermutete sofort richtig, welche Gründe der Machtnikssche Familienchef hierfür hatte. Mir war ja noch in Erinnerung, welches Erscheinungsbild Jens nach seiner mit Inbrunst ausgeführten Motorinspektion bot ... Für Jens selbst sind ölverschmierte Hose sowie Hemd nicht unbedingt ein Anlass, mit seiner Eheliebsten in einen sowieso frustranen Clinch zu gehen – folglich zeigte er seiner Angetrauten konsequent den Rücken. Dabei sollte er doch schon ›von Haus aus‹ wissen, dass solche Sperenzchen erst recht Claudias Aufmerksamkeit erregen.

So auch hier. Claudia äugte misstrauisch über den Kindersitz hinweg Richtung Garage. Dort hörte man Jens rumoren, und nach einiger Zeit erschien er mit verdächtig unbeteiligtem Gesicht wieder bei ihr und Fridolin.

»Irgendwie sieht er aber anders aus, der Kerl«, denkt Claudia. Bis es ihr wie Schuppen von den Augen fällt: Er trägt jetzt überraschenderweise den Arbeits-Overall, den sie ihm erst vor wenigen Wochen gekauft hat, weil er immer und ausnahmslos in den besten Kleidern zum Basteln in der Garage oder im Keller verschwindet.

Ich höre den Aufschrei von Jens bei dieser Darstellung. Er »bastelt« nicht, sondern arbeitet ernsthaft an seinen Projekten. Dazu muss man wissen, Jens hält nicht nur pausenlos seine Familie auf Trab, sondern sich selbst für technisch begabt. Um nicht zu sagen, für genial. Seine größte Erfindung: ein mechanischer Nikolaus in Lebensgröße, an dem er derzeit werkelt.

In der aktuellen Situation hat sich der Bursche ganz offenbar still und leise durch die hintere Garagentür und den angebauten Abstellraum ins Haus geschlichen. Hat sich dort ruck, zuck in besagten Overall geworfen und erscheint nun, unschuldig pfeifend, auf der Bildfläche.

Ach, wie entspannt und erholsam können doch Samstagnachmittage sein ... Wenigstens, wenn man nicht gerade mit Claudia und Jens bei derartigen Gelegenheiten einen Kleinbus im Hinblick auf seine Tauglichkeit für eine längere Urlaubsreise testet. Oder gezwungen ist, gemeinsam mit ihnen beispielsweise Einkäufe zu erledigen oder Kaffee zu trinken. Oder überhaupt aus irgendwelchen Gründen unvorbereitet irgendetwas irgendwann irgendwo irgendwie zusammen mit ihnen tun muss. Denn: Das, ehrlich, kostet Nerven und schwächt das Gemüt!

Derartige Gedanken gehen dem lieben Fridolin durch den Kopf. Ihn reut fast schon seine Bereitschaft, mit Claudia, aber insbesondere mit Jens in Urlaub zu fahren. Doch in allen Stresssituationen kennt Fridolin traditionell eine Lösung: seine Mundharmonika! Die kann ihn retten und auf andere

Gedanken bringen. Und so zieht er sein Instrument aus der Hosentasche und beginnt, munter drauflos zu blasen: erst mal den Radetzky-Marsch, dann die fünfte Sinfonie von Beethoven. Die hat Fridolin selbst für Mundharmonika arrangiert.

Unsere lieben Freunde Viivi und Detti schilderten mir dieses Schauspiel. Sie ergötzten sich mit großem Genuss von ihrem Wohnzimmerfenster aus an der Szene: Claudia und Jens in erbittertem Disput über Kindersitze, adäquate Kleidung für Motorinspektionen und Biertransporte. Daneben Fridolin, der mit vollen Backen seine ›Mundorgel‹ malträtiert. Die beiden, Viivi und Detlef, sind natürlich nur deswegen noch so gelassen, weil der Zeitpunkt, an dem Machtniks bei ihnen in Finnland eintrudeln werden, noch in weiter Ferne liegt. Wobei – die Wochen vergehen schneller, als man sich das manchmal vorstellt, ihr Lieben ...

Doch mit der geschilderten Dramatik ist es noch nicht genug: Jetzt erscheinen Silke und Thomas, angelockt durch Fridolins ›Tuten‹ und den Bus, den sie noch von der Österreich-Fahrt her in Erinnerung haben. Während Tommi das Gefährt fachmännisch in Augenschein nimmt, entdeckt Silkchen den Kindersitz: Ihr Gebrüll übertönt mit Leichtigkeit Fridolins Konzert, zumal der soeben beim zweiten Satz der Beethoven-Sinfonie angelangt ist und ›andante‹ und ›piano‹ trällert. Sämtliche Nachbarn erscheinen prompt an den Fenstern ihrer Behausungen. Schnatzingers insbesondere halten sich bereit, den Katastrophenschutz zu alarmieren. Die diversen Vierbeiner der näheren und weiteren Umgebung verstehen Silkes Urschrei als Aufforderung zum Chorgesang und stimmen entsprechend ein. Und Claudia möchte vor Scham am liebsten im Erdboden versinken.

Jens dagegen genießt die Aufmerksamkeit und würde am

liebsten noch die alte Feueralarm-Tröte vom Speicher holen, die er vor Jahren auf dem Flohmarkt ergattert hat und entsprechende Alarmsignale schmettert. Dieser respektlose Lümmel ist tatsächlich so ungefähr durch nichts und niemanden einzuschüchtern.

Seine sympathische Ehegefährtin gibt angesichts der Übermacht von offensichtlich Unzurechnungsfähigen auf – allerdings nur für den Moment. Aus ihrer Langzeit-Erfahrung mit ihrer Familie ist ihr bewusst, dass im Augenblick jede vernunftgesteuerte Unterhaltung aussichtslos ist.

Und da fällt ihr gottlob ein: Für heute, Samstagnachmittag, hat sie Tante Ottilie und Opa Karl zu Kaffee und Kuchen eingeladen. Ein höchst willkommener Anlass, sich aus dieser anarchisch-durchgedrehten Situation zu verabschieden ... Also verschwindet sie mitsamt Kindersitz im Haus, ohne auf das Chaos weiter zu achten. Schnappt sich ihre Autoschlüssel und dampft mit ihrem fahrbaren Untersatz ab, um die beiden Herrschaften abzuholen. Und siehe da: Postwendend endet der Aufruhr, lediglich aus Fridolins Mundharmonika ertönt noch ein ersterbendes Fiepen.

Hier nun ist es an der Zeit, die beiden erwarteten Besucher ein wenig näher zu beschreiben. Wie allein schon wegen der Vornamen zu vermuten, handelt es sich dabei um Angehörige der älteren Generation: Tante Ottilie ist 76 Jahre alt, Opa Karl hat gar schon 91 Sommer erlebt.

Tante Ottilie ist eine herzensgute Seele, still und humorvoll. Für Silke und Tommi ist immer wieder besonders reizvoll: Sie hat irgendwann mal einen Schneidezahn verloren. Und vermögend wie sie ist, hat sie sich einen Goldzahn einsetzen lassen, der, je nach Lichteinfall, blendend blinkt, wenn sie lacht. Und das tut sie gerne. Jens, behauptet frech, der

Zahnverlust sei bei einer Schlägerei passiert. Das macht Tante Ottilie für die Kinder natürlich noch interessanter. Sie selbst stört das Ganze wenig, schließlich hängt sie an ihrem Goldzahn und putzt ihn so manches Mal mit besonderer Inbrunst.

Der Humor, den Tanto Ottilie immer wieder unter Beweis stellt, verbindet sie mit unserem Eduard Öpperdick, jenem Rentner, der im Dorf, in dem meine finnische bessere Hälfte und ich wohnen, zum Personen-Inventar gehört. Denn Eduard hat ebenfalls ein exklusives Merkmal: Er ist stolzer Träger eines Kunstauges. Beide, Ottilie und Eduard, sind zwar meiner Kenntnis nach nicht miteinander bekannt, aber beide nehmen ihre extravaganten Ausstattungsmerkmale eben durchaus gelassen und locker. Eduard beispielsweise verfügt über ein umfangreiches Repertoire an ›Einäugigkeits‹-Witzen. Zu denen gehört, wie ich einige Male erleben durfte, standardmäßig: »Weißt du, aus welchem Material mein ›falsches‹ Auge ist?« - Betretenes Schweigen des oder der so Angesprochenen ... Eduard genießt die Verlegenheit seines Gegenübers und reicht erst nach geraumer Zeit die Antwort nach: »Na, aus Glas natürlich! Sonst könnt' ich ja nicht durchgucken ...« Chapeau! Wie man hieraus ersehen kann, ist er ein durch und durch selbstbewusster Zeitgenosse. Doch zurück zur Familie Machtniks.

Opa Karl ist der Senior der Familie – und sich dessen auch bewusst. Das erfüllt ihn mit Stolz! Er war im Krieg und ist mit seiner verstorbenen Ehefrau Mathilde »immer übern Sund gesegelt« ... Körperlich gesehen, erfreut sich Opa Karl erstaunlich guter Gesundheit. So ist er beispielsweise noch recht gut zu Fuß – langsam zwar, aber auf kurzen Strecken sogar ohne fremde Hilfe. Streng genommen ist sein einziges erwähnenswertes Handikap: Er hört altersbedingt etwas schlecht. Das hindert ihn jedoch keinesfalls daran, sich an Unterhaltungen aktiv zu beteiligen.

Claudia ist also erstmal unterwegs. Jens und Fridolin haben zwischenzeitlich ihre Fahrzeuginspektion weitestgehend abgeschlossen. Dabei wurde Detti von Jens kurzfristig als orts- und wetterkundiger Berater hinzugezogen. Fridolin hat es nämlich rundweg abgelehnt, auf Anraten von Jens Winterreifen aufzuziehen. Aus unerfindlichen Gründen scheint Jens immer noch nicht vollständig davon überzeugt zu sein, dass in Finnland im Sommer keine arktischen Temperaturen herrschen. Auch Fridolins Hinweis: »Mensch, Jens, du brauchst doch nur im Internet zu gucken, da siehst du doch, wie warm es da ist!«, fruchtet nichts. Sturkopf Jens piekst sich so ungefähr mit dem eigenen Zeigefinger die Augen aus: »Ich glaub' nur, was ich mit diesen selbst gesehen habe, Fridolin! Oder höchstens, was mir vertrauenswürdige Personen mitteilen!« Blick auf Detlef. Der versichert zum wiederholten Mal: »Nun glaub's doch, Jens! Wir haben da oben oft richtig viel Sonnenschein! Und Hitze!«

Obgleich Fridolin seinen Cousin nun wirklich schon Jahrzehnte lang kennt, und obwohl Detti wahrhaftig ein aufgeweckter Bursche mit Durchblick ist: Die beiden lassen sich immer noch von Jens ins Bockshorn jagen. Merken nicht oder nur sehr verzögert, wenn und wie er sie auf den Arm nimmt … Aber eben das macht Jens ja so viel Spaß. Auf diese Weise holt er sich Farbe in den grauen Alltag. Durchaus auch mal auf Kosten anderer – doch das bereitet ihm recht wenig Kopfzerbrechen. Genauer gesagt, gar keines. Wobei die Grenzen zwischen Witzbold und tatsächlicher Sturheit oder auch Nichtwahrhabenwollen bei Jens mitunter fließend sind.

Nun gut. Claudia trifft kurze Zeit später mit Opa Karl und

Tante Ottilie ein. Jens und Fridolin sitzen auf der Eingangstreppe. Kaum hat Claudia ihr Vehikel zum Stehen gebracht, bläst Fridolin mit vollen Backen einen Tusch. Jens reißt die Wagentür auf: »Hallo, Tante Ottilie! Hallo, Opa Karl! Da seid ihr ja!« – Claudia schaut erst auf Fridolin, dann auf ihren Göttergatten: »Jens, du bist wieder mal super geistreich! Hast du wenigstens schon Kaffee gemacht?« Opa Karl ist hellwach: »Was sagt das Claudia?« Aha, auch er kennt das ›neutrale Femininum‹! Jens hilft Tante Ottilie dabei, sich aus dem Rücksitz zu winden: »Claudia kocht gleich Kaffee, Opa Karl!« – »Was?« – »GLEICH GIBT'S KAFFEE!« – »Ach so. Wo ist denn der Fridolin?« – »Da steht er, Opa Karl.« – »Was?« – »HIER BIN ICH, OPA KARL!« – »Ei Fridolin, da bist du ja. Wo haste denn deine Ziehharmonika?« Fridolin ist beleidigt: »Mundharmonika, Opa Karl!« – »Was?« – »MUNDHARMONIKA!« Opa Karl lässt sich nicht aus der Ruhe bringen: »Hab' ich doch gesagt, Mundharmonika. Also: Dann spiel mal was, Junge!« – »Vielleicht später, Opa Karl!« – »Was?« – »VIELLEICHT SPÄTER, NACH DEM KAFFEE!«

Opa Karl ist's zufrieden und wendet sich Fridolins fahrbarem Untersatz zu. »Was habt ihr denn da für einen Omnibus, Jens?« – »Das ist Fridolins Kleinbus, mit dem wollen wir im Sommer nach Finnland fahr'n, Opa Karl!« – »Was?« – »MIT DEM FAHR'N WIR IM SOMMER WEG. NACH FINNLAND. DER GEHÖRT DEM FRIDOLIN!« Opa Karl staunt: »Der spielt doch immer Ziehharmonika, der Fridolin. Wieso in Finnland? Wo ist der überhaupt? He, Fridolin, spiel mal was. Der spielt nämlich ganz schön, Jens, das kann ich immer noch gut hören. Wo ist denn jetzt die Ottilie?« – »IM HAUS!« Fridolin hakt Opa Karl unter und zieht ihn sanft, aber bestimmt in Richtung auf den Hauseingang: »Komm,

Opa Karl, jetzt gibt's Kaffee!« – »Was?« – »KAFFEE!« – »Und wo ist die Ottilie?« Er sagt wirklich *die* Ottilie! – »IM HAUS, OPA KARL!« – »Gut, gut, dann gehen wir auch mal rein. Aber dann spielste auch was, Fridolin.«

Im Haus hat Claudia inzwischen tatsächlich Kaffee zubereitet und mit Hilfe von Tommi und Silke den Tisch gedeckt. Tante Ottilie steht vor dem Bücherregal und betrachtet die dort aufgehängte Europakarte.

Tante Ottilie ist im Laufe ihres Lebens schon viel gereist, aber war noch nie im Norden: »Wie sprechen die Finnländer eigentlich, Claudia?«, meint sie. Jens wirft sich in die Brust: »Das sind keine ›Finnländer‹, Tante Ottilie, die heißen ›Finnen‹. Und die sprechen auch so. Finnisch, meine ich. Unser neuer Nachbar ist mit einer von da verheiratet, Fiefi heißt sie ...« – Man hört Claudia: »Viivi, Jens!« – »Ist doch egal, Fiefi also, und die kommt von Sohmi ...« – »Suomi, HERR Jens!« – »... und die haben uns eingeladen.«

Opa Karl hört interessiert zu: »Was sagt der Jens?« – »DASS WIR NACH FINNLAND EINGELADEN SIND, OPA KARL, VON UNSEREN NEUEN NACHBARN!« Opa Karl ist erstaunt: »Nachtbar? Wieso Nachtbar? Und ihr seid da eingeladen? In Finnland? Wo ist denn wieder der Fridolin? Der frivole Fridolin, hat das Mathilde (ja, *das* Mathilde!) immer gesagt.« Mathilde ist, wie vermeldet, seine seit vielen Jahren verstorbene Ehefrau. »Ich bin doch hier, Opa Karl! HIER!« – »Jetzt spiel' endlich was, Fridolin!«

Claudia greift ein: »Ja, Fridolin, spiel' dem Opa Karl doch mal was vor, er möchte das so gerne!« – »Was?« – »ICH HAB' MIT DEM FRIDOLIN GESPROCHEN, ER SOLL WAS SPIELEN!« – »Sag' ich doch schon die ganze Zeit: Jetzt spiel' mal was, Fridolin!« Fridolin überlegt: »Was soll ich denn spielen?« Jens rät hilfreich: »Irgendwas Lautes, spiel' doch ›Die Wacht am Rhein‹, aber volle Pulle, damit er es auch hört!« Also legt unser Mundharmoniker mit erhöhtem Einsatz los. Opa Karl stimmt mit ein, ebenso Jens: »Es braust ein Ruf wie Donnerhall ...!« Claudia, Tante Ottilie und die Kinder flüchten in die Küche, Schnurrli ist sicherheitshalber sowieso schon beim Nahen der Mannschaft in den Keller verschwunden.

Opa Karl ist begeistert. »Schön. Wann fahrt ihr jetzt nach Finnland? Aber diese Nachtbar-Geschichte, Fridolin ... Da hat das Mathilde doch recht gehabt. Von wegen ›der frivole Fridolin‹. Ja, ja. Wisst ihr, wir sind immer übern Sund gesegelt, das Mathilde und ich, immer übern Sund.« Fridolin wehrt sich: »Da ist nix mit Nachtbar, Opa Karl!« – »Was?« – »NIX MIT NACHTBAR, OPA KARL!!« Opa Karl ist empört. Na ja, richtiger gesagt, weniger empört als erstaunt: »Was soll ich in einer Nachtbar, Jungs, in meinem Alter?! Nee, nee. Aber wo ist denn das Claudia? Und die Ottilie?«

Da das schaurig-schöne Konzert verklungen ist, trauen sich die gesuchten Damen und die Kinder wieder ins Wohnzimmer. Das Gespräch am Kaffeetisch dreht sich vor allem um die Finnlandfahrt. Tante Ottilie hört mehr oder weniger schweigend zu, als Jens schwärmerisch von diesem Sommerprojekt berichtet. Opa Karl kommt mehrfach auf das Thema »Nachtbar« zu sprechen. Im Gesprächsverlauf gelingt ihm gar noch die Steigerung hinsichtlich dieser Lokalität von »Nachtbar« zu »Nacktbar« ... Er findet es höchst verwunderlich, dass die Familie nach Finnland in ein derartiges Etablissement eingeladen ist. »Sogar die Kinder?« Was Fridolin jeweils mit: »Ach du liebes Lieschen!« kommentiert. Nach einigem Hin und Her gelingt es jedoch, Opa Karl über den tatsächlichen Sachverhalt in Kenntnis zu setzen.

Tommi liebt Opa Karl, zumal der immer mal einen Euro für Bonbons springen lässt. Mit der von Jens vererbten Chuzpe versteht er es, den Familien-Senior um den Finger zu wickeln: »Erzähl' doch mal vom Segeln, Opa Karl!« – »Was sagt der Junge?« – »ERZÄHL MAL VOM SEGELN!« – Opa Karl legt begeistert los: »Kannst du segeln, Jung'? Kann er segeln, Jens? Nein? Was lernen die jungen Leut' heutzutage!? Ich jedenfalls bin immer mit dem Mathilde übern Sund gesegelt. Quer rüber! Und Wellen gab's da, Junge, Wellen ... und Haifische und Wind! Kannst du segeln, Jens? Oder du, Fridolin? Nix könnt ihr ...! Hast du noch Kaffee, Claudia? Aber keinen Muckefuck!« Claudia steht auf: »Kommt gleich! Ich muss erst neuen machen.« – »Was?« – »KOMMT SOFORT, OPA KARL! ERZÄHL NOCH BISSCHEN VOM SEGELN!« – »Kannst du segeln, Claudia? Du, Ottilie, sowieso nicht. Wie alt biste jetzt eigentlich, Otti?«

Fridolin benimmt sich ganz als Kavalier: »Ei Opa Karl, das fragt man eine Dame doch nicht!« – »Was?« – »DAS FRAGT MAN DOCH NICHT, OPA KARL!« – »Nee? Aber wie alt biste denn, Otti?« – »76.« – »Was?« – »76!« – »Siehste, Otti, biste im besten Alter.« Fridolin meint, den Senior ablenken zu müssen: »ERZÄHL NOCH VOM SEGELN, OPA KARL!« – »Gut, gut. Das Mathilde und ich: immer quer rüber übern Sund. Da gab's Wellen und Haifische! Und Piraten, Tommi, denk mal, mit sooolchen Säbeln und nur einem Auge. Und Goldzähnen! Wie die Ottilie – nix für ungut, Otti, bist im besten Alter! Und immer quer rüber, das Mathilde und ich ...!« Haifische und Piraten, das erscheint Tommi äußerst spannend: »Papa, ich möcht' auch segeln lernen!« Jens lehnt ab: »Lern' erst mal richtig schwimmen!« Thomas ist gekränkt: »Kann ich doch längst, viel besser als die Mama oder die Silke!« Silkchen hat sich bisher auf das Vertilgen ihres Kuchens (sie hat sich drei Stück der leckeren Sahnetorte auf ihren Teller geladen) konzentriert. Aber jetzt: Alarm!

»Kannst du gar nicht!« – »Na klar, du Kröte!« – »Kannst du nicht, gell Papa?!« Jens hört ostentativ weg, aber Claudia kommt soeben mit frischem Kaffee aus der Küche: »Na ja, der Tommi schwimmt schon ganz gut, Silkchen.« – »Gar nicht! Ümmer der Tommi! Ümmer kann der alles!«

Jens ist gereizt: »Ruhe jetzt, sonst dürft ihr nicht mit nach Finnland!« Typisch Jens: leere Drohungen ... Silke erhöht ihre Lautstärke: »Ümmer bekommt der Tommi recht!« – »Stimmt ja auch, ich kann auch besser schwimmen!« – »Ümmer, ümmer!« Opa Karl: »Und immer quer rüber übern Sund!« Silke: »ÜMMER!« Fridolin: »Ach du liebes Lieschen!« Tante Ottilie: »Nun beruhigt euch doch, Kinder!« Claudia und Jens: »Ab nach oben, beide!« Opa Karl: »Jetzt spiel' doch was auf deiner Ziehharmonika, Fridolin!« – »MUNDHARMONIKA!«

Tante Ottilie behält die Nerven und greift geschickt ein: »Ich hätte gerne noch ein Stück Kuchen, Claudia. Danke! Und wann fahrt ihr nach Finnland?« Endlich kann Jens wieder auf sein Lieblingsthema kommen und erklärt, dass die Fahrt sofort mit dem ersten Ferientag der Kinder im Juli losgehen soll. Drei Wochen wollen sie unterwegs sein.

Kurz und gut, es wird noch ein unterhaltsamer Nachmittag. Jens sprüht vor Ideen und guter Laune, so dass auch Fridolin, dessen Begeisterung durchaus nachvollziehbar im Laufe der Businspektion etwas abgeflaut war, zunehmend von Jens' Schwärmerei angesteckt wird. Und so wird beschlossen, sich in Kürze zwecks weiterer Reiseplanung zu treffen. Opa Karl bringt's auf den Punkt: »Ab nach Finnland! Und immer quer rüber übern Sund ...«

6 Tigerpanik

Es wurde an anderer Stelle schon kurz erwähnt, dass die kleine Silke Katzen liebt. Allerdings nur bis zu einer gewissen Größe. Schnurrli zum Beispiel ist in Bezug auf Körperbau gerade passend für Silkchens Zuneigung. Tiger dagegen übersteigen rein größenmäßig das, was Silke zu tolerieren bereit und im Stande ist. Obgleich sie, ausgenommen bei einem Zoobesuch, bisher die herrlichen Raubkatzen noch niemals in natura erlebte. Bei besagtem Ausflug in den Tiergarten kam es übrigens genau wegen dieser Tiger fast zu einem Polizeieinsatz. Nicht etwa, dass die gut in ihrem Gehege eingeschlossenen Tigerdamen und Tigerherren ausgebrochen wären, mit der Absicht, ihren Speiseplan um Silkchen und andere Besucher zu erweitern. Es ging schlicht und ergreifend darum, dass Silke vor dem Tigerkäfig plötzlich und für die Umstehenden unerwartet in unfassbar schrille und herzzerreißende Schreiattacken verfiel.

Sämtliche Zuschauerinnen und Zuschauer gerieten in Panik und waren nur mit Mühe davon abzuhalten, besagte Ordnungshüter zu alarmieren. Sie glaubten wirklich, dieses arme kleine, unschuldige Kind werde brutalst misshandelt. Andere vermuteten gar, das bösartige Elternpaar wolle das Kindlein den Tigern zum Fraß vorwerfen.

Natürlich traf keine dieser absurden Vermutungen zu. Warum also schrie Klein-Silke so gellend im ›forte fortissimo‹?

Selbstverständlich konnte nur Jens, »HERR Jens«, wie Claudia sagen würde, als Auslösefaktor in Frage kommen.

Zur Erklärung sei berichtet, dass Jens gelegentlich, durchaus nicht immer, sein Töchterlein zu Bett bringt. Dieses gutväterliche Vorhaben baut er, so ist Jens nun mal, in der Regel zu einem abendfüllenden Programm aus. Da gibt's schon mal

Kasperletheater, Bauchreden oder auch Zauberkunststückchen. Die sogar besonders gerne.

Claudia erzählte mir einmal, dass ein Höhepunkt der Jensschen Magie in Folgendem bestand: Jens forderte vor Jahren bei einem Kindergeburtstag von Tommi alle Kinder auf, ihre Augen zu schließen: »Aber ihr müsst eure Augen auch wirklich ganz fest zumachen, sonst könnt ihr nichts sehen ...« Was die Kleinen denn auch widerspruchslos taten, in Erwartung unvorstellbarer Zauberkünste. Nachdem alle Augen fest geschlossen waren, blies Jens mit Geisterstimme Luft durch seine gespitzten Lippen und erlaubte anschließend den kleinen Geburtstagsgästen, die Augen wieder zu öffnen.

Was an diesem Vorgang Magie sein soll? Nun, ich schildere dieses Ereignis ja gerade, um die Absurdität, gepaart mit – übrigens meiner Meinung nach sehr wohl lustiger und unschuldig-durchtriebener – Raffinesse Jensscher Spielart zu verdeutlichen. Denn: Atemlos, mit erwartungsvollem Gesichtsausdruck und höchster Spannung in der Stimme fragte dieser Scharlatan sein junges Publikum, ob es gesehen habe, wie er durch die Luft geflogen sei. Und – Claudias Stimme vibrierte vor leiser Empörung, aber natürlich auch vor unterdrücktem Lachen – ausnahmslos alle Kinder bestätigten: Ja, der Jens sei tatsächlich durchs Zimmer gedüst, sie hätten es deutlich gesehen! Mehrere der Knirpse haben laut Claudia später fasziniert, überwältigt und völlig außer sich zu Hause erzählt, der Papa von Tommi sei ein Zauberer und sei durchs Zimmer geflogen ...

Das, nebenbei bemerkt, führte zu einigen Irritationen im Machtniksschen Bekanntenkreis. Denn es gab den Verdacht, die Flugkünste des lieben Jens seien möglicherweise Folge einer nicht nur verbalen sondern handgreiflichen Intervention durch Claudia gewesen. Und diese Vermutung hinwiederum wirft ein interessantes Licht auf das Renommee von Claudia als liebevolle Ehefrau ...

So einer also ist der Jens. Er genießt seitdem in Kinder- und Jugendkreisen gehörigen Respekt. Einige von Tommis Freunden, inzwischen natürlich auch so um die zehn, elf Jahre alt, machen noch heutzutage ihren eigenen Vätern bittere Vorwürfe, weil sie nicht durch die Lüfte schweben können, so wie der Vater von Tommi. Und wenn Jens ihnen die Hand geschüttelt hat, weigern sie sich für mindestens eine Woche standhaft, ihre Hände zu waschen: aus Ehrfurcht vor seiner magischen Aura, die dann ihrer Überzeugung nach an ihren eigenen Pfoten haftet.

Gut. Zurück zum Tigerthema. Es ist noch nicht allzu lange her, vielleicht ein halbes Jahr, da mochte Silkchen Tiger durchaus. Hatte keinerlei Furcht vor ihnen, fand im Gegenteil, es seien eben besonders große Katzen, ideal zum ausgiebigen Schmusen, hätte sie so etwas in ihrem Zimmer gehabt. Denn Katzen, gleich welcher Größe, waren dazu da, auf dem Schoß gehalten und gestreichelt zu werden, bis sie wohlig schnurrten. Wie Schnurrli eben.

Das war damals die unumstößliche Überzeugung von Klein-Silke, wie alle glaubten. Jedoch: Man hatte nicht mit Jens gerechnet.

In einem jener unvorhersehbaren Anfälle von väterlicher Fürsorge, die ihn in längeren, unregelmäßigen Abständen überkommen, hatte Jens beschlossen, sein Töchterlein mal wieder in (oder sollte ich im vorliegenden Fall richtiger sagen: ›um‹) den Schlaf zu bringen. Diesmal sollte es keine Zauberkunststückchen oder ähnliches geben, sondern er wollte ihr eine schlichte Gutenachtgeschichte präsentieren.

Silke, in freudiger Erwartung einer Märchenerzählung, kuschelt sich in ihre Kissen und macht große Kullleraugen als Beweis dafür, dass sie überhaupt nicht müde sei. So harrt sie der Dinge, die da kommen werden. Jens bittet als erstes Claudia um Hilfe: »Claudia! Kannst du bitte (Anmerkung: immerhin!) mal den Sessel aus dem Wohnzimmer zu Silke bringen? Ich will ihr 'ne Geschichte zum Einschlafen erzählen!« Ja, das ist halt das typische Jens-Gebaren. Claudia weiß sich aber zu wehren: »Bist du noch ganz bei Trost, Mann? Hol' ihn dir gefälligst selbst!« Woraufhin Jens leicht verschnupft und mit beleidigter Miene keuchend den uralten Ohrensessel anschleppt und ihn neben Silkchens Bett platziert.

Nunmehr, könnte man denken, geht die Erzählerei los. Aber das ist leider falsch gedacht ... Denn Freund Jens benötigt selbstverständlich etwas zu trinken. Und zu futtern. Kann sich gerade noch beherrschen, der Bursche, denn er war schon dran, seine Angetraute um entsprechendes Catering zu bitten. So aber schmiert er sich seine Stullen selbst, füllt sich ein Glas Wasser ab und verfrachtet das Ganze mittels Tablett auf Silkes Nachttisch. Wobei er rasch noch den Schnitzelrest vom Mittagessen in der Mikrowelle aufwärmt und seinen Butterbroten als Beilage hinzufügt.

Silke ist zwischenzeitlich schon leicht weggedämmert, man könnte auch sagen, sie schlummert bereits tief und traumlos. Aber erwartungsgemäß hat sie keine Chance: Wenn ihr Papa sich für die Gutenacht-Zeremonie zuständig fühlt, dann tut er das selbstredend mit Getöse. Und dauerhaft sowie ohne Rücksicht auf Verluste. So auch jetzt. Unter ausgiebigem und vernehmbarem Ächzen und Stöhnen pflanzt er sich in den Sessel. Stopft sich dann diverse Kissen in den Rücken, zwecks bequemerem Sitzen und beginnt erstmal, sein zweites (oder ist es sein drittes?) Abendbrot zu vertilgen. Und auch das unüberhörbar.

Frisch gestärkt und gemütlich in seine Polster vergraben, fängt unser liebender Papa Jens anschließend zartfühlend mit seinen Schilderungen an. Nimmt Silke mit auf eine fantastische Reise ins ferne Indien. Das im wahrsten Sinne des Wortes ›Fabelhafte‹ an Jens Erzählkunst ist: Er selbst versinkt im Verlauf des Vortrages mehr und mehr in seine Traumwelt. Und adäquat hierzu bleibt er natürlich nicht im Ohrensessel sitzen, sondern springt auf, macht Riesensätze durch Silkes Zimmer und steigert sich bedingungslos in das Szenario hinein. Silkes Augen werden größer und größer, sie sieht den Dschungel, hört die Affenhorden kreischen und den Tiger schleichen ...

Oh ja, wenn Jens eines kann, dann hervorragend Theater spielen. Das gibt sogar Claudia zu. Nicht umsonst stand er schon diverse Male auf den Bühnenbrettern der örtlichen Laienschauspiel-Gruppe. Und zwar als Hauptdarsteller. Sein Hamlet war *das* Ereignis der Spielzeit vor vier Jahren. Wenigstens seiner eigenen Einschätzung nach. Er wäre wirklich und wahrhaftig ein begnadeter Schauspieler oder Rezitator geworden! Heute Abend jedoch, in Silkchens Schlafzimmer, frisch gestärkt durch Butterbemme und Schnitzel, übertrifft er sich selbst.

Silke hockt inzwischen zusammengekauert mit angezogenen Beinen in ihrem Bett. Sie hält ihre Zudecke mit beiden Händen fest, atemlos vor Spannung. Und dann: der Höhepunkt! Jens schreit auf, fasst sich an den Hals und bricht röchelnd zusammen: Der Tiger hat sich soeben auf den unschuldigen Dorfältesten von Lakhandur gestürzt, mit weit geöffnetem Rachen und gefletschten Reißzähnen ... Hat dem Armen mit einem einzigen ›Haps‹ den Kopf abgebissen. Einfach so. Man hört, dank der Jensschen Vortragskunst, die Knochen knirschen.

Silke zieht sich schreiend die Decke über den Kopf, Claudia stürzt ins Zimmer, Tommi krümmt sich im Flur vor Lachen und Jens – nun, Jens liegt total erschöpft in seinem Sessel, völlig außer Atem. Kein Wunder, wenn man soeben mal kurz seinen Kopf an einen Tiger verloren hat.

Man kann sich unschwer ausmalen, wie die Situation weitergeht. Claudia: »Bist du eigentlich noch ganz dicht, Jens? Was soll der Blödsinn?!« – Jens, völlig konsterniert: »Ei, was ist denn? Das war doch nur ein Märchen, Silkchen, guck mal, mein Kopf ist doch noch dran. Und hier gibt's auch keine Tiger. Das war doch nur Spaß, Silke.« – Silke: »Huhuhuhuhu!«

Thomas im Flur steckt den Kopf durch den Türrahmen: »Groaaar!«

Daraufhin Silke: »HUHUHUHUHU!« Claudia ist nun wirklich sauer auf sämtliche Mannsbilder in ihrem Haushalt: »Thomas, sofort verschwindest du ins Bett! Und du, Jens, verschwinde auch! Komm, Silke, ich nehm' dich noch ein bisschen auf den Schoß. Dein Papa ist eben nicht ganz bei sich, Mensch, Jens!«

Im Endergebnis musste seit dieser Jensschen Märchenstunde mehrere Wochen lang abends im Flur Licht brennen und die Tür von Silkes Schlafzimmer offenstehen, wenn Silke schlafen sollte. Sie befürchtete, unter ihrem Bett könne ein Tiger lauern. Jens erhielt von Claudia absolutes Gutenachtgeschichten-Erzähl-Verbot, was ihn für knapp eine halbe Stunde verbitterte und bedrückte.

Diese Episode also ist der Grund für Silkes Tigerpanik. Verständlich, finde ich.

Was aber hat dies alles mit der Sommerurlaubsreise unserer leicht schrulligen Familie Machtniks zu tun? Denn die will doch nach Finnland! Und da gibt's, genau genommen, keine Tiger.

Aber die Schilderung dieser Tiger-Begebenheit ebenso wie die Darlegung der ans Wunderbare grenzenden Zauberkünste unseres lieben Jens sollen veranschaulichen, wie durchgedreht die Grundstimmung im Machtniksschen Haus oftmals ist.

Vor diesem Hintergrund wird besser verständlich, aus welchen Überlegungen heraus Jens eine Art Veranstaltungsprogramm für seine Familie inszenieren möchte, zur Einstimmung auf den bevorstehenden Abenteuerurlaub. Er selbst bezeichnet sein Vorhaben als »Überlebens-Training« ... Das hauptsächliche Augenmerk dieser Maßnahme liegt auf der Vermittlung der Gefahren des finnischen »Urwalds«. Und die bestehen nach Meinung von Jens nach wie vor an erster Stelle in der Existenz ungeheurer Ansammlungen von Bären und Wölfen. Detti, gutgelaunt, fidel und bedenkenlos, bestärkt Jens in dieser Einschätzung (Detti, oh Detti, die Rache wird fürchterlich sein, sage ich dir)!

Erwähnt wurde schon, dass für Jens kein gravierender Unterschied zwischen der Sahara und Finnland besteht: statt Löwen Bären, statt Hitze Kälte und statt Sand Schnee. Nach Jens' Auffassung sind das jedoch nur marginale Differenzen. Für ihn steht kurz und knapp fest: Wildnis, ungezähmte, gefahrvolle, unerbittliche Wildnis. Sie verlangt nach Helden, die sich diese grimmige Gegend voller Bedrohungen unerschrocken unterwerfen. Und wer ist dafür nach Meinung von Jens optimal geeignet? Eben!

Die ganz überwiegende Zahl von Menschen würde sich in diesem Fall darauf beschränken, Kinder, Eheweib und, falls zur Reisegesellschaft gehörend, Cousin rein gesprächshalber über derartige Fährnisse aufzuklären. Nicht so Jens: Eine ausschließlich verbale Information erscheint ihm absolut unzureichend! Hier müssen praktische Vorführungen und Demonstrationen her!

Jens glaubt selbstverständlich an seine eigenen ›Räubergeschichten‹ nur bis zu einem gewissen Ausmaß. Gleichzeitig genießt er nämlich auch seine albernen Narreteien. Doch er ist zweifellos schon etwas überspannt (um nicht zu sagen ›spinnert‹) strukturiert. Daher nutzt er die Gelegenheit der geplanten Urlaubsfahrt in die Fremde, um seiner Umgebung mal wieder grandiose Hirngespinste zu präsentieren.

Was also tut Freund Jens: Er verschwindet auf dem Speicher, kramt dort in irgendwelchen Umzugskisten und kehrt erst nach geraumer Zeit zurück. In seinen Händen: ›Winnetou‹ von Karl May. Warum wohl dieses?

Je nun, zwar mag ›Winnetou‹ nicht mehr unbedingt das aktuellste aller literarischen Werke sein, aber Jens hat diese Indianersaga von Old Shatterhand und seinem Apatschen-Häuptling eben als junger Mensch noch gelesen. Und da sind ihm so verschiedene Episoden im Gedächtnis geblieben. Aktuell passend die Beschreibung, wie man einen Grizzly-Bären erledigt, nur mit einem Messer bewaffnet.

Und hat er nicht von Detti und Viivi gehört und auch in seinen Prospekten gelesen, dass die Finnen ein spezielles Messer bei sich tragen, sobald sie ihre Hütten verlassen? Werden schon ihren Grund haben, diese Eingeborenen. Moment, er schaut nach: Richtig, ›puukko‹ nennen sie das Messerchen da oben.

Die einzige Erklärung, die Jens Machtniks einleuchtet, aus welchem Grund die Finnen ein derartiges Messer mit sich herumschleppen: Sie müssen jederzeit bereit sein zum lebensgefährlichen Zweikampf mit den in Finnland offenbar massenweise umherziehenden Bären und Wölfen.

Jetzt gibt's allerdings für unseren Survival-Spezialisten mehrere ganz praktische Problemchen: Wo findet man in einem ›gutbürgerlichen‹ deutschen Haushalt ein vergleichbares Messerlein? Ein finnisches puukko ist sehr scharf, hat eine spitze Klinge und in der Regel einen massiven Birkenholzgriff. Soll heißen, weder ein Brotmesser mit Wellenschliff noch gar ein zierliches Obstmesser aus der Silberbesteckschatulle ist wirklich dafür geeignet, einen Bären ums Leben zu bringen. Allenfalls hätte Jens noch den Hirschfänger in der Schublade, den Opa Karl ihm vor Jahren mal zu Weihnachten verehrte, mit der Begründung, im Altersheim brauche er den eher selten.

Doch bei genauerem Überlegen erscheint Jens die Messerfrage zum derzeitigen Zeitpunkt nicht unbedingt primär wichtig. Zuerst muss ja das zentrale Objekt all seiner Überlegungen her: der Bär. Denn die Kinder und auch Claudia sollen eine Vorstellung davon bekommen, was sie in der finnischen Wildnis erwartet, fernab jeglicher Zivilisation.

Jedoch: Woher so kurzfristig einen Bären nehmen, zu Vorführzwecken? Jens verbringt mehrere Nächte schlaflos, ohne zu einer Lösung dieses Problems zu gelangen. Sicher, er könnte im Kostümverleih ein Bärenfell besorgen und Alfons Kertsenwax, den Nachbarn von gegenüber, bitten, sich als Ersatzbär zur Verfügung zu stellen ... Verständnis hätte der bestimmt. Doch bei näherem Hinsehen verwirft Jens diesen Plan. Alfons ist eher untersetzt und mehr breit als hoch. Er gäbe daher vermutlich nur einen besseren Waschbären ab, niemals aber einen gefahrstrotzenden finnischen Braunbären. Die Frage muss anders gelöst werden.

Und eines Nachts sitzt HERR Machtniks urplötzlich kerzengerade im Bett, denn er hat *die* Idee. Reißt bei diesem impulsiven Aufbäumen die eheliche Gemeinschaftszudecke rabiat auf seine Seite. Claudia fühlt daher jählings, wie kühl die Nacht ist. Dies führt dazu, dass sie versucht ist, Jens in Notwehr mittels Kopfkissen zu ersticken (na ja, natürlich nicht wirklich. Aber kurzzeitig hatte sie diese Idee im Kopf!). Sie hatte gerade so herrlich geträumt, dass sie sich neben einem der attraktiven, im Fitnessstudio allseitig muskelgestählten Hollywood-Stars (einen Namen will ich hier nicht nennen) am Südseestrand auf der Sonnenliege aalt ... Aber Jens ist so heiter und glücklich ob seiner wunderbaren Lösung, dass er Claudia nur sanft aber bestimmt zurück auf ihre Hälfte des Ehebettes schiebt.

Denn was ging Herrn Machtniks unerwartet durch seinen Quadratschädel? Man kann, Jens erinnert sich genau, in der Stadt im Eingangsbereich des Naturkundemuseums einen ausgestopften Braunbären bewundern. Indes, selbst Jens ist klar, dass es wohl einige unliebsame Einsprüche seitens der Museumswärter und Besucher geben dürfte, wenn er diesem Exponat unerlaubt zu nahe kommt.

Nun würde jeder einigermaßen vernunftbegabte und verstandesmäßig klare Mensch sagen: »Also, dann nimm die Kinder doch mit ins Museum und präsentier' ihnen dort den Bären!« Bei Jens Machtniks allerdings liegen die Dinge, wie immer, anders: Für ihn steht außer Frage, dass der Bär nur im häuslichen Umfeld des Machtniksschen Einfamilienhauses adäquat zur Schau gestellt werden kann. Denn Jens legt bei derartigen Dingen gesteigerten Wert auf den Spaßfaktor.

Unser treusorgender Familienvater überlegt. Vielleicht geben ihm die Museumsleute das ausgestopfte Biest leihweise mit? Soweit er weiß, ist die Museumsleiterin mit Claudia bekannt. Claudia hat, kann er sich erinnern, bei ihr mal einen Kursus besucht, über irgendwelche exotische Pflanzen. So verrückte Sachen machen die Frauen ja öfters. Jens schnauft verächtlich. Aber jetzt könnt's durchaus hilfreich sein, dass die zwei sich angefreundet hatten, überlegt er weiter. Eröffnet doch Möglichkeiten. Er könnte ja erzählen, dass er diesen Bären zu Lehrzwecken im Biologieunterricht von Tommi benötigt, als elterlichen Beitrag gewissermaßen. Steht nicht ständig in den Zeitungen, dass die Eltern mehr in den Unterricht einbezogen werden sollten? Wer kann da was dagegen haben?

Dennoch, bei näherer Betrachtung erscheint es ihm klüger, sich einer gewissen Mithilfe zu versichern. Man weiß ja nie. Zudem, wenn er sein Ziel erreicht, braucht er eine Transportmöglichkeit. Und jemanden, der den Bären trägt!

7 Bärenabenteuer

Jens ist keinesfalls auf den Kopf gefallen. Insbesondere nicht, wenn es darum geht, andere bei der Umsetzung eines spleenigen Plans einzubeziehen. Und ganz speziell nicht, wenn dabei noch eine Arbeitserleichterung für ihn herausspringen könnte. Wie eben im vorliegenden Fall des Bärentransports. Der Gedankengang: »Wen könnte ich zwecks Hilfe ansprechen?« durchwandert folglich am Morgen nach dem erwähnten nächtlichen Geistesblitz für eine kurze Zeit die unendlichen Jensschen Gehirnwindungen ...

Als Folge dieses Sinnierens greift unser Abenteurer zum Telefon: »Hallo, Fridolin! Hast du heute Nachmittag was vor? Ich will ins Naturkundemuseum, wegen der Bären.« Fridolin ist verwundert: »Welche Bären?« – »Na, denen in Finnland! Die sollen da doch überall rumlaufen.« Schweigen am anderen Ende der Leitung. »Fridolin, bist du noch dran?« Fridolin holt hörbar Luft: »Jens, entweder willst du mich für dumm verkaufen, oder du hast einen im Tee! Das ist doch kein Urwald da, reg' dich doch mal ab.« – »Ich sag' ja nix von Urwald! Aber im Prospekt steht, dass es da noch mehrere Tausend Bären gibt. Die Kinder müssen vorher unbedingt sehen, wie so ein Biest aussieht! Kommst du jetzt mit oder nicht?!« Fridolin gibt den Versuch, seinen Cousin zur Vernunft zu bringen, noch nicht auf: »Hast du Detlef mal gefragt?« Jens wird ungeduldig: »Klar, der hat auch gesagt, dass man da jederzeit auf Bären treffen kann!«

Fridolin ist von gutmütigem Charakter und gibt auch jetzt, wie so oft, wieder nach: »Na gut, ich hol' dich ab, so in einer Stunde etwa.« Zuverlässig, wie Fridolin trotz all seiner Verschrobenheit ist, steht er denn auch pünktlich vor der Tür.

Jens strahlt. Er hat in der Zwischenzeit im Museum angerufen und tatsächlich die Direktorin ans Telefon bekommen. Und wie es eben so ist: Die exzentrischsten Typen – und als solchen erlaube ich mir, Freund Jens zu bezeichnen – mit den absurdesten Ideen haben erfahrungsgemäß den besten Erfolg! Die beschriebene Aktion von Jens ist der schlagende Beweis!

Denn: Kaum hat Jens seinen ungewöhnlichen Bären-Ausleih-Wunsch formuliert, hat er schon das Einverständnis der musealen Dame in der Tasche! Sogar kostenlos und ohne langwierige Verhandlungen. Lediglich sein Versprechen, das Tier pfleglich zu behandeln und unversehrt zurückzubringen, war erforderlich. Begründet hat er sein Anliegen damit, die Trophäe diene biologischem Anschauungsunterricht – was ja nicht mal gelogen ist. Und das Glück ist ihm anscheinend schon vom Grundsatz her hold. Die Direktorin ist nämlich sogar regelrecht erleichtert, für einige Zeit das ausgestopfte Bären-Monstrum außer Haus lagern zu können. Im Museum soll justemang jetzt der Eingangsbereich saniert und modernisiert werden. Der Sammlungsverwalter hat sich schon den Kopf zerbrochen, wo der Braunbär zwischenzulagern sei, weil das Museum so beengt ist.

Die Naturkundlerin hat selbstverständlich nicht die leiseste Ahnung, was Jens mit ihrem Prachtstück von Bär vorhat. Sie vertraut schlicht seinen Angaben, zumal ihr Claudia als vertrauenswürdige Person bekannt ist. Wie also könnte sie überhaupt auf den Gedanken kommen, dass Jens vernunftmäßig das genaue Gegenteil seiner Liebsten ist?

Mithin können die Passanten nur wenig später einen orange-grünen Kleinbus durch die Straßen der Stadt kurven sehen. Am Steuer: Fridolin. Auf der zweiten Sitzbank: ein waschechter Braunbär, um den Jens Machtniks liebevoll seinen Arm gelegt hat. An diversen Kreuzungen kommt es als Folge dieses bärigen Beifahrers zu Verkehrsstau. Jens lässt es sich halt nicht nehmen, den Bärenkopf bei Rot aus dem geöffneten Fenster zu stecken. Und mit Staunen beobachtet die gesamte Nachbarschaft der Machtnikssschen Wohnstraße, wie Fridolin und Jens einen lebensgroßen Braunbären aus dem Bus hieven und ins Innere des Hauses schleppen.

Ganz klar, dass auch Viivi und Detti dieses Drama mitbekommen. Daraufhin regt sich bei ihnen etwas, das man bei gutem Willen als Gewissensbisse bezeichnen könnte. Allerdings sind die nur für Sekunden und andeutungsweise vorhanden, denn die Szenerie ist zugleich sowohl köstlich als auch grotesk. Das Ganze ist für die beiden eben so fesselnd, dass sie einfach nicht eingreifen möchten. Obendrein hat insbesondere Detti die Rolltischtransport-Hilfe von Jens bei ihrem Umzug vor wenigen Monaten noch nicht völlig verarbeitet ...

Das Ungetüm von Bär passt gerade so eben durch die Machtnikssche Haustüre, und Jens ist heilfroh, dass sein Ehegespons momentan unterwegs ist. So können Fridolin und er den ›Teddy‹ dekorativ in der Diele neben der Garderobe aufstellen. Jens freut sich schon auf die Gesichter von Claudia, Tommi und Silke. Und meint zum erschöpften Fridolin: »Wenigstens bekommen die drei so einen realistischen Eindruck, wie groß diese Viecher sind!«

Jens Machtniks befindet sich in ›höchster Hochstimmung‹, und das bedeutet, er sprengt bedenkenlos sämtliche Grenzen eines noch einigermaßen rationalen Handelns. Das ist auch Fridolin bewusst. Er würde sich liebend gerne jetzt dezent zurückziehen, sich in seinen Bus setzen und irgendwo auf einer einsamen Waldlichtung Mozarts kleine Nachtmusik auf seiner

Mundharmonika schmettern, zur Entspannung. Jens, dessen ungeachtet, hat Größeres im Sinn: Ihn stört das Ambiente im Flur, das so gar nicht, aber wirklich auch gar nicht an Urwald erinnert. Schließlich ist der Bär derzeit umgeben von Mänteln und Jacken an den Garderobenhaken. Und aus dem Schirmständer an seiner Seite ragen mehrere Parapluies hervor, unter anderen auch Tante Ottilies Stockschirm, den sie bei ihrem letzten Besuch vergaß. Hier muss dringend Abhilfe geschaffen werden. Auf jeden Fall ist das Herrn Machtniks' Überzeugung, und unser weichherziger, nachgiebiger Musikus Fridolin setzt dem nichts entgegen.

Und so braust erneut der erwähnte orange-grüne Kleinbus durch die Straßen der Stadt in Richtung Wohnviertel ›Parkresidenz‹. Was haben die beiden Herren dort vor, was ist ihr Ziel?

In dieser Villengegend wohnen Tante Cilli und Onkel Edgar. Tante Cilli ist eine Tochter aus ›besserem Hause‹, lieb, aber leicht zickig. Sie umgibt sich stets gerne mit ihrer Meinung nach edlen und gediegenen Dingen. Und legt Wert darauf, dass das auch jeder und jedem in ihrem Verwandten- und Bekanntenkreis bewusst ist ... Onkel Edgar, ihr seit langem Angetrauter, ist liebenswürdig und umgänglich. Als Folge seiner sprichwörtlichen Sanftmut steht er etwas unter Tante Cillis Pantoffel – und hat dennoch sehr geschickt seine Tricks entwickelt, um gegen deren kleine Bevormundungen anzugehen.

Zur Behausung dieser beiden sympathischen Anverwandten also streben unsere zwei Genossen. Jens erinnert sich nämlich sehr gut an das vergangene Weihnachtsfest. Da war die Familie Machtniks zum Feiertagsessen bei Tante Cilli und Onkel Edgar zu Gast. Und bei dieser Gelegenheit bekam Jens

Machtniks deren künstlichen Weihnachtsbaum zu Gesicht. Kein Billigexemplar aus dem Baumarkt, sondern ein erlesenes Etwas, kaum von einem echten Tannenbaum zu unterscheiden. Den, kurz und gut, will er haben, als Leihgabe, um den Bären in stilechter Umgebung zu platzieren.

Tante Cilli öffnet die Tür: Ihr schwant nichts Gutes, denn Jens schaut eher selten bei ihr und Onkel Edgar vorbei. »Edgar, Lieber«, ruft sie ins Haus, huldvoll, aber doch mit Dringlichkeit in der Stimme, »komm' doch mal, Lieber, Jens und Fridolin sind da! Aber tretet doch näher, ihr Lieben! Schau', Edgar, Lieber, wir haben Besuch!« Onkel Edgar erscheint in der Wohnzimmertür: »Hallo, Jens, hallo, Fridolin, kommt rein. Was kann ich für euch tun?«

Jens fällt mit der Tür ins Haus: »Wir brauchen mal euren Christbaum, Onkel Edgar, leihweise, meine ich, wegen des Bären. Der steht in unserer Garderobe und in Finnland haben sie ja überall Bäume, im Wald, weißt du. Es soll ja möglichst echt aussehen, wegen der Kinder.« Tante Cilli und ihr Mann schauen sich an, dann werfen sie einen fragenden Blick auf Fridolin. Der erklärt die Sachlage, woraufhin Onkel Edgar einen Lachanfall bekommt. Was Jens leicht verstimmt. Tante Cilli zieht sich vorsichtshalber in die Küche zurück: »Ach du je, Jens! Edgar, Lieber, macht ihr Männer das mal miteinander aus. Ich habe noch in der Küche zu tun. Ach du je, Jens! Die arme Claudia.« Onkel Edgar zieht die beiden Bären- und Tannenbaum-Spezialisten ins Wohnzimmer. Er möchte die ganze Geschichte wieder und wieder hören.

Und da auch er die schelmische Veranlagung der Machtniks-Sippe in sich trägt, hört Tante Cilli bald darauf aus dem Keller dumpfe Geräusche von Kisten und Kästen, die hin- und hergeschoben werden. Das macht sie leicht kribbelig, denn sie legt Wert auf eine ordentliche Verpackung der unzähligen Advents- und Weihnachtsdekorationen, Lichterketten und so weiter. Sie befürchtet, das emsige Treiben in den ›Katakomben‹ wird ein ziemliches Durcheinander hinterlassen. »Edgar, Liebster, was macht ihr Lieben da unten?«, säuselt sie an der Kellertreppe. »Nichts Dramatisches, Cilli! Wir holen nur den Karton mit dem Weihnachtsbaum!« Onkel Edgar hat einige Spinnweben im Haar. Typischerweise war die entsprechende Kiste natürlich in der hintersten Ecke.

Rasch breitet er die Abdeckplane wieder über das Lager, zur Sicherheit, falls seine Frau nach unten kommt ... Denn Tante Cillis Stapelordnung ist in der Tat etwas in Unordnung geraten. Gott sei Dank bleibt seine Frau jedoch oben: »Passt aber gut auf, ihr Lieben, dass alles wieder an seinem Platz ist, hörst du, Edgar, Lieber?!« – »Na klar, Cilli!«

Onkel Edgar zwinkert mit den Augen. »Möchtest du auch ein Paar Christbaumkugeln, Jens?« – »Nein danke, Onkel Edgar, ich will doch nur etwas Waldatmosphäre, das bringt den Kindern bestimmt mehr Spaß.«

Kaum sind die drei wieder oben, erscheint Tante Cilli: »Habt ihr alles gefunden, ihr Lieben? Ich habe inzwischen Kaffee gekocht. Edgar, hol doch mal das Geschirr aus dem Schrank. Nimm aber das gute, das mit dem Goldrand. Fridolin und Jens kommen ja nicht so oft vorbei, nicht wahr, ihr Lieben? Bestimmt mögt ihr doch einen Kaffee, oder? Es ist ein ganz guter, aus Kenia, wisst ihr! Wir haben ihn aus der kleinen Kaffeerösterei in der Altstadt. Ist zwar etwas teurer, aber sehr delikat. Aber setzt euch doch, ihr Lieben. Kaffee kommt sofort!« Und sie entschwebt in die Küche.

»Wollt ihr ‘n Cognac?« Onkel Edgar schmunzelt und hält die Flasche hoch. Fridolin lehnt ab: »Danke, Onkel Edgar, ich muss ja noch fahren. Obwohl ich eigentlich einen gebrauchen könnte, nach den Aktionen heute ...« Er streift Jens mit einem vielsagenden Blick. Der bemerkt das, wie zu erwarten, gar nicht. »Gern, Onkel Edgar!« Jens freut sich. »Zu Hause erlaubt das Claudia so was Feines nie!« Tante Cilli hört das, als sie gerade mit der Kaffeekanne ins Esszimmer kommt: »Das ist auch ein ganz guter, Jens, hat zehn Sterne!« Onkel Edgar protestiert: »Fünf Sterne, Cilli!« – »Jedenfalls ist es ein besonders guter, ihr Lieben. Es ist doch ein hervorragender, nicht wahr, Edgar, Lieber?« – »Jou.« – Tante Cilli atmet hörbar ein: »Aber es ist ein sehr guter, Edgar, oder?!« – »Ja, Cilli!«

Kurze Zeit später sitzen Fridolin und Jens wieder im Bus, das Paket mit dem Tannenbaum ist verstaut. Tante Cilli und Onkel Edgar haben versprochen, am nächsten Wochenende das Diorama in der Machtniksschen Wohnung zu besichtigen. Jens insbesondere fiebert seinem Präsentationsprojekt entgegen. Er hofft, dass Claudia und die Kinder noch nicht heimgekommen sind. Fridolin muss daher enorm ›auf die Tube drücken‹, was er auch tut.

Bei der Ankunft: kein rotes Auto in der Garageneinfahrt! Jens jubiliert. Schon beim Ausrollen, der Bus ist noch nicht zum Stillstand gekommen, springt er tollkühn aus dem Wagen. Fridolins »Ach du liebes Lieschen!« verklingt ungehört. Und tatsächlich: Die Wohnung ist leer, weder Claudia noch Thomas oder Silkchen sind da. Der Bär lehnt einsam und verträumt in seiner Ecke. Allerdings bleckt er seine Zähne doch recht bedrohlich im Halbdunkel der Diele. Fast verspürt sogar Jens so etwas wie Furcht, als er die Haustür öffnet.

Jetzt würde vermutlich jedes vernünftige männliche Wesen, das, verheiratet oder auch nicht, in einer Zweierbeziehung lebt, eine zumindest hauchdünne Besorgnis entwickeln, wie wohl die Reaktion von Claudia und der Machtniksschen Nachkommen auf dieses Ungeheuer im Flur sein wird, sobald sie seiner ansichtig werden. Aber hier ist Jens Machtniks zu Gange – und diesem Experten in Sachen Schnapsidee sind derartige Gedankengänge eher fremd.

So. Fridolin hätte nunmehr das Bedürfnis, endlich in seine heimatlichen Gefilde zu verschwinden. Will sagen, dass er der Überzeugung ist, seinen Beitrag zum Amüsement von Jens geleistet zu haben. Doch der ist solchen Überlegungen nicht zugänglich. Er benötigt noch Fridolins Hilfe beim Zusammenbau des Tannenbaums, damit es schneller geht. Denn der Rest der Familie kann jeden Moment erscheinen. Die beiden Herren legen daher ein erhöhtes Tempo beim Zweigestecken vor, und so ist das Werk tatsächlich innerhalb kürzester Zeit vollendet. Und – bei aller Kritik: Es ist beeindruckend! Der Bär wirkt, gesäumt vom Nadelgehölz, absolut lebensecht. Jens entwickelt während der Baumkonstruktion gar schon die seiner Meinung nach brillante Idee, Besichtigungstouren für Touristen zu organisieren.

Allerdings: Der Tannenbaum verdeckt die Garderobe fast vollständig, und auch sonst ist der Bewegungsraum in der Diele leicht eingeschränkt. Dieser Umstand stört Jens Machtniks aber herzlich wenig. Er ist von seinem formidablen Arrangement hellauf begeistert und kann kaum erwarten, dass endlich Claudia sowie die Kinder eintreffen. Fridolin soll noch so lange bleiben. Der hat zwar nicht übermäßig Lust dazu, lässt sich aber durch seinen Cousin überreden. Sintemalen Jens möchte, dass er auf seiner Mundharmonika einen Tusch bläst, sobald die Ersehnten ankommen.

Die Passanten der Machtniksschen Wohnstraße sehen demnach kurz darauf zwei Herren jüngeren Alters auf der

Eingangstreppe eines nicht allzu großen Einfamilienhauses in der Sonne sitzen. Direkt vor dem Haus parkt ein orange-grüner Kleinbus. Hat man den nicht heute im Laufe des Tages mehrfach durch die Stadt flitzen sehen? Wenigstens wurde das beim Bäcker an der Theke berichtet. Und ebenso beim Metzger. Angeblich saß ein Bär am Steuer. Ja, ja, so schnell entstehen Gerüchte ... Die örtliche Presse und der Jagdverein sollen ja schon alarmiert sein und die Stadt nach dem Raubtier durchkämmen. Aber so friedlich wie die beiden da auf der Treppe sitzen, die können doch nichts mit dieser Geschichte zu tun haben. Zudem der eine von ihnen so elegant gekleidet ist und so schön auf seiner Mundharmonika spielt.

In diesem Augenblick kommt Claudia an, inklusive der Kinder. Sie hat Tommi und Silkchen von deren Freunden abgeholt und ist sehr verwundert, ihr schwant Übles. Fridolin lässt einen Tusch ertönen, Jens blickt erwartungsvoll.

Claudia stürmt die Eingangsstufen hinauf. Kaum ist sie oben, verfärbt sich ihr zartes Antlitz. Ist es Schrecken, ist es Zorn? Wahrscheinlich ein Gemenge aus beidem. Jens strahlt ihr stolz entgegen. Tommi und Silkchen gehen sicherheitshalber erst mal hinter ihrer Mama in Deckung ...

Die folgende Szene stellt einen Höhepunkt im Eheleben der Familie Machtniks dar: Sobald Claudia den Bären erblickt, ist sie kaum noch zu halten. Sie stürmt furiengleich ins Haus, Fridolin geht dabei zu Boden. Der ersterbende Ton seiner Mundharmonika verklingt, dem letzten Röcheln eines in Agonie liegenden Schwanes gleich. Jens rettet sich vor Claudias Zugriff mit einem kühnen Sprung die Kellertreppe hinunter. Dabei tritt er Schnurrli auf den Schwanz, die sich dorthin zurückgezogen hatte. Das nun, wen wundert es, gefällt dem Kätzlein ganz und gar nicht, es fegt unter Zischen und Fauchen in den Flur und jagt kopflos am Stamm der Edeltanne empor. Die Folge: Der zweckentfremdete Weihnachtsbaum gerät ins Schwanken und Wanken und fällt rücksichtsloserweise auf Claudia, diese unter sich begrabend. Schnurrli ist inzwischen mit einem mutigen Sprung aufs Bärenfell gewechselt, sie sitzt zitternd und bebend auf dem Kopf des Ungetüms. Stilgerecht wird der ganze Tumult untermalt von Silkes Angstgeheul und Tommis begeistertem Gebrüll.

Auf Grund des Aufruhrs eilen nun auch Viivi und Detti sowie Schnatzingers herbei – aber statt Erste Hilfe zu leisten, winden sie sich respektlos in Lachkrämpfen. Allerdings richten sie die Tanne nach geraumer Zeit doch wieder auf und helfen anschließend Claudia auf die Beine. Die spuckt Gift und Galle. Was Frau und Herr Schnatzinger, gemein wie sie sind, von Herzen genießen. Mit maliziösem Unterton bieten sie Jens ihren künstlichen Weihnachtsbaum an, falls Bedarf bestehen sollte. Besonders Herr Schnatzinger äußert süffisant-gönnerhaft: »Vielleicht will Jens das Ganze ja noch etwas ausbauen ...« Kein Wunder, Schnatzinger ist ja der ausdrückliche Freund/Feind von Jens. Allerdings: Trotz der beschriebenen Chaosszene ist Jens Machtniks nicht abgeneigt, das großzügige Schnatzingerangebot anzunehmen. Beim Blick auf seine bessere Hälfte allerdings entscheidet er aus Selbsterhaltungs-Überlegungen heraus blitzschnell, doch lieber den Mund zu halten.

Nachdem die Nachbarn wieder verschwunden sind, vergießt Claudia doch tatsächlich ein paar Tränchen. Irgendwie ist ihr das alles zu viel. Wobei die Tränen, genau betrachtet, nicht unbedingt solche der Trauer, sondern eher des Zorns sind.

Dieses Mal hat Jens wirklich den Bogen überspannt. Und als Claudia dann auch noch erfährt, dass er den Bären unter

Vorspiegelung falscher Tatsachen und auf ihren Namen hin besorgt hat, ist sie ernsthaft böse.

Jedenfalls muss »HERR Jens« schon anderntags sowohl Bär als auch Tannenbaum zurückbringen und sich persönlich bei der Museumsleiterin entschuldigen. Da hilft ihm auch sein Einwand nichts, dass doch Tante Cilli und Onkel Edgar am Wochenende zur Besichtigung erscheinen wollen. Claudia ist dieses Mal unnachgiebig – und spricht fast eine Woche lang nicht mehr mit ihm. Und das, man glaubt es kaum, setzt ihrem Lebensgefährten denn doch zu.

8 Jupp und Mattis Grasfressmaschinchen

Einige Wochen sind ins Land gegangen. Die Pläne der Familie Machtniks sind inzwischen weit fortgeschritten. Der eigentliche Reisetermin rückt unaufhaltsam näher. Bemerkenswert ist, dass Jens nach wie vor in jeder freien Stunde, wohl auch nächtens, wie Claudia mir erzählte, vor seinen Landkarten stehend Streckenpläne für die Fahrt in den Norden entwirft.

Sämtliche Absurditäten Jensscher Machart zu schildern, die sich während der weiteren Reisevorbereitungen ergaben, würde vermutlich den Rahmen dieses Buches sprengen. Dennoch ...

Als Erstes muss ich daran erinnern, dass ich mit meiner finnischen Lebensgefährtin nicht in jenem Städtchen wohne, in dem die Domizile von Viivi und Detti sowie der Machtniks und der anderen bisher erwähnten Protagonisten zu finden sind. Vielmehr leben wir nicht allzu weit entfernt in ländlicher Umgebung, tagesablaufmäßig eingebunden in einen Kreis recht kauziger, nichtsdestoweniger liebenswerter Dörfler. In meinem Buch ›Kuckuck! ruft der Elch‹ habe ich einige davon geschildert. Ebenso habe ich dort zahlreiche Episoden berichtet, die ich gemeinsam mit meinem finnischen Freund Matti bei dessen Besuch bei uns vor wenigen Jahren erleben durfte. Mattis Schrulligkeit ist der meiner geschätzten deutschen Mitbürgerinnen und Mitbürger absolut ebenbürtig. Mindestens!

Ein mir besonders liebes Mitglied unserer dörflichen Gemeinschaft ist mein herzerfrischend agiler Nachbar und zuverlässiger Freund Jupp. Jupp trägt nicht unerheblich zum fröhlichen Dorfleben bei, in vielen Fällen gemeinsam mit Cornelius Buxenhammer. Cornelius ist nicht nur wie Jupp unser Nachbar und stolzer Besitzer eines stimmgewaltigen Laubbläsers, sondern seit vielen Jahren Vorsitzender des örtlichen Schrebergartenvereins ›Saftige Zwiebel‹. Als solcher gehört er zu den Honoratioren unseres Ortes.

Was aber hat dies alles mit der bevorstehenden Finnlandreise der Familie Machtniks zu tun?

Wir saßen zusammen im Garten unterm Kirschbaum, es war windstill und sonnig: ein angenehmer, erquickender Frühlingstag, trotz der frühen Jahreszeit wärmte die Sonne Körper, Geist und Herz. Auf dem Tisch stand Kaffee neben selbstgebackenem Kuchen. Bei uns hatten sich Jupp und Cornelius samt Partnerinnen eingefunden; wir wollten, wie es seit mehreren Jahren Tradition ist, gemeinsam den Frühling begrüßen. Kaffee und Kuchen schmeckten lecker und mundeten allen in der Runde hervorragend, die Stimmung war ausgezeichnet, wir unterhielten uns prächtig.

Und dann machte ich, offenbar kurzzeitig geistig umnachtet, einen Fehler: Ich berichtete von Familie Machtniks im nahegelegenen Städtlein. Und nicht nur das! Ich flocht in meine Darlegung, ich weiß nicht, welcher Teufel mich ritt, die Information ein, Claudia und Jens samt Fridolin und Kindern hätten die Absicht, eine Reise nach Finnland zu unternehmen.

Kaum hatte ich dieser Reiseabsichten Erwähnung getan, noch im gleichen Moment innerlich fluchend, denn mein Blick fiel auf Jupp, kaum war das Wörtlein »Finnland« gefallen, kaum war die Information über meine Lippen gekommen, dass Machtniks nur wenige Kilometer entfernt wohnen, da hätte ich mich selbst ob meiner Schwatzhaftigkeit erwürgen können. Denn Jupp, bisher geistesabwesend vor sich hin kauend, halb im Frühjahrsschlaf versunken, saß schlagartig kerzengerade auf seinem Stuhl, die Augenbrauen hochgezogen bis zum schütteren Haaransatz, die Augen groß wie Wagenräder, die Ohren aufgestellt wie die Lauscher von Meister Lampe im Kornfeld.

Ich unternahm noch den frustranen Versuch, meinen Bericht als mein neuestes Manuskript darzustellen, als reines Produkt meiner schriftstellerischen Imagination, behauptete mit der größten Überzeugungskraft zu der ich fähig bin, die Familie Machtniks sei ein Ausbund meiner Fantasie und die geschilderte Reiseabsicht sei meiner dichterischen Kreativität entsprungen, also nur Utopie, Hirngespinst, Fiktion ... vergeblich! Jupp und auch Cornelius bestanden auf detailgenauen Angaben, wollten mehr und mehr wissen, hatten, wie man anschaulich zu sagen pflegt, ›Blut geleckt‹.

Dazu muss man wissen, dass Jupp seit Mattis Besuch bei uns mit seinem und meinem finnischen Freund regen brieflichen Austausch pflegt, so ganz traditionell. Das bedeutet: Jupp schreibt ellenlange Briefe, in denen er die aktuellen Nachrichten von sich und Vreni, seiner geliebten Ehemadame sowie das Neueste aus unserem Weiler schildert. Matti überlässt, und jeder, der ihn kennt, erwartet nichts anderes, längere Korrespondenzen seiner Angetrauten, also Päivi. Er selbst beschränkt sich in der Regel darauf, zu Weihnachten eine ›originelle‹ Karte zu schicken. Die bevorzugten Motive dabei sind österliche Abbildungen mit bunten Eiern und grinsenden Hasen, die schamlos ihre zwei Schneidezähne entblößen, seine ›detaillierten‹ Mitteilungen bestehen ausnahmslos in einem ›t. Matti‹. Darin unterscheidet sich mein lieber Freund nicht im Geringsten vom bei Finnen üblichen Schreibstil auf Grußkarten, wie ich in meinem Buch ›Mehr Finnen? Mehr Finnen!‹ schon dargelegt habe. Kurz zur Erinnerung: ›t.‹ steht für das finnische Wörtlein ›toivoo‹, was zu Deutsch nichts anderes heißt als ›wünscht‹. Warum und wieso die Finnen selbst dieses Wörtchen noch abkürzen, ist mir bis zum heutigen Tag unklar geblieben. Sei's drum.

Für Jupp ist Matti aus seinem Lebenslauf nicht mehr wegzudenken. Er spart seit Mattis und Päivis Besuch bei uns jeden Cent, um mit seiner lieben Verena, genannt Vreni, die beiden in Finnland zu besuchen.

Dagegen ist ja auch nichts zu sagen, denke ich. Bei unserer Frühlingszusammenkunft unterm Kirschbaum allerdings brachte Jupp unerwartet ein akutes Thema zur Sprache, an das ich unbedacht, fahrlässig und in diesem Moment ganz deutlich weltentrückt nicht gedacht hatte: Mattis Brief.

Mattis Brief? Jawohl, Mattis Brief. Entgegen der oben dargelegten Angewohnheit nämlich, ›t. Matti‹ betreffend, war vor einigen Tagen ein längeres Schreiben unseres gemeinsamen finnischen Freundes eingetroffen. Und zwar gleichlautend an Jupp wie auch an mich. Aus beidem, dem umfangreichen Schreiben ebenso wie aus der Doppeladressierung ist unschwer zu entnehmen: Es ging um etwas Wichtiges. Wenigstens aus Sicht von Matti. Und so war es auch. Denn wie lautete sein Brief?

»Gute Freunde da in Kirchendörflein.

Heute schreibe ich euch etwas. Dies ist ein sehr wichtiges Brief, darum sollt ihr es mit beiden Augen lesen und vor allem in euren Köpfen reinnehmen. Ich hoffe, eure Gehirnse verstehen mein perfektes deutsches Text.

Hör zu, kleines Schreiberlein und auch du, kleines Jupp: Ich brauche noch zweites ›Grasfressmaschinchen‹. Das soll das Bücherschreiberlein mit seiner Frau in Auto im Sommer mitbringen zu mir. Bekommt dafür auch Flasche pontikka.

Geld bekommt er auch zurück. Ist gut.
Seid gute Freunde, mit kleinen Köpf, aber habt beide großes Herz und noch größeres Bauch.
In freundschaftlichem Gedächtnis
Matti, the Boss«

Wie schon in meinen bisherigen Büchern muss ich auch hier einflechten, dass Matti an und für sich fließend und praktisch fehlerfrei Deutsch spricht. Wenn er will! Es gehört jedoch zu seinen Eigenheiten, die deutsche Sprache nach eigenem Gusto umzuformen. Je verquerer, desto besser. Ich nenne das sein spezielles ›Matti-Deutsch‹, auf dessen unveränderte Wiedergabe er absolut Wert legt.

Zum ›pontikka‹, den Matti in obigem Brief als Gegenleistung anbietet, ist zu berichten, dass es sich hierbei, könnte man sagen, um eine Art von ›Nitroglycerin‹ handelt – um einen von Matti unter strengster Rezeptur-Geheimhaltung selbst gebrauten Schnaps nämlich. Nachdem der Gast an diesem Gesöff genippt hat und anschließend notärztlich versorgt und wiederbelebt wurde, verschwindet Mattis ›pontikka‹ in der Regel im Giftschrank des so liebevoll Beschenkten, wie ich mehrfach erlebt habe. Mattis Angetraute Päivi allerdings benutzt das Zeug meiner Kenntnis nach als Unkrautvertilgungsmittel. Schon wenige Tropfen davon, verkündete sie mir einmal, reichten aus, selbst ›vuohenputki‹ (zu Deutsch: ›Girsch‹) zu besiegen. Und das will etwas heißen, wie jede Gartenbesitzerin und jeder Hobbygärtner mir bestätigen wird!

Ich hatte Matti nach Erhalt des Schreibens angerufen und ihm gesagt, dass ich den ›Grasfresser‹ gerne besorge, ihn aber wegen Platzmangels im Auto nicht mitbringen könne. Denn wir hatten in diesem Jahr soviel Zeug zu transportieren, dass für das von Matti so dringend ersehnte Gerät absolut kein Platz mehr blieb. Neben den ›normalen‹ Reiseutensilien waren das auch noch Hund und Katze, mein neues Keyboard, diverse Lampen unterschiedlicher Größen, eine auserwählte Sammlung alter Orientteppiche, die dazu bestmmt waren, den ›liiteri‹ (›Werkzeugschuppen‹) unseres Sommerhauses wohnlicher zu gestalten sowie zwei noch original verschlossene Farbeimer mit finnischer Ölfarbe. Die hatten wir im vergangenen Sommer aus genanntem liiteri mit nach Deutschland genommen, um sie vor dem Frost des finnischen Winters zu schützen. Nunmehr sollten sie wieder zurück nach Suomi transportiert werden ... Ja, ja, lacht nur.

Zur ›Grasfressmaschine‹ ist noch kurz zu erläutern, dass Matti bei seinem damaligen Besuch bei uns im hiesigen Baumarkt einen Rasenmähroboter erstanden hatte, den er auf seinem Sommerhausgrundstück mit wachsender Begeisterung ›randalieren‹ lässt. Matti ist ja ein fanatischer Liebhaber jeglicher Maschinerie.

Auf die Idee, das Gerät Jens Machtniks unterzujubeln, mit der Bitte, sie bei Matti abzuliefern, war ich nicht gekommen. Oder mein Gewissen hatte rücksichtsvoll und vorausschauend verhindert, dass dieser Gedanke in mir aufblitzte. Wobei ich, sollte diese Überlegung zutreffen, spontan nicht sagen könnte, war es Rücksicht auf Matti respektive Päivi – oder auf Jens beziehungsweise dessen Angetraute Claudia.

Egal. Hatte auch ich Jens Machtniks nicht ins Spiel gebracht, so tat dies nunmehr Jupp. Und das, obgleich er soeben erstmalig von der Machtniks-Sippe gehört hatte! »Das scheinen sehr vernünftige Leute zu sein«, meinte er. Wie bitte? »Nun ja, wenn du, liebster Jupp, dich selbst als Maßstab nimmst ...«, ging mir durch den Kopf.

Cornelius Buxenhammer, bis zu diesem Zeitpunkt stiller Zuhörer, ergriff nun das Wort. »Man müsste einfach mal anfragen, denke ich. Du, Don Eberhardo (man beachte die Anrede), kennst die Familie doch. Es wäre, finde ich, eine Freundschaftstat gegenüber Matti!« – Da hatte er mich gefangen, der clevere Bursche. Wie sollte und könnte ich eine »Freundschaftstat« gegenüber dem ›Finnländer‹ Matti verweigern? Ich wäre in unserer Dorfgemeinschaft auf immer und ewig geächtet, soviel war mir klar. Zudem war ja schon anerkennenswert, dass weder Jupp noch Cornelius den Wunsch äußerten, Reisebegleiter der Machtniks zu werden.

Ich stimmte also zu, unter kritischem Kopfschütteln meiner finnischen Ehefrau. Das Kommitee fasste infolgedessen den Beschluss, dass Jupp mich bei der anstehenden Verhandlung mit Claudia, Jens und Fridolin begleiten sollte.

Ich ließ diese Entscheidung, wie der Volksmund zu sagen beliebt, erstmal einige Tage ›sacken‹. Das führte dazu, dass allabendlich unser Telefon nicht mehr wie sonst melodisch läutete, sondern in grellsten Tönen schrillte. Wer anders konnte das sein als Jupp, die Ungeduld in Person. Wie er es geschafft hat, die zarten Säuselklänge unseres Fernsprechers in die ohrenbetäubend markerschütternden Alarmglocken eines Hauptfeuerwehrstützpunktes zu verwandeln, das ist mir bis dato ein Rätsel.

Nun, die Tage vergingen, Jupps Nervosität tat dies dagegen nicht. Im Gegenteil, der Bursche geriet zunehmend in Rage, rief nun nicht mehr nur an, sondern stand nach Ablauf einer Woche tagtäglich morgens um sechs Uhr, um neun Uhr und nachmittags ab 14 Uhr vor der Haustür, mit der immer gleichen Frage: »Hast du Matti und diese Machtniks inzwischen gefragt?«

Matti zu kontaktieren, das war mir nicht schwergefallen. Ich kenne meinen lieben Freund lange genug, um zu wissen, dass er kaum etwas mehr liebt, als Besuch zu bekommen. Namentlich, wenn die Zusammenkunft nicht alltägliche Ereignisse und Abenteuer verspricht. Und die, davon war ich überzeugt, würde es bei einer Stippvisite durch den Machtniks-Clan geben. Garantiert. Und wie erwartet war das finnische Urgestein mit dem Vorschlag eines Machtniks-Besuches auch sofort einverstanden.

Hingegen hatte ich, man glaubt es kaum, Hemmungen, bei Familie Machtniks und bei Fridolin wegen des Transports eines Rasenmäherroboters von Deutschland übers Meer nach Mittelfinnland anzufragen. Dieses mein Zögern strapazierte Jupps Geduld über alle Maßen – und als Folge des resultierenden Juppschen Drängens auch die meine.

Endlich verlor ich die Nerven und rief tatsächlich Jens Machtniks an. Hatte ihn auch sofort am Apparat, wobei er mich mit den Worten begrüßte: »Gut, dass du anrufst! Du kennst dich doch in Sohmi aus. Ich und der Fridolin haben eine Frage: Frido, dieser Spinner, behauptet, man könnte Bier in Sohmi nur in irgendwelchen Spezialgeschäften kaufen. Das gäb's nicht in normalen Läden.« – »Stimmt auch! Hab' ich gelesen!«, tönte es aus dem Hintergrund. Eindeutig Fridolins erboste Stimme. »Was gelesen, wo gelesen, wann gelesen?« Das war wieder Jens. – »Also, genau genommen ...«, unternahm ich einen Anlauf, jedoch erfolglos. Jens redete sich in Fahrt. »Na, Frido Mundhamonikaster? Wo gelesen, he?! Schweig stille!«

Oha! Das war hart ... Ich hörte Fridolin nur noch japsend atmen. »Frido!« und auch noch »Mundharmonikaster!«. »Schlimmer geht's nimmer«, dachte ich. Erneut versuchte ich mein Glück, räusperte mich vernehmlich und setzte an: »Zu dieser Sache mit dem Bier ...« Jens Machtniks war jedoch nicht bereit, mich zu Wort kommen zu lassen. Zu sehr schien ihn die Bierthematik zu fordern und zu ärgern.

»Hast ja eh keine Ahnung von Bier, Frido, du Sauermilchkomsumument!«, ließ er sich hören. In seiner Aufgeregtheit verhaspelte er sich doch allen Ernstes zum »Komsumument«.

Fridolin schien nun völlig am Boden, es war von ihm nur ein hilfloses Schnaufen zu vernehmen. Ich erinnere mich, dass er sich bei mir noch bei unserem nächsten Treffen empört über seinen Cousin Jens beschwerte. Dabei hatte ihn offenbar die Betitelung »Mundharmonikaster« besonders getroffen.

Es verging geraume Zeit, bis ich mich redetechnisch in das Telefonat einbringen konnte. »Fridolin hat recht und auch wieder nicht«, erklärte ich, immer wieder von Jens durch Einwürfe unterbrochen wie »Glaub' ich nicht!«, »Blödsinn!«, »schwachsinnig!« und ähnlichen. Ich erklärte den beiden Herren, dass es in Finnland mehrere Bierarten gibt, mit unterschiedlichem Alkoholgehalt. Und, dass diese nach ihrer Stärke unterschieden würden in nummerierte Klassen. So sei das sogenannte ›Dreier-Bier‹ schwächer als das ›Vierer-Bier‹ und dürfe in Supermärkten angeboten werden. Dagegen konnte man das erwähnte ›Vierer-Bier‹ nur in den staatlichen Alkoholläden, kurz ›Alko‹ genannt, kaufen. Allerdings sei in Suomi die Diskussion im Gange, diese Regelung aufzuheben, und die Änderung werde wohl in Bälde umgesetzt.

Anmerkung: Das obige Gespräch erfolgte zu einer Zeit, als in Finnland noch strengere Gesetze herrschten als zum Erscheinungsdatum dieses Buches. Inzwischen wurde vom finnischen Parlament der Alkoholverkauf tatsächlich etwas liberalisiert.

Nach einer gefühlten halben Stunde mehr oder weniger heißblütigen Wortgeplänkels über Sinn und Unsinn einer derartigen Regelung sowie über den Wahrheitsgehalt meiner Informationen gelang es mir endlich, das eigentliche Thema ›Rasenmäherroboter‹ anzusprechen. Psychologisch geschickt wie ich bin oder, um ehrlich zu sein, auf Vorschlag von Jupp, garnierte ich meine Anfrage mit dem verführerischen Vorschlag, auf diese Weise mit Matti und seiner Päivi ›echte‹ Finnen kennenzulernen.

Denn Viivi und ebenso meine holde Angetraute, so argumentierte ich gewitzt, seien ja nur noch halbe Finninnen (Gott sei Dank hörten die beiden das nicht, sonst hätte mir der Marterpfahl gedroht ...) und Detti und meine unscheinbare Person, wir seien sowieso Deutsche mit zwangsläufig nur angelerntem finnischen Einschlag. »Da ist es doch viel reizvoller für euch, Jens«, führte ich aus, »mit meinem Freund Matti einen waschechten Original-Finnen erleben zu können!«

Diese Darlegungen blieben nicht ohne Wirkung. »Das stimmt«, bestätigte mir Jens ohne Zögern, »besonders Fiefi kann ja kaum noch richtig Finnisch! Musste ihr schon ‘n paar Mal erklären, wie man Sohmi richtig ausspricht!« Und ich spürte sogar durchs Telefon, wie unverschämt er bei dieser Aussage grinste ...

Fridolin als der Inhaber und Besitzer des Kleinbusses, mit dem die Reise in den Norden vonstatten gehen sollte, wäre nun ja im Grund genommen der korrekte Adressat für die Transportanfrage gewesen. Doch schien er als Folge der soeben erlebten Verbalinjurien durch seinen Cousin nicht im Stande, sich zu irgendeiner Frage verständlich zu äußern. An meine Ohren drangen lediglich unartikulierte Laute, aus denen ich allenfalls ›Sauermilch‹ und gelegentlich undeutlich »…monikaster« heraushören konnte.

Jens dagegen wirkte putzmunter. Das alles sei überhaupt kein Problem. Er sei schließlich der Reiseleiter und bestimme über An- und Abfahrten, Straßennutzung und Parkstationen, Einkehr-, Umkehr-, Rückkehr- und Übernachtungsplätze, zu absolvierende Besichtigungen und, naturellement, darüber, was mitzunehmen sei und was nicht sowie über die Personen, die in Finnland zu besuchen seien. Insofern lege er schon mal fest: »Der Roboterkasten kommt mit und wird zu diesem Machti (FAST korrekt ausgesprochen!) und seiner Frau Pächfi (NICHT korrekt ausgesprochen!) gebracht. Basta!«

Fridolin, immer noch im Hintergrund, kommentierte diese Festlegung mit einem ersterbenden Japsen, gefolgt von einem Laut, der mich stark an die fiebsigen Flötenversuche von Silkchen bei Claudias Geburtstagsfeier vor ein, zwei Monaten gemahnte. Wir waren damals bei Machtniks eingeladen, und Silke blies auf ihrer Blockpfeife das bekannte Stücklein: ›Trauergesang einer Weinbergschnecke‹, wobei dank Silkchens Virtuosität das Traurige des Opus beeindruckend aufleuchtete … Jedenfalls standen den Zuhörern am Ende mehrheitlich Tränen in den Augen.

Da kommt mir eine Anekdote in den Sinn, die ich an dieser Stelle rasch einfügen muss, auch wenn sie mit Machtniks nichts zu tun hat, sondern mit mir:

Ich war mit 15-16 Jahren begeistertes Mitglied im Schulchor des Gymnasiums, und wir führten im altehrwürdigen Dom unseres Städtchens ein festliches Weihnachtskonzert auf. Das ›Halleluja‹ aus Papa Händels Oratorium ›Der Messias‹ war der krönende, abschließende Programmpunkt. Ein wirklich erhebendes Werk!

So weit, so gut. Beim Verlassen der Kirche kam ich an unserem gestrengen Oberstudiendirektor vorüber und erlaubte mir die Frage, wie es ihm gefallen habe. Die Antwort: »Sehr schön, aber der Schluss war am schönsten« – Diese Aussage lässt sich ja nun so oder so interpretieren, und ich habe sie mein Leben lang nicht vergessen.

Zurück zu Jens, Fridolin und dem Rasenmähermaschinchen.

Ich ging erbarmungslos, rigoros und kaltblütig über jegliche denkbaren, unausgesprochen gebliebenen Einwände des lieben Fridolin hinweg und vereinbarte mit Jens einen Termin zwecks Übergabe des Gerätes. Anschließend fuhr ich zum Baumarkt, selbstverständlich begleitet von Nachbar Jupp, der es mir niemals verziehen hätte, hätte ich diesen Einkauf ohne seine fachkundige Unterstützung getätigt. Wir erstanden innerhalb kürzester Zeit ein wirklich ansprechendes Maschinchen, ganz ähnlich dem, das Matti einige Jahre zuvor erworben hatte.

Jupp war voller Begeisterung. Es verlange ihn, verkündete er noch im Markt, zur Übergabe des von ihm »Kaffeemühle« genannten Mähers, so wie schon besprochen, mit zu Jens Machtniks zu fahren. Beantragte auch wegen der voraussichtlichen Dauer der Übergabezeremonie bei seiner Arbeitsstelle umgehend einen vollen Urlaubstag, wie er mir noch am selben Abend telefonisch mitteilte, gekoppelt mit dem Hinweis, er gehe davon aus, dass wir schon am frühen Morgen des vereinbarten Tages, so gegen sechs Uhr, Richtung des Machtniksschen Domizils aufbrächen.

Hatte ich insgeheim gehofft, Jupp habe die frühe Morgenstunde zum Scherz genannt, so wurde ich an besagtem Tag eines Besseren belehrt: Um Schlag halb sechs schellte es an unserer Haustür Sturm, was nicht nur unserem Foxterrier gar sehr missfiel, der seinen Unmut daraufhin in lautstarkem Gegröle, sprich Bellen, äußerte, sondern auch meine Ehegefährtin und mich aus sanftem Schlummer riss. Es gelang mir unter Aufbieten aller meiner Überredungskünste, Jupp dazu zu bewegen, im Wohnzimmer zu warten, bis ich mich angekleidet und Kaffee gekocht hatte. Anfangs bestand er unnachgiebig darauf, wir sollten augenblicklich aufbrechen, ungeachtet meines nachthemdlichen Outfits.

Nun gut. Gegen sieben Uhr starteten wir inklusive Rasenroboter. Und siehe da: Jens Machtniks lehnte schon voller Ungeduld an Fridolins orange-grünem Bus-Ungetüm, als wir eintrafen. Hatte das Vehikel extra von Fridolin geholt, beschwerte sich bei dieser Gelegenheit darüber, dass der Besitzer selbigen Fahrzeugs um fünf Uhr in der Früh noch im Bett gelegen habe (und das, obgleich er ihn ausführlich darüber informiert gehabt habe, dass heute der Rasenmäher gebracht würde!) und rügte auch uns, weil wir so spät kamen.

Jens, von der wie immer liebenswürdigen Claudia umgehend als »HERR Jens« betituliert, umrundete das Rasenmäherungetüm mehrmals, hob es an, maß völlig unnötigerweise mittels Klappmeter Länge, Breite, Höhe, Umfang, Diagonaldurchmesser und Achsabstand, bestimmte Rädergröße und Profile, PS-Zahl und Abgaswerte (bei einem Elektromäher!). Und falls jemand die Meinung vertreten sollte, er werde Jupp und mich die Probeverladung des Maschinchens durchführen lassen, während er die Oberaufsicht führte, so kann ich nur vermelden: Diese Erwartung trifft vollumfänglich zu.

Im Anschluss an den erfolgreichen Stauvorgang verfrachtete er uns in die Garage, um uns seinen mechanischen Nikolaus (ich erwähnte dieses Entwicklungsprojekt bereits) vorzuführen. Von diesem genialen Kunstwerk waren allerdings nur ein paar verbogene Metallteile vorhanden, die laut den Angaben seines Erfinders in ferner Zukunft einmal Arme und Beine des ›Nikolausus mechanikus‹ werden sollten. Und auf einem verstaubten Regalbrett fand sich eine Weihnachtsmannmütze, die Jens zur Veranschaulichung seines Projektes auf- und für die nächsten Stunden nicht mehr absetzte.

Wir wurden danach von ihm ins Machtnikssche Wohnzimmer komplimentiert. Jupp, der Weise, hatte mit seiner Zeitplanung wirklich richtig gelegen: Jens erläuterte uns nunmehr, vor seiner finnischen Landkarte stehend, in allen Details seinen neuesten Reiseplan. Bemerkte mit Bedauern, dass er ja »Machti« leider, leider damals nicht kennengelernt habe, als mein finnischer Kumpel bei uns zu Besuch gewesen sei. Ich selbst schlug während dieser Aussage drei imaginäre Kreuze und dankte dem lieben Gott aus tiefstem Herzen, dass Jens Machtniks erst später in mein Leben getreten war.

»›Machti‹ und seine ›Pächfi‹ im Sommerhaus zu besuchen: no problem!«, gab Jens uns zu wissen. »Mein Lieber, du hast noch keine Ahnung von den Irrwegen zu finnischen Sommerhäusern«, schmunzelte ich im Stillen, sagte aber nichts, gemein, wie ich bin.

In einem allerdings hatte Monsieur Machtniks tatsächlich recht: Er hatte mit Fridolin zufälligerweise eine aktuelle Route durch Suomi geplant, die nicht allzu weit von Mattis Sommerhaus entfernt vorbeiführte. Es dürften, schätzte ich beim Blick auf die Karte, etwa 80 zusätzliche Kilometer bis dorthin sein. Und das ist für finnische Verhältnisse nicht extrem viel.

Claudia, über unsere Pläne informiert, verdrehte lediglich ihre Augen. »Mich kann nichts mehr erschüttern, wenn Männer etwas planen«, meinte sie. Dann fügte sie mit Blick auf ihren Ehegatten hinzu: »Schon gar nicht, wenn Jens daran teilnimmt.« Woraufhin auf dem edlen Antlitz des Genannten ein stolzes Grinsen erschien.

9 Finnischübungen

Wie gut und erfreulich ist es doch, wenn in einer Beziehung nur einer der beiden Partner zu kapriziösen, leicht wunderlichen Verhaltensweisen neigt. Dass Thomas und Silke sich im Großen und Ganzen so unkompliziert und geordnet entwickeln, ist, denke ich, nicht unbedingt das Verdienst ihres Herrn Papa. Eher ist das dem ausgleichenden Einfluss von Claudia zu verdanken. Die benötigt hierzu allerdings nicht nur eine eiserne Gesundheit, klaren Menschenverstand und ein gerüttelt Maß an Humor, sondern kilo-, nein, zentner-, nein, tonnenweise Geduld. Und all das hat sie, oh Glück!

Die Bärenepisode rumort durchaus noch längere Zeit im Machtniksschen Alltag. Obwohl ich zugeben muss, dass Jens sich in den folgenden Wochen deutlich zurückhält, was eigenwillige Vorhaben anbetrifft. Nichtsdestoweniger trägt das Thema Finnlandreise ihn durch den Alltag, und selbstverständlich ist das Projekt unablässig in seinem Kopf ...

Nachdem Bär und Weihnachtstanne abgebaut und trotz des beschriebenen Tohuwabohus ihren jeweiligen Besitzern unbeschadet zurückgegeben wurden, beschäftigt Jens sich intensiv mit weiteren Details der kommenden Urlaubsfahrt. Detti und seine finnische Lebensgefährtin haben sich dazu durchgerungen, mit ihrem Urlaubsgast in spe ernsthaft zu reden. Dabei glaubten sie anfangs, ihn mit fast brachialer Gewalt auf den Boden der Tatsachen holen zu müssen – bis sich herausstellte: Jens Machtniks wusste natürlich längst Bescheid. Hat seine Fantasien lediglich, spleenig wie er ist, ausgelebt.

Freilich äußerte Jens während der Unterhaltung, die Viivi und Detlef mit ihrem Freund und Nachbarn führten, eine ganz reale Absicht: Er hege den ernsthaften Wunsch, wenigstens ein wenig Finnisch zu lernen. »Fiefi« habe doch sicherlich Zeit und Lust, ihm und vielleicht auch Fridolin einige Male in der Woche Unterricht zu erteilen: »Allerdings weiß ich nicht, ob das bei Fridolin Sinn hat, Fiefi! Der ist zwar musikalisch, aber mit Sprachen hat er es nicht so. Interesse hat er bestimmt, das hat er schon gesagt.«

Viivi mag Jens ganz offenbar wirklich gut leiden. Nur so ist zu verstehen, dass sie sich bereit erklärte, seinem Wunsch zu entsprechen. Daneben anerkennen sie und Detti den Sprach-Enthusiasmus des lieben Jens. Und den, zumindest in musikalischer Hinsicht, durchgeistigten Fridolin haben sie ebenfalls ins Herz geschlossen. Gleichzeitig versprechen sie sich einiges an humoristischen Erlebnissen im Verlauf der Sprachübungen.

Fridolin, der von seinem Bedürfnis nach Sprachkurs noch überhaupt nichts ahnt, wird dementsprechend von diesem Unterrichtsangebot total überrascht. War etwas anderes zu erwarten? Jens ist nun mal ein ›Alpha-Tier‹. Entsprechend informiert er mit größter Selbstverständlichkeit seinen lieben Cousin: »Nächsten Montag um exakt 18 Uhr beginnt unser Finnischkurs!« Völlig abwegig, dass Fridolin möglicherweise keine Lust oder Zeit haben könnte!

Und tatsächlich, Fridolin erhebt keine Einwände. Gegenüber Jens ist er wirklich unglaublich gutmütig – ob aus Erfahrung oder weil es ihm gleichgültig ist oder weil er es im Stillen gar genießt, wenn Jens alles regelt ... wer weiß das schon. Im Grund ist er ein ausgeprägt friedfertiger Mensch. Lediglich bei einem Thema kann er sich wirklich ereifern und sogar gehörig in Rage geraten: Wenn jemand seine Mundharmonikakünste anzweifelt oder sich gar generell abfällig über sein Lieblingsinstrument äußert. Wobei ich leider noch niemals habe in Erfahrung bringen können, wie Fridolin überhaupt zum Mundharmonikaspielen gekommen ist. In der Familie scheint das auch niemanden zu interessieren. Für die anderen Mitglieder des Clans ist Fridolin einfach so wie er ist, und zu ihm gehört untrennbar seine Mundharmonika.

Lange Rede, kurzer Sinn: Der nächste Montag naht. Viivi und Detti haben alles für die erste Fremdsprachenstunde vorbereitet. Da ihnen bekannt ist, wie wichtig für Jens ernährungstechnische Fragestellungen sind (dieser fast akademische Ausdruck bedeutet schlicht und ergreifend, dass Jens gerne isst), hat Viivi einige kleine Häppchen vorbereitet. Sie hofft so, mittels ›Verproviantierung‹ ihre beiden Schüler an ihre Muttersprache heranzuführen. Dabei ist sie sich des sprachlichen Virtuosentums von Jens durchaus bewusst.

Der Esstisch ist liebevoll als Sprachlabor vorbereitet, eine kleine finnische Tischfahne signalisiert deutlich: Hier findet ›Finnisches‹ statt. Detti hat Kugelschreiber und Blöcke zurechtgelegt, in weiser Voraussicht, dass die Herren Schüler sowas nicht dabeihaben werden.

Und siehe da: Die Uhr zeigt sechs und mit sprichwörtlich deutscher Pünktlichkeit stehen Jens und Fridolin in der Tür. Sind frisch gewaschen und gekämmt (tatsächlich!) und haben sich richtig in Schale geworfen. »Guten Abend, Fiefi! Hallo, Detlef!« Jens macht eine gute Figur und ist ausgesprochen höflich – aber bass erstaunt über Viivis Antwort: »Hyvää iltaa, Jens und Fridolin!« Ganz offenbar ist Herr Machtniks völlig überrascht, dass Viivi so rasch mit der Sprachausbildung beginnt.

Viivi freut sich: Endlich ist es ihr mal gelungen, Jens zu verblüffen. Der schaut sie hilflos an: »Das war ja wohl Finnisch, oder? Was heißt das jetzt?« Detti, als Viivis langjähriger und immer noch liebevoller Ehemann mit umfangreichen Finnlanderfahrungen ausgestattet, macht sich dicke (Oh ja, auch Detti kann das, nicht nur Jens!): »Na, was wohl, Jens? ›Guten Abend‹ natürlich!« Jens hat die Wörter schon wieder vergessen: »Also nochmal, Fiefi!« – »Hyvää iltaa!« – Jens zögert zwar etwas, aber dann probiert er es: »Hüfä ilta!« Viivi und Detti bestärken ihn: »Das ›iltaa‹ war fast schon völlig in Ordnung, Jens. Aber ›hyvää‹ wird ›hüwää‹ ausgesprochen.« – »Also hüfä ilta!« – »Hüwää!« – »Hüfä!« – Viivi gibt fürs Erste auf: »Kommt erstmal rein, es gibt kleine Snacks zu essen, dabei können wir gut üben.« – Diese optimistische Finnin, die hat ja Hoffnungen, man glaubt es kaum ...

Fridolin und Jens sind voller Begeisterung, als sie das zum Unterrichtsraum umfunktionierte Esszimmer betreten. Detlef hat unter anderem auch ein Flip-Chart besorgt, um eine Möglichkeit zum Aufschreiben zu haben. Allein, ich muss aufrichtig gestehen: Das Hauptaugenmerk unseres Freundes Jens gilt den leckeren Schnittchen, die Viivi vorbereitet hat und die dekorativ auf der Anrichte präsentiert sind. Fridolin läuft ebenfalls das Wasser im Mund zusammen. Doch die zwei haben nicht mit ihrer gestrengen Lehrerin und deren Assistent Detlef gerechnet.

Viivi hat sich überlegt, dass es wohl am besten ist, wenn sie mit ganz einfachen Vokabeln beginnt. Und Detti ist ganz ihrer Meinung: »Dann passt mal auf, ihr beiden! Die Futterage ist für später. Erstmal will Viivi euch wenigstens einige finnische Wörter beibringen.« Jens bläst die Backen auf: »Mindestens mal drei Worte Finnisch kann ich schon: ›Helsinki‹, ›Sauna‹ und ›Sohmi‹.« Er spricht – großes Lob! – sogar den Namen der finnischen Hauptstadt korrekt aus, mit Betonung der ersten Silbe! Wer weiß, wie lange er das geübt hat ...

Detti, in diesem Augenblick ganz Detlef, lässt seine Brille auf die Nasenspitze rutschen und schaut Jens mit Oberlehrerblick an: »Wenigstens hast du ›Helsinki‹ richtig betont, Jens. Im Finnischen werden nämlich alle Wörter ausnahmslos auf der ersten Silbe betont. Das solltet ihr euch merken, du auch Fridolin! Schließlich nennt dich ja auch keiner FriDOlin. Und Finnland heißt auf Finnisch nicht ›Sohmi‹, Herr Machtniks, sondern ›Suomi‹, gesprochen mit scharfem »S«. Ich schreib das mal in Großbuchstaben hier auf die Tafel.«

Viivi hat ihren Ehegefährten gewähren lassen. Aber jetzt bremst sie ihn. Letztlich geht es ja um ihr Land, ihre Sprache. Detti nimmt nämlich durchaus gerne das Heft in die Hand. Und das gefällt Viivi nicht unbedingt. »Detlef, sei du mal still. Du kannst aufschreiben, das Reden übernehme ich, klar?!«

Fridolin will natürlich unbedingt als Erstes wissen, was ›Mundharmonika‹ auf Finnisch heißt. Er hat nämlich für sich beschlossen, die Gelegenheit zu nutzen und aus dem Nordland-Urlaub seine erste Auslandstournee zu machen. Trägt sich gar mit dem Gedanken, der Optimist, Handzettel und Plakate mit entsprechenden Ankündigungen drucken zu lassen. In finnischer Sprache selbstverständlich.

Detlef macht sich schreibbereit, Jens schielt sehnsüchtig nach den belegten Broten, Viivi verkündet dem aufmerksam zuhörenden Fridolin: »Das ist ›huuliharppu‹. ›Huuli‹ bedeutet ›Lippe‹, aber auch ›Witz‹ oder ›Scherz‹ im Finnischen ...« Jens strahlt freudig und beginnt lauthals zu lachen: »Sehr gut, ›Witz‹, passt genau, ha, ha, ha!« Fridolin blickt ihn erbost an: »Hör' auf zu lachen, Jens! Blödmann!« – »HA, HA, HA!« Viivi ist leicht irritiert: »Warum lachst du denn, Jens?« – »Ha, ha, ha!« Detlef meint nun ebenfalls: »Jens, es reicht.« Jens schnauft: »Okay, ha, ha. Weiter so, Fiefi.«

Die beschließt, Jens jetzt mal zu übersehen: »Also, Fridolin. ›Mundharmonika‹ ist ›huuliharppu‹. ›Huuli‹ ist ›die Lippe‹, und ›harppu‹ ›die Harfe‹.« Jens biegt sich vor Lachen und fällt fast vom Stuhl: »HA, HA, HA, hu, hu! ›Harfe‹. Fridolin, du spielst ›Witzharfe‹! Und das mit dem Mund! Ich werd' nicht mehr. Wie gut, dass wir Finnisch lernen. Ha, ha!«

Ist es nicht erstaunlich, wie der Bursche sich in diesem Fall sogar merken kann, dass ›huuli‹ neben ›Lippe‹ auch noch die Bedeutung ›Witz‹ hat?

Fridolin ist schwerst beleidigt: »Sei endlich still, Jens, du mit deinem ›Sohmi‹. Wenn du nur halb so viel Grips hättest wie Schwachsinn, wärst du ein echtes Genie.« Detti wiegelt ab: »Jetzt gebt einfach mal Ruhe und lasst uns weitermachen. Umso schneller gibt es was zu essen.« Jens reißt sich daraufhin tatsächlich zusammen – wenigstens scheint es so. Er beginnt eifrig auf seinem Block rumzukritzeln und lässt sich auch durch Viivis Ausführungen nicht stören. Viivi erklärt einige einfache Grundregeln und meint dann: »Hier sind für den Anfang mal einige einsilbige Wörter. Die könnt ihr euch wahrscheinlich am besten merken, so zum Einstieg, dachte ich: ›juu‹ heißt ›Ja‹, ›kuu‹ ist ›der Mond‹, ›suu‹ bedeutet ›der Mund‹.«

Fridolin schreibt eifrig mit, Detti malt die Wörter auf das Flip-Chart, Jens kritzelt. Nach kurzer Zeit reicht er seinen Block erwartungsvoll rüber zu Fridolin.

Vokabeln stehen da keine drauf. Jens hat ein Männlein gezeichnet, das eine Harfe an seinen Mund hält. Sieht zwar eher wie die Zeichnung eines Erstklässlers aus, aber es ist doch zu erkennen. An den Rand hat er geschrieben: »Mundharfe, auch Witzharfe, finnisch huliharpu« (Es ist anzumerken: In zwei Metern Entfernung hat Detti das entsprechende finnische

Wort *richtig* aufgeschrieben, für alle gut sichtbar: ›huuliharppu‹. Mit zwei ›u‹ und zwei ›p‹).

Doch Fridolin, Gott sei Dank, steht über den Dingen. Er setzt lediglich unter die Zeichnung den Text: »Intelligenzbeweis von Jens Machtniks« und schiebt den Block zurück. Das, muss ich sagen, war die klügste Verhaltensweise, die er zeigen konnte. Denn Jens befasst sich nun erstaunlicherweise tatsächlich mit Viivis und Dettis Unterricht. Selbstredend geht das bei ihm nicht ohne tiefgründige Kommentare ab: »›Kuu‹ soll ›der Mond‹ heißen? Verrückt!« Er beginnt vor sich hin zu singen: »Gu-te Kuh, du ge-he-st so sti-hil-le durch die A-bend-wo-hol-ke-hen hin.«

Viivi verliert allmählich die Geduld. Irgendwie kommt es ihr so vor, als säße ihr ein Sechsjähriger im Körper eines Erwachsenen gegenüber. »Wenn du nur Quatsch machst, Jens, bringt's das nicht. Also ...?« Unser Freund merkt, dass es ernst wird: »Ist ja schon gut, sollte ja nur ein Spaß sein. Aber komisch ist es für mich schon, den Mond als ›Kuh‹ zu bezeichnen!« Jetzt schießt Viivi aber zurück: »Das ist halt so, Jens. Da könnten wir Finnen genauso sagen: Warum nennt ihr Deutschen jede Kuh im Stall ›Mond‹.« Fridolin und Detlef feixen und reiben sich die Hände, Jens wiegt nur schweigend den Kopf. Denn Viivi hat ja recht, und Herr Machtniks ist sich darüber auch im Klaren. Dennoch widerstrebt es ihm, das direkt zuzugeben. Würde ja bedeuten, dass er geschlagen wäre. Da scheint's ihm unverfänglicher, für diesmal keinen Kommentar abzugeben.

Nach diesem Geplänkel nimmt Viivis Unterricht wieder Fahrt auf. Sie vermittelt ihren Schülern jetzt erstmal anhand ihrer belegten Brote und den entsprechenden Beilagen einige finnische Begriffe zum Thema ›Essen‹. Jens hängt bald der

Magen so ungefähr in den Kniekehlen ... Denn Viivi und Detti machen sich einen Spaß daraus, die bereitstehende Futterage rein ›platonisch‹ vorzuführen. Halten insbesondere Jens die Schnittchen ständig verführerisch vor die Nase, erlauben jedoch den Zugriff noch nicht. Erstaunlicherweise unterlässt unser Freund alle frotzelnden Kommentare und arbeitet richtig mit. Jedenfalls eine Zeit lang. Bis Viivi in irgendeinem Zusammenhang erwähnt, dass das deutsche Wort ›Frau‹ im Finnischen ›nainen‹ heißt. Da fällt bei Jens sofort die Klappe: »Siehste, Fridolin, kein Wunder! Die haben es erkannt, die Finnen: ›nain‹. Stimmt genau, so sind die ja auch, die Weibsleut' (Anmerkung: Bedaure, aber Jens ist nun mal so respektlos!). Immer nur ›verneinen‹.«

Viivi, Detti und Fridolin kontern unisono: »›Nainen‹, Jens! ›Nainen‹! Nicht ›nain‹ beziehungsweise ›Nein‹!«

Aber es ist ja längst bekannt: Jens ist dickfellig. »Ist doch egal, auf jeden Fall ist da ein ›Nein‹ drin. Und so sind sie eben, die Frauen, sagen zu allem ›Nein‹! Fragt mal das Claudia.« – Detlef: »DIE Claudia!« – »Fragt die mal irgendwas! Antwort: Nein!«

Detlef, indessen, ist auch nicht auf den Kopf gefallen. »Vorsicht, Vorsicht, Jens! Ich schreib dir mal hier das finnische Wort für ›Mann‹ auf.« Er stellt sich so vor den Flip-Chart, dass weder Fridolin noch Jens sehen können, was er schreibt. Dann tritt er schmunzelnd zur Seite und weidet sich am entgeisterten Gesichtsausdruck der beiden. Denn was steht da: »›Mann‹ gleich ›mies‹.«

Namentlich Jens macht eine säuerliche Miene. Viivi erklärt: »Ich hab' euch ja schon gesagt, dass die Finnen jeden einzelnen Buchstaben aussprechen. Darum sagen sie auch nicht ›mies‹, sondern ›m-i-e-s‹. Beruhig' dich also, Jens, das hat nichts mit dem deutschen ›mies‹ zu tun.« Jens hat aber keine Lust, sogleich auf diese ausgezeichnete Gelegenheit zu verzichten, eine beleidigte Miene zu zeigen. Schon aus Prinzip nicht. Zudem rechnet er sich Chancen aus, so rascher an die Brote zu kommen. Folglich verlangt unser Sprachgenie nunmehr vehement nach Atzung, »schon allein wegen dieser mies-Geschichte. Außerdem hab' ich jetzt Hunger. Oder sind die Fressalien da nur Deko?« Der Bursche kann wirklich respektlos sein. Gut, dass Viivi und Detti humorvoll und gutmütig veranlagt sind – und das ganze Theater sowieso genießen.

Bestimmt ist der weitere Verlauf der Unterrichtsstunde mühelos vorstellbar: Jens Machtniks unterhält die versammelte Mannschaft mit seinen überragenden Finnisch-Kenntnissen. Dabei versucht er mehr oder weniger geschickt, seine doch sehr individualistische Aussprache dadurch zu kaschieren, dass er grundsätzlich mit vollem Mund spricht. Was aus nachvollziehbaren Gründen zu einem, na, leicht verwaschenen Sprachklang führt ... Anzumerken bleibt, dass er nach wie vor von ›Sohmi‹, ›Fiefi‹ und von ›nain‹ spricht. Und dickköpfig, wie er nun mal ist, reizt er seine Gastgeber immer wieder mit der Bemerkung, der Mond sei auf Finnisch eine »Muh-Kuh«.

Jens ist rundherum mit sich zufrieden, beherrscht er doch schon nach dieser einen Stunde so komplizierte finnische Wörter wie ›juu‹ und ›mies‹ (was er, oh Wunder, sogar richtig ausspricht!). Fridolin dagegen, bescheiden und rücksichtsvoll wie immer, ist voll des Lobes für Viivis und Dettis Lehrstunde. Er hat sich auch tatsächlich einige Grundkenntnisse des Finnischen angeeignet und möchte unbedingt weiterlernen.

Mit Engelsgeduld haben Viivi und Detlef also die erste Lehrstunde überstanden. Gemeinsam mit ihren ›Schülern‹

fassen sie trotz der Jensschen Fehlleistungen den Entschluss, den Unterricht einmal wöchentlich fortzusetzen. Das heutige ›Seminar‹ hat nämlich unsere finnisch-deutschen Freunde nicht nur belustigt, sondern auch beflügelt, wie sie in einem Telefonat mit meiner teilnahmsvollen Ehefrau und mir verkünden. Sie waren ja schon auf die Eskapaden von Jens vorbereitet, hatten sie sogar in gewisser Weise als belebende Momente eingeplant. Und so hat Detti neue Lust bekommen, sich selbst ebenfalls mal wieder mit Finnisch zu befassen.

Nun ist es bei den Vorbereitungen für eine Auslandsreise nicht damit getan, zwei, drei Vokabeln der fremden Sprache zu kennen. Obwohl es genügend Reiselustige gibt, die sich sogar gänzlich ohne entsprechende Vorbereitungen ins Auto, Flugzeug oder die Bahn setzen oder auch ein Schiff entern. Verlassen sich einfach darauf, dass man am Urlaubsziel schon ihre Sprache sprechen wird – und auch Sitten und Gebräuche des eigenen Vaterlandes üblich sind, einschließlich entsprechender Speisen wie Eisbein, Rippchen und Sauerkraut.

Unter diesem Blickwinkel muss man Jens und Fridolin ihr Engagement zum Finnischlernen hoch anrechnen. Auch, wenn für Jens Nebeneffekte wie Spaßhaben und Sichwichtigmachen im Vordergrund stehen. Aber wenigstens führt das dazu, dass er sich selbst mit ›Sohmi‹ befasst – und so ganz nebenbei Fridolin und letztlich auch Claudia und die Kinder für die kommende Reise begeistert.

In Ordnung. Der genialen Fremdsprachen-Aneignung der Herren Jens und Fridolin steht nichts im Wege. Doch für das Machtnikssche Familienoberhaupt ist das lediglich ein Teilaspekt der dringend erforderlichen Reiseplanungen. Denn die zentrale Frage für Reiseleiter Jens und seinen Assistenten Fridolin ist: Wie kommen wir hin, ins erträumte Urlaubsland?

Bekanntermaßen ist schon die Überfahrt auf dem Seeweg mittels Fährschiff von Travemünde nach Helsinki und zurück gebucht. Freilich waren weder Jens noch Fridolin jemals zuvor in Travemünde. Geschweige denn, dass sie schon einmal per Auto auf einen Hochseedampfer gefahren wären. Allenfalls stand ein Übersetzen mittels einer Fähre am Rhein auf dem Programm. Und schon das war, wie Fridolin noch sehr gegenwärtig ist, aufregend genug. Schließlich war Jens, der damals am Steuer saß, knapp davor gewesen, im Fluss zu landen. Fridolin hatte so ungefähr in letzter Sekunde die Handbremse gezogen ... Wie mag es da erst sein, wenn sie auf den Riesenpott kurven müssen, der sie über die Ostsee bringen soll?

10 Fahrtroutenplanungen

Jens wird von seinen Urlaubsfantasien so vereinnahmt, dass er des Öfteren nachts wach liegt. Claudia schilderte Viivi bei mehreren Gelegenheiten, wie ihr im wahrsten Sinn des Wortes nimmermüder Ehemann in einer Nacht den ruhigen Schlaf nicht finden konnte und sich auch in der darauffolgenden, offenbar träumend, im Bett hin und her wälzte. Murmelte dabei unverständliches Zeug vor sich hin, von Bären, Winnetou, Messer und Mundharmonika, auch irgendwas von einem miesen Nein sowie einer Kuh, die am Sternenhimmel flog und anderem mehr. Es habe sich teilweise überaus dramatisch und wirr, ja fast bedrohlich, jedenfalls grässlich angehört. Bis er dann schlagartig wach geworden und mit einem Satz aus dem Bett gesprungen sei. Sei mit wildem Getöse ins Wohnzimmer gewirbelt und habe begonnen, vor der dort immer noch hängenden Europakarte neue Pläne zu entwerfen, wie man nach Norden fahren könne. Im Nachthemd, eingewickelt in seine Zudecke und mit nackten Füssen, habe er dort bis zum frühen Morgen zugebracht.

Selbst wenn Claudia bei diesem Bericht unter dem Eindruck des Jensschen Aktionismus leicht übertrieben haben sollte: Zuzutrauen ist unserem lieben Freund ein derartiges Verhalten schon. Denn es liegt meiner Überzeugung nach völlig außerhalb des Möglichen, dass er sich in Ruhe hinsetzt, um vernunftgesteuert die Fahrtroute auszuarbeiten. Meine holde Ehefrau, von Viivi mittels ›Finninnen-Hotline‹ über Claudias Mitteilungen und mögliche weitere Vorkommnisse von höchster Brisanz stets brühwarm informiert, stimmt hinsichtlich dieser Einschätzung in vollem Umfang mit mir überein!

Wie wir jedoch wissen, hat Jens den phänomenalen Musikus Fridolin, seinen reputablen, liebenswürdigen Cousin, zum Wegbegleiter nach Finnland erkoren. Und selbstredend bedeutet das: Fridolin hat gefälligst an ausnahmslos allen Planungen und Vorbereitungen teilzunehmen. Was der ja auch ganz gerne tut. Jens hängt aus diesem Grund schon bald nach besagter nächtlicher Reisekonzept-Entwicklung am Telefon, um den geduldigen Mundharmonikavirtuosen wieder einmal zu bemühen: »Hallo! Wir müssen uns noch mal zusammensetzen. Wegen unserer Fahrtroute, meine ich. Hast du heute Abend Zeit?« Es ist ein wirkliches Glück, dass Fridolin selbst Herr seines Tagesablaufs ist: »Ich kann so gegen acht Uhr bei euch sein. Ist das auch der Claudia recht?« Fridolin bringt mit solchen rücksichtsvollen Verhaltensweisen Jens immer wieder zum Staunen. Wieso sollte es Claudia nicht recht sein? Als ob sie jemals irgendetwas gegen seine Entscheidungen als Familienchef einzuwenden hätte! Hat sie nicht auch ohne Zögern dem Finnlandurlaub zugestimmt?! Er musste sie doch regelrecht bremsen, weil sie unbedingt nach ›Sohmi‹ wollte!

Wir sehen, Jens ist nicht nur ein Fremdsprachengenie, er hat auch erforderlichenfalls ein recht kurzes Gedächtnis. Auf jeden Fall dann, wenn es um Vorfälle geht, bei denen ihm im Rückblick eine nicht ganz angenehme, leicht missliche Rolle zukam. Da passiert es durchaus schon mal, dass er die Abläufe leicht verdreht und seine Beiträge konträr zur Realität einordnet.

Der Abend naht, Claudia sitzt im Wohnzimmer und liest interessiert in ihrem Finnland-Reiseführer. Der Tag verspricht, in beschaulicher Ruhe zu enden. Gewiss, Jens hat ihr vermeldet: Fridolin kommt heute vorbei, um die Fahrt zum Schiff und dann auch in Finnland selbst ›genauer‹ auszuarbeiten. Aber darauf hat Claudia sich vorbereitet; sie weiß, Fridolin ist ein ruhiger, ausgeglichener Zeitgenosse. Einzig wenn er Auto fährt oder seine Mundharmonika hervorkramt, bemächtigt sich seiner gegebenenfalls eine nicht ganz unerhebliche Dynamik. Die kann sich dann, besonders beim Musizieren, durchaus bis zur Ekstase steigern. Doch damit rechnet Frau Machtniks an diesem Abend nicht. Eher findet sie die aktuelle Situation angenehm, denn Jens tigert zwar unablässig vor seinen Europa-, Deutschland- und Finnlandkarten auf und ab, aber wenigstens hält er mal die Klappe.

Soeben liest sie über die Sehenswürdigkeiten der finnischen Hauptstadt. Im Laufe der vergangenen Wochen hat sie so manches in ihrem Buch gefunden, das sie sich anschauen möchte. Viivi und sie haben viel über Suomi geredet, und sie hat bei diesen Gesprächen mehr finnische Wörter aufgeschnappt als Jens im Rahmen seiner von ihm hoch gepriesenen Unterrichtsstunden. Darüber hinaus hat Claudia inzwischen ihre Anstrengungen aufgegeben, ihrem Angetrauten eine bessere Aussprache beizubringen. Sie ist mittlerweile so weit, dass sie seine Sprachakrobatik sogar genießen kann.

Sie lässt Jens also eifrig zwischen den verschiedenen Straßen- und Landkarten herumwuseln. Der legt hier das Lineal an, um Entfernungen zu messen, dort umkringelt er mit einem Bleistift irgendwelche Ortsnamen.

Wenig später kündigen quietschende Bremsen von Großem: Fridolin trifft ein! Wenigstens hat er ganz offensichtlich die Zündung seines Gefährts einstellen lassen, denn dieses Mal ertönt kein Kanonenschuss.

Und da läutet es auch schon. Jens springt zur Tür: »Das ist bestimmt Fridolin!« Ist dieser Bengel nicht außergewöhnlich scharfsinnig? Claudia ist beeindruckt. Fridolin, chic wie immer, ist gut gelaunt und sprüht nur so vor Begeisterung:

»Guten Abend allerseits! Na, Claudia, bist du schon am Planen, was wir uns alles anschauen? Ich hab' mich informiert: In Finnland gibt's auch einige Mundharmonika-Künstler. Hab' sogar einen Namen: Jouko Kyhälä. Der muss hervorragend sein. Ich würd' den gern besuchen. Die Adresse hab' ich.« Der Herr Musikus ist in Hochstimmung: »Außerdem habe ich mir eine neue Mundharmonika gekauft. Hier, seht mal!« Und er gibt einen Boogie-Woogie zum besten. Ja, Fridolin ist nicht nur ein Klassik-Fan, sondern liebt ebenso Tanzmusik und Jazz.

Schade nur, dass seine Anverwandten seine Kunstfertigkeit nicht wirklich zu schätzen wissen. So auch jetzt: Jens macht ein gelangweiltes Gesicht: »Ist ja gut, Frido (wenn er Fridolin so richtig ausbremsen will, ruft er ihn in dieser frechen Art und Weise). Jetzt lass uns mal überlegen, wie wir nach Travemünde fahren – und vor allem, wohin überall in Sohmi!«

Wenige Tage zuvor haben Viivi, Detti und meine Frau sowie ich selbst uns darüber unterhalten, wie die baldige Urlaubsreise speziell von Jens organisiert wird. Es ist einfach unfassbar, wie der Knabe jede sich bietende Gelegenheit nutzt, um daraus einen ›Event‹ zu gestalten. Unsereins käme bei der Planung bestimmt niemals auf die Idee, eine Konferenz (oder gar mehrere) einzuberufen, um die Fahrtroute zu diskutieren. Nicht jedenfalls, wenn in direkter Nachbarschaft das Paar wohnt, das uns eingeladen hat, und das die Strecke seit Jahrzehnten mehrfach im Jahr zurücklegt!

Aber nein, Herr Jens ist offenkundig kein Freund einfacher Lösungen. Wär' ja auch mal was ganz Neues ... Demzufolge schreitet (jawohl: schreitet!) er nun zu seinen Landkarten. Zieht Fridolin am Ärmel mit sich und weist Claudia einen Sessel zu, von dem aus sie die weiteren Planungsschritte verfolgen soll. Selbstverständlich muss sie das stillschweigend und ohne Aufbegehren tun. Allenfalls zustimmendes Nicken billigt er ihr zu. Die Kinder bleiben sowieso außen vor. Claudia ist heute besonders gut gestimmt und nimmt diese Jensschen Chefallüren erstmal ohne Protest hin, wohl wissend, dass hier gar nichts, aber auch absolut gar nichts ohne ihre Genehmigung laufen wird.

Erwartungsgemäß hat Jens auch dieses Mal die Fahrt schon längst durchgeplant, einschließlich genauer Abfahrtszeit von zu Hause und Ankunft im Hafen. Allerdings beabsichtigt er, ohne Halt und Pause durchzurauschen. Claudia verbeißt sich einen sofortigen Protest; den übernimmt schon Fridolin: »Ach du liebes Lieschen! Das ist doch Blödsinn, Jens! Wir müssen irgendwo auch mal rasten, schon allein wegen der Kinder! Außerdem will ich unterwegs in Hamburg nach St. Pauli!« Claudia und Jens blicken Fridolin höchst überrascht an. Claudia fasst sich als Erste: »Wie bitte? Was willst du denn da? Du hast doch gerade selbst gesagt, dass wir die Kinder dabei haben. Wenn das Opa Karl erfährt!« Auch Jens ist bass erstaunt: »Ja, sag' mal, Frido, das hätte ich nicht gedacht!«

Fridolin bekommt einen roten Kopf: »Also erstens ist St. Pauli ein stinknormaler Stadtteil. Der besteht doch nicht nur aus der Reeperbahn, Menschenskinder! Und zweitens will ich dahin, weil's da eine Musikalienhandlung gibt, die sich auf Mundharmonikas und entsprechende Noten spezialisiert hat. Was ihr immer gleich denkt! Du, Jens, würdest wahrscheinlich wegen ganz anderer Sachen hinfahren. Jetzt bin ich echt sauer!« Claudia, die Verständige, Friedfertige, ist sogleich bereit, sich zu entschuldigen. Doch Jens lässt sich die Chance, Fridolin ›hochzunehmen‹ nicht so leicht entgehen. Er kräuselt die Lippen: »Musikgeschäfte haben wir doch auch hier!

Komm', komm', Fridolin, wer weiß, was du da wirklich willst!«

Fridolin hat keinerlei Lust, sich auf ein derartiges Geplänkel einzulassen: »Was ist jetzt, reden wir über die Fahrt, oder willst du deine Reeperbahn-Fantasien vortragen?!« Sehr gut, Fridolin, das hat gesessen: Jens bekommt nun seinerseits rote Backen. Und Claudia? Die amüsiert sich königlich und verfolgt das Geschehen mit wachsendem Interesse.

Unser Spezialist in Sachen ›Urlaubsfahrt-Projekt‹ scheint für diesmal klein beigeben zu wollen. Oh Wunder! Allerdings kapituliert er nicht so rasch. Da kommt bestimmt irgendwann noch was nach. Oder er hat andere Gründe, sich zu zügeln ... Im Moment jedenfalls beschränkt unser Freund sich darauf, auf seinen Karten die Autobahnen und Straßen zu markieren, auf denen er nach Norden kurven möchte. Claudia und Fridolin hören zu, insbesondere Claudia ist es ziemlich gleichgültig, welche Strecke sie nehmen. Aber Pausen müssen sein, da besteht sie drauf. Und Fridolin geht nicht davon ab, dass er in Hamburg seine Musikalienhandlung aufsuchen möchte. Jens seinerseits rückt im Verlauf der Verhandlungen damit raus, er habe unterwegs auch noch einen Termin.

»Einen Termin?« Claudia traut ihren Ohren nicht. »Wir müssen zur Fähre, Jens! Und überhaupt: Was soll das für ein Termin sein?« Jens druckst herum: »Den hab' ich erst letzte Woche ausgemacht. Aber das ist kein Problem, das ist auch in Hamburg. Da kann der Fridolin nach St. Pauli, und du und die Kinder, ihr könnt auch was unternehmen.« Frau Machtniks, eben noch entspannt und gelassen, bekommt allmählich ein nicht ungefährliches Glitzern in die Augen. Fridolin zieht sich vorsichtshalber etwas zurück. Er kennt Claudias Zornesausbrüche. Auch Jens wirkt leicht beklommen.

Nichts von seiner sonstigen Großspurigkeit ist momentan zu bemerken.

Claudias Stimmlage ist inzwischen einen Halbton höher, wie Fridolin als musikalisch gebildeter Mensch sofort feststellt: »Jens, augenblicklich will ich wissen, welchen Blödsinn du wieder verzapft hast. Das kann nicht wahr sein!« Claudia blickt Fridolin nach Hilfe heischend an: »Fridolin, weißt du was von der Geschichte?« Der schüttelt verneinend den Kopf. Claudias Wangen haben sich mit einer auffallenden Röte überzogen. Sie spricht mit schmalen Lippen: »Jens Machtniks, um was geht es?!« Jens räuspert sich: »Ei, Claudia, du weißt doch, der Michael ist nach Hamburg umgezogen und hat da einen Friseursalon. Und ich hab' ihn angerufen, ob er mir die Haare schneiden kann. Wir kommen doch sowieso da durch, und es liegt auf der Strecke. Und der Fridolin will ja auch nach St. Pauli.«

Zum besseren Verständnis: Michael ist ein Schulkamerad und langjähriger Stammtischkumpel von Jens. Die beiden steckten in den vergangenen Jahren häufig zusammen und haben Claudia so manchen Nerv gekostet. Sie erinnert sich noch an ihren Geburtstag vor zwei Jahren: Michael kam mit Jens zum Nachmittagskaffee, und Jens überreichte ihr strahlend einen Riesenstrauß wunderschöner Rosen. Sie war ganz gerührt, denn in den Jahren davor war es eher Standard, dass Jens ihren Geburtstag vergessen hatte. Die Rosen, edel und wohlriechend, fanden einen Ehrenplatz auf dem Kaffeetisch, Claudia hatte ihnen zu Ehren sogar extra die wertvolle Goldrandvase ihrer Mutter aus dem Schrank geholt.

Auch in den Tagen nach ihrem Ehrentag erfreute sie sich immer wieder an den prächtigen Blumen. Bis irgendwann Frau Schnatzinger ihr bei einem Treffen im Supermarkt beiläufig erzählte, irgendwelche Vandalen hätten sämtliche herrlichen Rosen in ihrem Garten gekappt. Hätten zwar Geld dafür in den Briefkasten geworfen, die frechen Burschen, aber eine Untat (sie sagte tatsächlich »Untat«) bliebe es dennoch.

Jens, von seiner hellhörig gewordenen Claudia zur Rede gestellt, leugnete anfangs. Er wisse nichts von Schnatzinger-Rosen. Bis Michael, der mit betrippster Miene danebenstand, zugab, dass sie die Blumen tatsächlich damals bei den Nachbarn »geerntet« hätten, »aber ordnungsgemäß bezahlt!« Es stellte sich im Laufe des Verhörs weiterhin heraus, dass an besagtem Geburtstag beim Eintreffen der beiden Rosenräuber vor dem Machtnikksschen Haus nicht Jens, sondern Michael eingefallen war, dass Claudia Geburtstag hatte. Dass diese Eröffnung Claudia nicht unbedingt in bessere Stimmung Jens gegenüber versetzte, wer könnte es ihr verdenken ... »HERRN Jens« war dann die Notlösung mit den Schnatzinger-Edelrosen in den Kopf gekommen. Er fand das eine hervorragende Idee, denn erstens waren die Blumen so ganz frisch, zweitens liebte Claudia Rosen, drittens geschah dem dicken Schnatzinger Recht: »Der mit seinem aufgeplusterten Getue.« Außerdem hatte er dem Kerl im letzten Sommer seine Schubkarre geliehen, und die hatte der nie zurückgegeben. Na gut, sie war zwar defekt gewesen, der Reifen ohne Luft, aber trotzdem. Genau deswegen hatte er sie ja diesem Schnatzinger ausgehändigt. Anständige Menschen reparieren so was und bringen es dann zurück, findet Jens.

Und eine weitere Episode ist Claudia im Gedächtnis geblieben: Jens, von Natur aus blond und glatthaarig, kam aus Michaels Friseurgeschäft nach Hause, Haare im Afrolook und schwarz gefärbt. Und zwar nicht etwa zur Karnevalszeit! Michael hatte Jens überzeugt, er wirke so wesentlich jünger und attraktiver. Sogar Opa Karl, den ansonsten kaum etwas aus der Ruhe bringen konnte, erteilte Jens damals Hausverbot im Altersheim. Und auch Tante Cilli weigerte sich, die Sicherheitskette an der Eingangstür zu öffnen, um Jens ins Haus zu lassen, als dieser zwecks Präsentation seiner neuen Frisur dort vorsprach. Sie lehnte es rundweg ab, Jens zu empfangen, bezweifelte vehement, dass dieser schwarzhaarige Unhold der sei, als der er sich ausgab. Jens lief jedoch ungeachtet dieser Unbillen mit stolz erhobenem Haupt durch die Gegend und bewunderte sich in den folgenden Wochen ständig im Spiegel. Michael allerdings traute sich fast ein viertel Jahr lang nicht mehr in Claudias Nähe, nachdem sie ihm per Telefon ihre Meinung kundgetan hatte.

Dergestalt also ist die Freundschaft zwischen Jens Machtniks und Friseurmeister Michael. Claudia könnte noch einige abenteuerliche Inszenierungen der beiden ›Spezialisten‹ mehr zum besten geben. Ich denke aber, die gerade geschilderten Ereignisse machen Claudias ›begeisterte Reaktion‹ nachvollziehbar, als Jens ihr seinen ›Hamburger Termin‹ mitteilt. Sie hat nichts gegen Hamburg, im Gegenteil, es muss eine sehr reizvolle Stadt sein, nach allem, was sie gehört hatte. Dort gewesen war sie bisher noch nicht.

Aber die drollige, na ja, eigentlich schon eher schrullige Idee ihres Herrn Gemahl versetzte sie doch leicht in Aufruhr: Da vereinbart dieser Stenz ohne jede Rücksprache einen Friseurtermin. In Hamburg. Auf der Fahrt zum Schiff. Bei Michael, dem irrsinnigen Figaro. Der vor etwa einem Jahr nach Hamburg verschwand, nachdem er die Frau vom Bürgermeister unter seine genialen Haarkünstler-Hände bekommen hatte. Er hatte, es war damals Stadtgespräch, dieses weibliche Flaggschiff der örtlichen High-Society schlicht unter der

Trockenhaube vergessen. Was das Ergebnis zeitigte, dass die Dame wie ein gerupftes Hühnchen aussah und nicht am Neujahrsempfang des Kulturvereins teilnehmen konnte.

Claudia stöhnt und betrachtet die zwei Herren, die ihrerseits erwartungsvoll, mit gespanntem Blick dasitzen. Was hat sie sich da angetan! Fridolin mit Mundharmonika, na ja. Der ist ja noch auszuhalten. Aber Jens ... Wenn sie nicht inzwischen durch ihre Reiselektüre und die Gespräche mit Viivi selbst so gerne Finnland kennenlernen wollte ...

Frau Machtniks, zweifache Mutter, alleinerziehend mit drei (!) Kindern, wie ihr seit langem klar ist, atmet tief durch. Eines ist jetzt schon sicher, sagt sie sich: Eine ungewöhnliche Nordland-Reise wird das auf jeden Fall. Und sie beschließt: Sie ist nicht nur duldsam, weichherzig, friedfertig, gütig und nett, sondern auch großmütig und humorvoll. Und bei Bedarf wohl auch närrisch. Im Grunde genommen ist sie doch wirklich umgänglich, findet sie bei ihrer kurzen Selbstbetrachtung.

Aber wehe, die Burschen verbreiten nur noch Chaos. Dann ist Schluss! Punkt.

Jens und Fridolin warten noch immer auf Claudias Kommentar. Die hat sich dazu durchgerungen, gute Miene zum bösen Spiel zu machen: »Wehe euch, wenn wir das Schiff verpassen! Dann bratet ihr in der Hölle, das sag' ich euch! Ansonsten macht, was ihr wollt. Aber du, Jens, lässt in Hamburg die Finger vom Steuer. Ich will, dass Fridolin da fährt, ist das klar?! Und zwar vorsichtig! Und Pausen werden so oft gemacht, wie die Kinder und ich es wollen! Und auf der Autobahn wird höchstens 120 gefahren! Höchstens!«

Untertäniges Nicken und Auftatmen der männlichen Mitglieder des Planungsstabs: Das wäre überstanden. Bis zur Abfahrt vergeht ja noch einige Zeit, dann wird man sehen ...

11 Aufbruch nach Norden

Die Tage und Wochen eilen, und die Spannung der gesamten Familie Machtniks steigt von Tag zu Tag. Viivi und Detti sind schon vor zwei Wochen Richtung Finnland aufgebrochen. Fridolin hat erhebliche Zeit darauf verwendet, die Finlandia-Hymne von Jean Sibelius, dem großen finnischen Komponisten, für Mundharmonika zu arrangieren. Zu seinem Bedauern und zur Erleichterung seiner Anverwandten sowie aller weiteren Betroffenen, ist ihm dies nicht gelungen.

Claudia nutzte die vergangenen Wochen, um mit den Kindern im städtischen Hallenbad Schwimmen zu üben. Silke war voller Begeisterung, weil sie die ›Seepferdchen‹-Prüfung ablegen durfte und mit Bravour bestanden hat. Viivi hatte Claudia geraten, insbesondere mit Silke ausdauerndes Schwimmen zu trainieren, weil ihr Sommerhaus in Suomi an einem großen Binnensee gelegen ist. Tommi treibt vor allem die Frage um, ob sein Smartphone auch auf dem Schiff und in der finnischen Wildnis funktionieren wird.

Und Jens? Der Arme weiß nicht mehr, wo ihm der Kopf steht, so viel muss er vorbereiten: Es ist ja nicht damit getan, die Fahrtroute festzulegen. Oder die erforderliche Notration in Form von Bierkästen zu besorgen. Oder auch so ernsthafte Dinge zu erledigen, wie einen Pensionsplatz für Katze Schnurrli zu organisieren. Nein, vor allem muss er seine Stammtischgenossen umfassend über die bevorstehende Expedition informieren. Schließlich sind sie darüber in Kenntnis zu setzen, welchen Gefahren und Risiken die Familie Machtniks entgegengeht. Und dass diese sich bei Jens in guter Obhut befindet. Zudem legt er ihnen ausführlich dar, mit welcher Perfektion er die Sprache der nordischen Eingeborenen beherrscht.

Und da Jens Machtniks alles, was er tut, mit dem Ziel entsprechender ›Außenwirkung‹ anpackt, hat er gemeinsam mit Fridolin einen entsprechenden Rap verfasst, den er des Öfteren gefragt und ungefragt zum besten gibt: »Nach Sohmi geht die Reise, doch Furcht müsst ihr nicht haben! Jens ist so klug und weise, mit ihm müsst ihr nicht darben! Er schützt euch vor Gefahr, das ist euch sicher klar!«

Man könnte zwar denken, dass er in einem Alter ist, in dem Rap nicht mehr unbedingt zur Erstwahl im Musikrepertoire gehört. Doch ich gebe zu bedenken, welche Beweise seiner ›Reife‹ Jens allein in der jüngeren Vergangenheit erbracht hat. Da ist seine jugendliche Selbsteinschätzung in Bezug auf das passende Musikgenre beim Texten und Komponieren ein eher kleineres Übel.

So sind also alle eifrig beschäftigt. »Schließlich fährt man nicht ständig in derart unerforschte, fremdartige Länder wie Finnland!«, wie es Jens ausdrückt.

Und endlich, endlich ist Tommis letzter Schultag gekommen. Genauer gesagt: Es ist wohl der letzte Unterrichtstag vor den Sommerferien für Tommi, nicht jedoch für die anderen Schüler seiner Schule. Denn Thomas Machtniks erhielt durch intensiven Einsatz seines Herrn Papa ausnahmsweise den letzten Tag vor den Ferien frei! Und dies aus besonderem Grund:

Claudia und Jens statteten Opa Karl einen Besuch im Altersheim ab. Die Unterhaltung plätscherte dahin, Opa Karl segelte zum fünften oder sechsten Mal während des Gespräches mit seiner lieben Ehefrau Mathilde »quer übern Sund«. Und stellte unvermittelt die interessierte Frage, wann Claudia, Jens und die Kinder nun nach Finnland abreisen würden. Sein Erinnerungsvermögen ist eben trotz seines gesegneten Alters in mancher Hinsicht immer noch phänomenal, und so war ihm bewusst, dass eine längere Urlaubsreise in den Norden anstand.

Diese unschuldige Erkundigung unseres Seniors allerdings zeitigte einige Verwirrung! Jens gab nämlich zur Anwort: »Wir starten hier am Samstagmorgen, unser Schiff fährt ja erst am Nachmittag um drei.« Da stellte sich allerdings zum allseitigen Schrecken heraus: Jens Machtniks hatte die Schiffspassage so gebucht, dass die Anreise nach Travemünde zum Hafen *freitags* erfolgen musste. In den Reiseunterlagen stand zwar eindeutig der Sonnabend als Abreisetag. Claudias liebster Ehegatte, dieser Bursche, hatte in seiner Zerstreutheit aber nicht verstanden, dass eine Abfahrtszeit samstags um drei Uhr bedeutet, dass das Schiff in der Nacht von Freitag auf Samstag in See sticht und nicht am Sonnabendnachmittag ...

»Was tun?« sprach Zeus in Gestalt unseres genialen »HERRN Jens«. Den letzten Schultag vor irgendwelchen Ferien unterrichtsfrei zu bekommen, dazu bedarf es schon triftiger Gründe. Jens kennt aber in solchen ›Notsituationen‹ keinerlei Hemmungen. Wirklich keinerlei! Auch nicht andeutungsweise! Ganz davon zu schweigen, dass er auch nur im Entferntesten auf den Gedanken käme, welches Vorbild er für seine Kinder ist ... ›Not kennt kein Gebot!‹, ist in solchen Fällen sein Wahlspruch.

Unser treusorgender Familienvater kramte daher seinen besten dunklen Anzug aus dem Kleiderschrank, ebenso ein strahlend weißes Hemd und die schwarze Krawatte, die er noch von Tante Mathildes Beerdigung aufbewahrt hatte. Polierte seine Lederschuhe auf Hochglanz. Und malte mittels Kajal schwarze Schatten unter seine Augen. So rausgeputzt erschien er dann geschniegelt und gestriegelt in Tommis Gymnasium und eröffnete dem überraschten Schulleiter mit

Leidensmiene: »Meine finnische Urgroßtante ist verstorben. Und wir sind die einzigen lebenden Angehörigen. Müssen also unbedingt dahin, zwecks Trauerfeier und Organisation. Ich beantrage daher hiermit Freistellung meines Sohnes am letzten Tag vor den Ferien. Es gibt keine anderen Reisetermine. Sie haben doch sicher nichts dagegen?!«

Der Direktor ist ein wahrhaft gutherziger Mensch, ich kenne ihn persönlich. Aus diesem Grund vermied er rücksichtsvoll und klugerweise jede Befragung von Thomas zum Thema ›abgelebte Tante‹. Ließ sich das Ganze lediglich schriftlich von Jens bestätigen und erteilte sodann die Genehmigung. Das fiel ihm auch insofern nicht so schwer, als Tommi ein guter Schüler ist.

Das also ist der Hintergrund für den vorzeitigen Ferienbeginn von Tommi. Claudia übrigens hielt sich aus der ganzen Aktion heraus. Weigerte sich konsequent, auch nur den geringsten Beitrag zur Lösung der Terminproblematik beizutragen, mit der Begründung: »Du, Jens, hast die Sache verbockt, jetzt bring' sie selbst wieder in Ordnung!« Verständlicherweise wollte sie mit einer Großtante, die das Zeitliche gesegnet haben sollte, auch nichts zu tun haben.

All diese Aufregungen jedoch sind jetzt Schnee von gestern. Denn: Heute ist der große Tag der Abreise. Die Kinder konnten während der vergangenen Nacht nicht schlafen, Jens ebenfalls nicht. Entsprechend verträumt schaut er in der ersten halben Stunde aus der Wäsche. Putzt sich mit Claudias Bürste die Zähne, statt seine eigene zu benutzen. Hält den Kamm mit den Zinken nach oben und wundert sich minutenlang, weshalb seine Haare sich nicht ordnen lassen und wirr vom Kopf abstehen. Dann behält er beim Ankleiden sein Schlafanzug-Oberteil an. Und dergleichen mehr. Dank der

Aufmerksamkeit seiner lieben, im Gegensatz zu ihm durchaus munteren und orientierten Ehefrau, wechselt er die Schlafanzugjacke dann doch noch gegen Unterhemd und Hemd ein. Er selbst wird erst beim Frühstücken allmählich wach.

Fridolin trifft pünktlich zur vereinbarten Uhrzeit ein. Wegen der doch recht langen Fahrt und der schon dargelegten Programmpunkte in Hamburg soll die Abreise früh von statten gehen: Sieben Uhr ist geplant. Es scheint so, dass alles zur vollen Zufriedenheit organisiert ist: Schnurrli ist in der Katzenpension, die Koffer sind gepackt, die Reisedokumente hat – sicherheitshalber – Claudia in Verwahrung genommen.

Frau Kertsenwax von gegenüber nimmt die Schlüssel. Sie soll die Blumen gießen, den Briefkasten leeren und auch ansonsten nach dem Rechten schauen. Jens führt Alfons Kertsenwax noch rasch durch Garage und Schuppen: Er zeigt ihm, wo der Rasenmäher steht – falls Alfons auf die Idee kommen sollte, den Machtniksschen Rasen zu mähen ... Und wo die Heckenschere zu finden ist – Alfons könnte ja ein Trimmen der Ligusterbüsche zu Schnatzingers Garten hin für erforderlich halten ... Schubkarre und Spaten sind ebenfalls im Garagenanbau – für den Fall, dass Alfons Lust bekommt, das Gemüsebeet zu bearbeiten. »Nötig wär's«, teilt Jens Machtniks seinem Begleiter fürsorglich mit: »Es ist, glaub' ich, schon zwei Jahre lang nicht mehr umgegraben worden. Aber selbstverständlich sollst du dich nicht gedrängt fühlen, Alfons!« Zu guter Letzt führt Jens noch rasch Claudias Fahrrad vor, das im Schuppen still und unverzagt vor sich hin rostet: »Ist das nicht schrecklich? Das müsste dringend mal entrostet und geölt werden. Schau dir nur die Kette an! Das Claudia kümmert sich überhaupt nicht drum. Dabei stehen da im Regal Rostlöser und Öl!«

Als krönenden Abschluss der Instruktionen führt Jens Alfons in einen Nebenraum der Garage. Da ist wohlverpackt und verschnürt das schon erwähnte Jenssche Meisterstück untergebracht: der mechanische Nikolaus. In Lebensgröße. Ist allerdings immer noch nicht fertiggestellt, obwohl er Jens schon seit mehreren Jahren beschäftigt. Für unseren genialen Erfinder ist dieses Ungetüm heilig, und so stellt er unmissverständlich klar: »Hier hast du nichts zu suchen, Alfons! Das ist mein Forschungslabor, das bei unsachgemäßem Gebrauch jederzeit in die Luft fliegen kann!« Der gute Alfons Kertsenwax gehört, ich muss es gestehen, nicht unbedingt zu den Leuchten der gehobenen Intelligenz. Er ist total verschüchtert und verlangt umgehend den Verschluss des Raumes mit offizieller Versiegelung. Den Schlüssel soll Jens mitnehmen und im Meer versenken, wo es am tiefsten ist, fordert er. Jens kann ihn jedoch dahingehend beruhigen, dass keine akute Gefahr besteht, solange der Raum geschlossen bleibt. Was Alfons denn auch hoch und heilig verspricht.

Während Freund Jens also in aller Ausführlichkeit Alfons mit den Geheimnissen des Machtniksschen Einfamilienhauses bzw. dessen Anbauten vertraut macht, ist Fridolin damit beschäftigt, den Bus zu beladen. Pflichtbewusst, unermüdlich und gewissenhaft verstaut er Koffer und Taschen, Bierkästen und Rettungsringe (typische Vorsorgeidee von Jens), Plüschtiere und Angelruten, die Einzelteile von Viivis Webstuhl (sie hatte darum gebeten, ihn mit nach Finnland zu bringen, weil sie und Detti in ihrem Auto keinen Platz dafür fanden), Mattis ›Grasfressmaschinchen‹, ein aufblasbares Gummiboot mit den Ausmaßen eines Kleinwagens, Mäntel und Regenschirm, das fernsteuerbare Modell-Feuerlöschboot von Thomas und tausenderlei weitere Dinge in seinem Vehikel. Hat sogar ein

Netz besorgt, das ein Herumsausen der Gepäckstücke im Fahrzeug verhindern soll.

Die Verladearbeiten nähern sich dem Ende. Claudia hat alle Siebensachen vollständig angeschleppt, Fridolin das Ganze, wie beschrieben, im Bus eingeräumt. Lediglich eine Kühltasche mit Proviant für unterwegs muss noch untergebracht werden. Das Ehepaar Kertsenwax ist inzwischen wieder in seinem Eigenheim verschwunden. Und wer erscheint endlich und bis obenhin angefüllt mit Tatendrang auf der Bildfläche?

Exakt! Jawohl, Jens Machtniks taucht auf, scheinbar aus dem Nichts, schnappt sich die Fressalien und deponiert sie vorne, zu Füßen des Beifahrers. Und kann so mit Fug und Recht von sich behaupten, beim Beladen des Vehikels mitgeholfen zu haben. Eine Bemerkung, die er in den folgenden Stunden auch mehrfach äußert.

Na gut. Claudia ist nochmal durchs Haus gegangen, hat geprüft, ob Fenster, Terrassen- und Kellertür gut verschlossen sind. Der Gasherd ist abgestellt, im Kühlschrank befindet sich nichts, was verschimmeln könnte. Zufrieden schließt sie das Haus ab. Für Garage und Schuppen ist Jens zuständig. Tommi sitzt schon im Bus, kann kaum erwarten, dass es endlich losgeht. Silke spielt noch mit ihrem Ball in der Einfahrt. Tut so, als ob ihr keinesfalls bewusst ist, dass nunmehr die ›Kindersitzaktion‹ folgt. Claudia holt tief Luft, schnappt sich ihr Nesthäkchen und los geht's.

Aber: Wo ist Jens, »HERR Jens?!« Sollte man es für möglich halten? Dieser ausgekochte Schlawiner hat sich im Anschluss an seine Taschenaktion tatsächlich wieder in seinen Schuppen verzogen, um »dringende, unaufschiebbare Dinge« zu erledigen. Das zumindest gibt er als Begründung für sein Verschwinden von sich, als er auf Claudias energisches Rufen hin dann doch erscheint. Silkchen wurde derweil, lauthals und markerschütternd schreiend, in ihrem Sitz vertäut und futtert nun zum Trost massenhaft Gummibärchen in sich hinein. Jens spricht ›beruhigend‹ auf Silke und Claudia ein: »Macht doch nicht so ein Theater, ihr beiden! Der arme Fridolin dreht ja noch völlig durch!«

Jetzt aber kann die Reise endlich losgehen. Fridolin steuert das Gefährt, Jens kommentiert sachkundig vom Beifahrersitz aus (Aha! Daher hat er die Provianttasche dort platziert ...) so ungefähr jede Kurve. Claudia lehnt ihren Kopf gegen das Seitenfenster, polstert ihn mittels eines Pullovers und versucht vergeblich, die Augen aufzuhalten. Tommi hört Musik vom Smartphone, Silke mampft unablässig Gummibärchen und achtet sorgfältig darauf, die Tüte so zu halten, dass ihr Bruder sie nicht erreichen kann. So sind alle beschäftigt.

Unsere Urlauber genießen die Fahrt im Sonnenschein, zügig kurvt Fridolin Richtung Norden. Jens ist unablässig am Plappern, Fridolin hört nur mit einem Ohr zu und hängt seinen Gedanken nach. Ihn beschäftigt das Thema einer Serenade für Mundharmonika und Schlagzeug, die er im Laufe der nächsten Wochen zu Papier bringen möchte. Claudia döst in der zweiten Reihe, Silke ist eingeschlafen, die Gummibärchentüte entglitt ihrer Hand, und Tommi tut sich in brüderlicher Unbeschwertheit an ihrem Inhalt gütlich.

Jens dreht sich um: »He, Claudia, hast du auch an alles gedacht?« Claudia schreckt hoch: »Klar, Mensch, ich hab' die Ausweise und alle Reiseunterlagen in meiner Handtasche. Und die lass' ich nicht aus den Augen. Hier, guck!« Sie greift neben sich: keine Handtasche da. Sie sucht unter ihrem Sitz: keine Handtasche vorhanden. Sie wühlt neben dem Vordersitz: nix Handtasche. Sie stülpt so ungefähr Silke mitsamt

Kindersitz um: Die Handtasche ist nicht existent. »Hast du die Tasche, Jens?!« Der weiß nichts von ihrer Handtasche. Claudia ist inzwischen am Rotieren: »Fahr' mal langsam, Fridolin, die Handtasche ist nicht dabei, mit allen Papieren! Die liegt bestimmt noch zu Hause auf dem Flurtisch! Wir müssen sofort umdrehen!« Fridolin erwacht aus seinen musikalischen Träumen und hält Ausschau nach der nächsten Ausfahrt; immerhin sind sie schon fast fünfzig Kilometer gefahren. Und da, Gott sei Dank, ist schon eine Abfahrt. Also kurzerhand zurück nach Hause, unter altklugen Kommentaren von Jens: »Siehst du, warum hast du die Sachen nicht mir gegeben. Jetzt müssen wir die ganze Strecke zurückfahren, wegen deiner Schusseligkeit.« Und so weiter und so fort. Claudia lässt ihn reden, sie kann sich immer noch nicht erklären, wie es passieren konnte, dass sie die Tasche zu Hause hat stehen lassen.

Plötzlich fällt ihr etwas ein. Und ihre Stimme klingt zwar leise, doch recht unheilschwanger: »Jens Machtniks, wo, bitte, ist der Proviant?« Jens ahnt noch nichts von drohender Gefahr. »Hier vorne bei mir. Du hast doch nicht etwa jetzt plötzlich Hunger? Wir sind noch nicht mal eine Stunde unterwegs!« Claudias Tonfall und Diktion werden deutlich schärfer und auch lautstärker: »Wer hat die Kühltasche denn da vorne hingestellt?« Jens versinkt zunehmend in seinem Sitz. Und tatsächlich, oben auf der von Claudia vorbereiteten Verpflegung liegt die Handtasche. Dick und breit liegt sie da. Nicht zu übersehen, wenn man das ganze ›Gebinde‹ nicht mit geschlossenen Augen oder total blind ergreift und ins Auto lädt ...

Jens reicht Claudia widerspruchslos die wertvolle, unersetzliche Tasche nach hinten. Es gelingt ihm sogar ein gemurmeltes »Tschuldigung.« Und Fridolin grinst seinem Cousin zufrieden und hemmungslos ins Gesicht. Die ehrliche Claudia ist jedenfalls verständnisvoll und fair, außerdem möchte sie keinen Streit und gibt daher zu: »Ich bin zwar sauer auf dich, Jens, weil du oft so verdreht bist, aber irgendwo bin ich ja auch schuld, weil ich nicht auf die Tasche aufgepasst hab'.« Und so sitzt Freund Jens rasch wieder aufrecht in seinem Sitz.

Logisch, dass Fridolin bei der nächsten Gelegenheit erneut wendet und jetzt wieder die nördliche Richtung nach Hamburg anpeilt. Alle sind richtig gut gelaunt, Claudia ist so erleichtert wegen des Handtaschenfundes, dass sie putzmunter die Landschaft genießt, während Jens sich daran begibt, den Inhalt der Provianttasche zu erkunden. Bald liegt Kassel hinter ihnen, sie düsen an Göttingen vorbei und erreichen gegen halb elf die nördlichen Harzausläufer. Claudia setzt gegen Jens' Widerstand eine halbstündige Pause durch, die überraschenderweise ohne größeren, erwähnenswerten Zwischenfall abläuft. Bis auf eine Kleinigkeit: Silkchen stimmt, wie zu erwarten, ihr Terrorgeschrei an, als sie zurück in den Kindersitz muss. Aber das lässt den Rest der Familie dieses Mal kalt, sie sind irgendwo am Waldrand: Hier stört Silkes Gezeter nicht weiter. Und der Protest ist nur von kurzer Dauer, nachdem niemand besonders darauf reagiert!

Nach dieser Rast übernimmt Jens das Steuer. Mit lässiger Miene erklimmt er den Fahrersitz: »Jetzt zeig' ich dir mal, Frido, wie man professionell Auto fährt!« Fridolin bleibt sicherheitshalber erstmal draußen stehen, denn sein großmäuliger Cousin muss den Bus wenden. Und damit handelt unser Mundharmoniker klug: Nur mit energischem Faustgetrommel an der Heckscheibe und lautstarkem Protest kann er den Superfahrer gerade noch daran hindern, eine Pappel am Waldrand mitzunehmen.

Nun könnte man auf die Idee kommen, dies würde den selbsternannten Reiseleiter Jens wenigstens in geringem Maße inkommodieren. Doch diese Idee wäre eine gründliche Täuschung: Jens Machtniks setzt sich lediglich in seinem Fahrersitz bequem zurecht und teilt Claudia und Fridolin gutgelaunt mit, sie sollten jetzt den Schnabel halten, weil er sich auf die Straße konzentrieren müsse. Diese freundliche Aufforderung veranlasst Fridolin zu der Bemerkung: »Ach du liebes Lieschen, Jens. Hoffentlich kommst du nicht sofort von der Fahrbahn ab, wenn ich etwas Mundharmonika spiele. Falls du großzügigerweise gestattest!« Damit zieht er stante pede sein geliebtes Instrument aus der Tasche, um verträumt vor sich hin zu trällern. Jens nickt nur gönnerhaft, er hat momentan keine Zeit für ausführlichere Stellungnahmen.

Mithin braust ein orange-grüner Kleinbus, konsequent die Mittelspur nutzend, gen Hamburg. Am Steuer ein hochkonzentriertes männliches Wesen mit wirrem Haarschopf, neben ihm ein Mundharmonika blasender Mensch mit schwärmerischem Gesichtsausdruck. Dahinter erkennt man flüchtig weitere Mitreisende in der zweiten Reihe. Der gesamte

Heckraum des Busses ist bis unters Dach vollgestopft mit allen möglichen Gepäckstücken, einschließlich einem riesenhaften, knallrot Gummiboot.

Und siehe da: Die Uhrzeiger stehen fast auf zwei am Nachmittag, als besagtes Gefährt die Hamburger Stadtgrenze überquert. Dem früheren Befehl unserer gestrengen Claudia gehorchend, hat jetzt Fridolin den Vorsitz inne, will sagen, er sitzt am Steuer. An seiner Seite: Chefeinweiser Jens, mit Stadtplan auf den Knien, denn Fridolins Bus verfügt nicht über ein Navigationssystem (es sei denn, man betrachtet Jens als solches ...). ›Irrtumssicher‹ schickt der unsere Reisegruppe drei Mal um die Binnenalster, schimpft vehement über diverse Einbahnstraßen, die, na klar, stets in der völlig falschen Richtung verlaufen. Rauft sich pausenlos die Haare, weil Fridolin ohne Ausnahme schon längst über die Kreuzungen weg ist, die sein Navigator unter Aufbietung aller seiner längst abhanden gekommenen Orientierungssinne soeben auf dem Plan sucht. Und dreht völlig durch, als sie irgendwann nach halb drei Uhr im Nordwesten Hamburgs gelandet sind, während ihre Zieladresse im Nordosten liegt ...

Jedoch: Alles nimmt einmal ein Ende, wenn auch nicht, wie im vorliegenden Fall, immer ein gutes: Gerade rechtzeitig zum Termin unseres total ausgepowerten Jens treffen sie vor Michaels Friseursalon ein. Finden sogar einen Parkplatz, und Minuten später stehen Claudia und die Kinder allein im großen Hamburg. Es wurde vereinbart, dass um spätestens sechs Uhr am Abend nach Travemünde zum Skandinavienkai aufgebrochen werden soll. Jens ruht bequem, alle Viere von sich gestreckt, in Michaels Haarschneide-Sessel und gibt sich behaglich einer Kopfmassage durch Michaels neue, attraktive Freundin hin. Fridolin dagegegen hat sich ungesäumt zu seiner Musikalienhandlung aufgemacht. Claudia findet glücklicherweise schon bald ein originelles Café mit Kinderspielecke, noch dazu direkt an einem Spielplatz. Tommi verzieht allerdings beim Anblick von Schaukel und Rutschbahn angewidert sein Gesicht: Mit elf Jahren muss man so was eben schauderhaft finden – erst im gesetzteren Alter, so ab fünfzig oder sechzig, bekommt Schaukeln wieder seinen Reiz ... Zu Claudias Erleichterung entdeckt sie einen nahegelegenen Comicladen, in dem Tommi verschwindet.

Die Zeit vergeht. Nach diversen Latte macchiato für sich selbst, Kakaos für Silke und Cola für Thomas strebt Claudia Fridolins Bus zu. Sie quälen leise Zweifel, ob Fridolin, der virtuose Maestro der Mundharmonika und Jens, der ebenso routinierte Meister quergestrickter Gedankengänge, zur festgelegten Zeit zur Stelle sein werden.

Da taucht das mehrfach vorgestellte orange-grüne Gefährt auf. Und, es ist wirklich wahr: Eine durchaus nennenswerte Zuschauermenge schart sich um den Bus. Dessen Beifahrertür steht weit offen, und aus dem Inneren erklingt ein Mischmasch unterschiedlichster Melodien. Darunter sind auch zünftige Seemannslieder. Die Erklärung: Fridolin ist wirklich schon vor fast einer halben Stunde eingetroffen und hat unverweilt mit einer Konzert-Darbietung begonnen. Dabei hat er auch seine neu erworbenen Noten ausgepackt und flötet unter anderem mehr oder weniger fehlerfrei Matrosenlied-Melodien und Shanties. In Nullkommanix war er der unumstrittene Mittelpunkt der Straße, sogar aus dem nahegelegenen Friseurgeschäft von Michael strömten die wartenden Kunden, um dem Straßenkünstler zu lauschen. Fridolin strahlt und schwebt im siebten Himmel. Einen glanzvolleren Reisebeginn konnte er sich nicht vorstellen! Er hört nicht mehr auf, seine Kunst zum Besten zu geben, selbst die Ankunft von Claudia und den Kindern ist ihm nur ein flüchtiges Kopfnicken wert. Er genießt die Ovationen, die ihm entgegenbranden, in vollen Zügen.

Plötzlich drängt sich ein besonders temperamentvoller Zuhörer durch die Menge, frenetisch applaudierend, unter »Hoch«- und »Vivat«- und »Zugabe«-Rufen. Gebärdet sich geradezu fanatisch und reißt alle Umstehenden mit in einen Strudel der Begeisterung. Fuchsrote Locken, durch die sich ein buntes Band windet, zieren seinen Kopf. Die Haare flattern wild um sein Haupt, wallen hernieder auf seine Schultern. Unter weiteren Beifallsbekundungen zieht er einen Geldschein aus der Tasche und legt ihn in die geöffnete Pappbox, aus der Fridolin vorher eine seiner Mundharmonikas entnommen hatte. Der bläst munter weiter, hat offenbar weder den Fan noch den Obolus realisiert. Und jetzt greifen auch andere aus der Zuschauerschaft ins Portemonnaie und legen Münzen und Scheinchen dem Musikanten zu Füßen ...

Claudia und die Kinder stehen staunend dabei. Insbesondere unsere tugendhafte, achtbare Ehefrau und Mutter wirkt leicht verstört: Irgendwie kommt ihr dieser langhaarige Freak da vorne bekannt vor. Und wahrhaftig! Der trägt ganz eindeutig dieselbe Kleidung wie ihr Ehegatte Jens! Kann das möglich sein?

Es ist möglich, ja, es ist nicht nur möglich, sondern unumstößliche Tatsache: Dieser durchgedrehte Fanatiker da vorne bei Fridolins Kleinbus könnte rein kleidungsmäßig ein Zwilling unseres Jens sein. Und bei näherer Betrachtung stimmen gar die Gesichtszüge mit denen von Fridolins Cousin überein!

Claudia begreift nur langsam: Das *ist* Jens, ›HERR‹ Jens! Sie starrt entgeistert auf die Szene. Was hat der Verbrecher

Michael mit den Haaren dieses Chaoten angestellt? Sie muss sich zusammenreißen, um nicht sofort auf ihren offensichtlich geistig umnachteten Ehemann loszustürzen. Es würde zu einem peinlichen Eklat kommen, wenn sie jetzt kundtut, dass dieser Pomadenaffe ihr Mann und der Cousin des Musikers ist.

Aus diesem Grund bedeutet sie Fridolin eindringlich, sein Konzert zu beenden. Muss dabei allerdings sehr ausdauernd winken, denn der ist so in sein Mundorgelspielen versunken, dass er die Umgebung nur schemenhaft wahrzunehmen scheint. Endlich kapiert er ihre Zeichen und legt sein Instrument zur Seite, woraufhin sich die Schau- und Hörlustigen zerstreuen, nicht ohne nochmaligen donnernden Applaus.

Jens grinst seine Sippe ungeniert an: »Da staunt ihr, was? Und, Silkchen, wie findest du deinen Papa mit seiner schicken neuen Frisur?« – »Blöd, Papa!« Jens ist pikiert: »He, Frechdachs! Sagt man so was zu seinem Papa?« – »Wenn's aber stimmt!« Jens startet einen neuen Versuch: »Tommi, was meinst du?« – »Blöd!« Oho! Beide Kinder sind einer Meinung! »Und du, Claudia?« Die legt los: »Blöd, Jens! Die Kinder haben völlig recht! Und was fällt euch beiden ein, hier einen auf Straßenmusikanten zu machen. Und du, Jens Machtniks, ziehst den Leuten auch noch Geld aus der Tasche! Fridolin, das hätte ich nicht von dir gedacht!« Musikus Fridolin wehrt sich vehement: »Ich hab' doch gar nichts davon gewusst!«

Claudia kommt langsam aber sicher in Fahrt: »Auf der Stelle gehen wir jetzt zu Michael! Diese Haare und Frisur bleiben auf gar keinen Fall so!« Sie strebt wie wild geworden dem Eingang von Michaels Salon zu, ohne weiter auf ihren Ehegatten zu achten. Reißt die Tür auf, stürmt gleich einer Rachegöttin auf den völlig verdatterten Michael zu und – oh, wenn Blicke töten könnten ... »Sag' mal«, herrscht sie den erschrockenen Figaro ohne jede Begrüßung an, »bist du noch ganz bei Trost? Sofort entfernst du diese Farbe aus Jens' Haaren! Und die Frisur wird auch geändert! Eine Frechheit, sowas!«

Gut, dass keine weiteren Kunden im Geschäft sind! Sonst würden Michael und seine perplexe Freundin diesen Zornesausbruch wohl nicht mit so stoischer Gelassenheit hinnehmen. Und dann: Sie bekommen einen regelrechten Lachanfall. Vor allem Michael. Lacht sich schief und krumm, der respektlose Bursche! Was nicht direkt zur Verbesserung von Claudias Laune beiträgt, um es dezent auszudrücken.

Ja, ja. Während Michael sich vor unbändigem Lachen so ungefähr in Krämpfen windet, deutet er mit ausgestrecktem Arm zur Eingangstür. Als Claudia endlich zu begreifen beginnt und sich umdreht, was sieht sie da? Jens! Jens mit schicken, blonden, kurzen Haaren! Wedelt mit einer roten Perücke in der Luft herum und kriegt sich nicht mehr ein vor Vergnügen. Befreiendes Kichern und Grinsen nun auch bei Fridolin, Thomas und Silke. Endlich beginnt es auch in Claudias Gesicht zu zucken, und zu guter Letzt ist Michaels Geschäft mit allgemeinem Gelächter erfüllt.

War es den beiden doch mit dem Kunsthaarbalg hervorragend gelungen, Claudia und die weitere Sippschaft so richtig an der Nase herumzuführen. Für Jens war diese Geschichte ein wahrer Hochgenuss. Viivi und Detti berichteten mir, dass die Machtniks kaum in Finnland auf dem Sommerhaus-Grundstück der zwei eingetrudelt waren, als Jens auch schon diese Anekdote zum Besten gab.

Abschließend sei noch kurz erwähnt: Auch die eigentlich ungehörige Sammelaktion von Jens fand ein für Claudia annehmbares Ende. Denn Jens und Fridolin nahmen das zusammengeschnorrte Geld, immerhin die erstaunliche Summe von zweiundfünfzig Euro, und Michael füllte das Ganze auf hundert Euro auf. Gemeinsam mit Silke und Tommi brachten sie es anschließend zu einem Obdachlosenheim nur wenige Straßen weiter und überreichten es dort dem Leiter der Einrichtung. Ohne großes Tamtam, trotz Anwesenheit von Jens! Was einmal mehr belegt, dass er ein gutes Herz hat, bei aller Verschrobenheit.

Die Uhr zeigt wenige Minuten vor sieben, als unsere Reisegesellschaft Coiffeur Michael und seine Lebensgefährtin in Hamburg verließen. Der Berufsverkehr ist gottlob größtenteils vorbei, und da sie im östlichen Bereich Hamburgs starten, sind sie relativ rasch auf der Autobahn in Richtung Lübeck. Die Stimmung ist deutlich aufgekratzt, Jens darf wieder am Steuer sitzen, Fridolin unterhält die versammelte Mannschaft mit einem Potpourri aus Schlagermelodien. Das ist zwar nicht unbedingt das von ihm bevorzugte Musikgenre, aber wie hat er beim Einsteigen so treffend gesagt? »Ich bring' halt das, was das Publikum will.«

Es ist womöglich der Eindruck entstanden, Fridolin beherrsche seine Mundharmonika in absolut virtuoser Manier. Er selbst ist wohl auch dieser Meinung. Und tatsächlich hat er auch ein gewisses Repertoire an Stücklein, die ihm wirklich gut gelingen. Sein ›Open-Air-Konzert‹ aus dem Bus heraus, zum Beispiel, bestand in weiten Teilen aus solchen Werken, wenn er auch immer mal wieder eine der Matrosenweisen aus den frisch erstandenen Notenheften präsentierte. Generell aber muss ich gestehen, dass sich seine Mundharmonikakünste noch ›im Aufbau‹ befinden. So kommt es gelegentlich vor, dass er seine Zuhörer, besonders die des engeren Familienkreises, bitten muss, die höheren Töne des jeweiligen musikalischen ›Glanzstückes‹ zu singen, da sie außerhalb seines blastechnischen Leistungsspektrums liegen.

Doch das stört in der Regel weder unseren Künstler noch seine Zuhörerschaft.

Zurück zur Anreise nach Travemünde. Gut, dass es auch auf der Autobahn nach Lübeck drei Spuren gibt. So kann Jens Supermann auch hier die mittlere davon für den orange-grünen Flitzer mit Beschlag belegen. Die Sonne senkt sich zunehmend und färbt den Himmel mit wunderbaren, abendroten Farben. Claudia ergreifen romantische Gefühle, die sie natürlich auch ihren Lieben mitteilen möchte: »Schaut mal, ist das nicht herrlich?! Wenn man ein Bild in diesen Farben malen würde, würde jeder sagen: Wie kitschig! Dabei ist es wirklich so!« Jens stimmt zu – und weckt seine schwärmerische Angetraute aus ihren Träumen: »Jou, ist fast so rot wie die Perücke von vorhin.«

Fridolin, etwas einfühlsamer strukturiert, stimmt ›Wenn bei Capri die rote Sonne im Meer versinkt ...‹ an. Silke und Tommi sind nach der langen Fahrt und den aufregenden Ereignissen des heutigen Tages leicht weggetreten und reagieren nur mit einem Gähnen.

Schließlich und endlich taucht der Skandinavienkai vor ihnen auf. Und wiewohl die Kinder müde sind, bekommen sie doch große Augen, als sie die riesigen Fracht- und Passagierschiffe in den Hafenanlagen entdecken. Mit ihren unzähligen Lichtern in der Dämmerung sehen sie für unsere Landratten auch wirklich faszinierend aus. Selbst Fridolin vergisst seine Mundharmonika, und alle starren gebannt auf die ausgedehnten Hafenanlagen, das Meer, die Bucht und die Hafenausfahrt mit dem hell erleuchteten Hochhaus an der Mole.

Jens allerdings ist mehr und mehr am schwitzen und nähert sich scheinbar unaufhaltsam einem Nervenzusammenbruch: »Fridolin, wo müssen wir denn jetzt hin? Guck doch mal, da steht ›Trelleborg‹ ... da ›Gdansk‹ ... ach, da ›Helsinki‹ ... Idiot, hör' auf zu hupen da hinten ... welche Spur muss ich denn nehmen? Geht's da rein? ... Hast du die Papiere, Claudia? ... Fridolin, pass doch mal mit auf! Da steht einer, der will anscheinend die Papiere sehen.« Unser Meisterfahrer hält an, nachdem er dem Hafenkontrolleur an der Einfahrt fast über die Füße gefahren ist. Gott sei Dank konnte der gerade noch rechtzeitig zurückspringen. Jens reicht die Unterlagen durchs Fenster, erhält die Kabinennummern und die Anweisung, auf welcher Spur er bis zur Einfahrt ins Schiff parken soll. Ganz klar: Bei ihm geht das nicht reibungslos ab.

»Warum hupt denn dieser Blödmann hinter uns dauernd? Ach so, das ist anscheinend die Spur für Lkw, pass doch auf Fridolin, wo du mich hinschickst!« – »Ich hab' doch überhaupt nichts gesagt!« – »Eben, Mensch! Da, auf dem Schild ist ein Pkw, da fahr' ich jetzt hin ... Was hat der Typ beim Reinfahren gesagt? Spur C? Ich seh' kein ›C‹! Ich seh' nur ›A‹ und ›B‹. Ach, da ist ›C‹! Seid doch endlich mal still, Kinder!« Tommi und Silke haben, nur mal so nebenbei bemerkt, bisher überhaupt noch keine Silbe von sich gegeben, dazu sind sie viel zu gespannt.

Wie sich dieser Beschreibung unschwer entnehmen lässt, leistet Jens Machtniks da im Hafen eine Mordsarbeit, die allerhöchste Konzentration von ihm erfordert. Ist zweifellos nachvollziehbar, wenn man sich die Situation vor Augen führt, dass er erstmalig hier ist.

Na gut. Nun also stehen unsere Finnlandreisenden erstmal in der Warteschlange. Die Zeit vergeht. Leider aber sehr langsam. Langsam. Langsam. Endlich, es ist fast Mitternacht, werden Lkw und Trailer auf das Schiff gefahren, dann folgen die Pkw. Und wie es so ist: »Immer fahren die aus der Reihe da drüben rein, wir kommen nie dran!« Jens ist entnervt. Claudia bremst seinen Frust: »Ist doch egal, Jens, wir haben doch unsere Plätze, die fahren schon nicht ohne uns!« Thomas und Silke schlummern friedlich auf dem Rücksitz, Fridolin weilt ebenfalls im Land der Träume, seine Mundharmonika ist ihm entglitten.

Und endlich, quasi als Letzte, werden unsere Freunde eingewunken, und das orange-grüne Vehikel verschwindet im Bauch des ›Ozeanriesen‹. Fridolin schwitzt Blut und Wasser, wie man so schön zu sagen pflegt, bis sein Bus so steht, wie die Einweiser es verlangen. Kaum lassen sich die Türen noch öffnen, so eng werden sie eingeparkt. Und auch der Gang zu den Kabinen gestaltet sich recht abenteuerlich, dank des bemerkenswert unterentwickelten, nichtsdestoweniger exzessiv ausgelebten Jensschen Orientierungssinns. Schließlich, nach einigen Irrwegen, bei denen Jens seine Meute auch versehentlich mal kurz in die Mannschaftsräume führt, finden die Reisenden sogar ihre Kabinen ... Bald liegen sie in ihren Betten und schlummern einem neuen Tag und neuen Taten entgegen. Was wird die Überfahrt ihnen wohl an Aufregungen und Erlebnissen bringen?

13 Der Kapitän

Unsere Nordlandreisenden können wahrhaftig nicht mit Petrus hadern: Bei strahlendem Sonnenschein und ruhiger See gleitet ihr Schiff durch die Wellen. Selbst Claudia, die ursprünglich mit Ängsten und Abneigung an die Überfahrt per Schiff nach Finnland dachte, liegt heute Morgen entspannt auf Deck im Sonnenstuhl und lässt sich bräunen. Die Kinder sind mit Jens auf Entdeckungstour unterwegs, wobei Claudia ihrem Ehegespons intensiv eingebläut hat, besonders auf Silke ein Auge zu haben. Als besorgte Mama wird sie von der Fantasie geplagt, Silkchen könne durch die Reling rutschen. Fridolin ist seit dem gemeinsamen Frühstück verschwunden, vermutlich hockt er in seiner Kabine und komponiert ...

Apropos ›Frühstück‹: Die hundemüde Familie Machtniks schlummerte in der Nacht schon wenige Minuten nach Erreichen der Kabine ein. Obwohl Tommi und Silke erwartungsvoll mit aufs Schiff gefahren waren, hat sie dann doch binnen kurzem die Müdigkeit übermannt, und so verkrochen sie sich rasch in ihre Betten. Claudia fühlte ebenfalls ein starkes Bedürfnis nach Schlaf und legte sich bald nieder. Nur Jens strotzte nur so vor Energie. Allerdings blieben seine Überredungskünste, doch noch mit nach oben zu gehen und von Deck aus das Ablegen des Schiffes zu beobachten, sowohl bei Claudia als auch bei Fridolin erfolglos.

Demgemäß genoss Herr Reiseleiter einsam und alleine die Ausfahrt aus dem Hafen und hing seinen tiefschürfenden Gedanken nach. Die bestanden darin, dass er intensiv überlegte, wie er den morgigen Tag auf See sinnvoll nutzen könne.

Doch ich wollte ja vom Frühstück unserer Reisegruppe berichten.

Bestimmt ist es keine besondere Überraschung, dass alle schon in der Frühe hellwach und ausgeschlafen in der Kabine herumfuhrwerken. Zu aufregend ist eine Seereise, besonders, wenn man sie erstmalig erlebt, als dass man bis in die Puppen schlafen könnte. Daher sind alle schon frühzeitig auf den Beinen. Alle, bis auf Jens. Der zieht sich die Decke über den Kopf und motzt, er habe eine anstrengende Nacht hinter sich. Also hört man sein unwilliges Gemaule: »Ich komm' später nach!« Doch das ungestörte Weiterschlafen ist ihm leider nicht vergönnt. Dazu ist der zur Verfügung stehende Raum im Machtniksschen Schiffsquartier definitiv und entschieden zu klein. Insbesondere, wenn eine Fünfjährige und ein Elfjähriger darin ›enthalten‹ sind. Oh, Pardon, Silkchen, ich berichtige umgehend: eine Fast-Sechsjährige und ein Elfjähriger ...

Jens beginnt zwar ostentativ zu schnarchen wie ein Weltmeister, aber das hilft ihm, wie man so schön sagt, ›nicht die Bohne‹. Silke turnt pausenlos auf ihm herum, Tommi quengelt unablässig, er habe Hunger, Claudia föhnt energisch ihre Haare. Aus der Nachbarkabine zur Linken tönen wohlvertraute Mundharmonikaklänge und seltsame Klapper- und Rasselgeräusche, während die (noch) unbekannten Bewohner der rechts gelegenen Kajüte höchst ungehalten an die Wand donnern und herrisch »Ruhe!« heischen. Als dann auch noch über Bordlautsprecher verkündet wird, das Frühstück werde auf Deck 11 serviert, hängt Jens unwillig seine Beine aus dem Bett. Wobei er bei dieser Gelegenheit Claudia fast k.o. schlägt und selbst beinahe aus seiner Koje fällt ... Zünftig und jugendfrisch nämlich, wie »HERR Jens« sich fühlt, hatte er in der Nacht das obere der beiden Etagenbetten erklommen, hat aktuell jedoch diesen Umstand schlicht vergessen. Seine unter ihm auf der Bettkante sitzende Ehefrau dankt ihm diese überraschende Morgen-Kopfnuss mit einem nicht unbedingt liebevollen Klaps mit der Haarbürste auf seine Großzehe ... So also hat jede und jeder seinen Spaß beim Aufstehen.

Während Jens sich an sein Tagewerk begibt, soll heißen, sich in Schale wirft, startet der Rest der Familie schon mal Richtung Restaurant zum Frühstück. Fridolin wird noch rasch eingesammelt – er ist schon seit geraumer Zeit wach, hat seit etwa einer Stunde, seiner Meinung nach dezent, unter der Bettdecke ›mundharmonikaisiert‹, um seinen Mitbewohner und die Nachbarn nicht über Gebühr zu belästigen. Wie es das Glück will: Mit ihm in der Kabine haust ein junger Mann aus Großbritannien. Und: Ich könnte die Frage, wer von den beiden der verrücktere Typ ist, nicht beantworten! Denn Fridolins Kajütgenosse hat zwar keine Mundharmonika dabei, dafür aber mehrere ›Regenmacher‹. Dieser Musikus ist in Bezug auf das Spielen derselben unzweifelhaft mindestens so fanatisch wie Fridolin mit seiner ›Mundorgel‹.

Demnach hocken die beiden beim Eintreffen von Claudia und Kindern auf ihren Schlafstätten und üben sich darin, ein gemeinsames Ständchen zuwege zu bringen: Mundharmonika plus ›Regenstab‹ ... Da haben wir die Erklärung für das erwähnte Rasseln und Klappern, das in der Machtniksschen Kabine neben den Harmonikaklängen zu vernehmen war.

Was lernen wir daraus? Wir lernen daraus, dass es eindeutig noch mehr Spinner auf der schönen weiten Welt gibt als die Mitglieder unserer Familie Machtniks.

Claudia, Fridolin, Tommi und Silke sitzen gemütlich und froh gestimmt am Frühstückstisch und schwelgen im reichhaltigen Angebot des Buffets. Der Blick aus den großen Fenstern, die rundum laufen, ist einmalig schön: blauer Himmel mit einzelnen weißen Wolken, azurnes Meer, in der Ferne ein, zwei andere Schiffe, wohl Frachter. Insbesondere Claudia, die ursprünglich Skeptische und Misstrauische, lässt sich's gut gehen und genießt behaglich die entspannte Atmosphäre. Tommi und Silke haben Berge von süßem Gebäck auf ihre Teller geladen, Fridolin kaut verträumt an einem Croissant und weilt in höheren Sphären.

Da stecken die Mitreisenden an den Nachbartischen plötzlich die Köpfe zusammen, ein Raunen geht durch den Saal, man hört ehrfürchtiges Gemurmel: »Das ist bestimmt der Kapitän!« Je nach Naturell ducken sich einige weg, um nicht gesehen und womöglich angesprochen zu werden. Andere nehmen Haltung an und sitzen kerzengrade, in der Hoffnung, das genaue Gegenteil zu erreichen: möglichst gar an den Kapitänstisch geladen zu werden. Die elegant in Reinweiß gekleidete Gestalt scheint das alles nicht zu registrieren, die Schirmmütze ist keck aufs linke Ohr gesetzt. Mit weltmännischer Routine und Nonchalance durchmisst der Schiffsoffizier die Tischreihen und steuert direkt auf Claudia, Fridolin und die Kinder zu.

Jawohl! Dieser flotte Bursche ist selbstverständlich nicht der Kapitän. Wie nicht anders zu erwarten, hat Jens nicht die Absicht, den Thron des absoluten Exzentrikers mit anderen zu teilen. Logischer Schluss: Also handelt es sich bei dem Goldbetressten um ihn, den Weltmeister im Albernsein und Faxenmachen.

Claudia glaubt in den Erdboden versinken zu müssen, so peinlich ist ihr diese Narrenposse. Auch Thomas und sogar Silke genieren sich wegen des Schauspiels. Fridolin dagegen ist so weggetreten, dass er sich im ersten Moment höflich von seinem Sitz erhebt und die Hände an die Hosennaht legt. Bis ihm zu Bewusstsein kommt, dass es sich bei dem schneidigen

Admiral um seinen leicht schnurrigen Cousin Jens handelt. Da überfällt ihn allerdings tatsächlich eine unbändige Lust, ihn so nebenbei mal kurz zu erwürgen … Derart aggressive Anwandlungen bedeuten bei Fridolins sprichwörtlicher Geduld und Ausgeglichenheit schon einiges! Doch unser Mundharmonikaner beherrscht sich.

Jetzt aber hat sich Claudia gefasst – und in Sekundenbruchteilen beschlossen, Jens diesmal so richtig auflaufen zu lassen: »Oh, guten Morgen, Herr Kapitän!«, tönt sie daher mit Süßholz raspelnder, dennoch erhobener Stimme. »Leider ist unser Tisch schon besetzt, wir warten auf meinen Mann. Er muss jeden Moment erscheinen. Aber wie ich sehe, ist bei den Damen und Herren dort am Nebentisch noch ein Stuhl frei.« Jens ist perplex: »Mensch, Claudia, ich bin's doch! Jens! Soll doch nur ein Jux sein!«, flüstert er. In seiner Stimme schwingt leise Verzweiflung mit. Damit kommt er aber bei Claudia nicht durch: »Sehr freundlich, Herr Kapitän! Ich bin sicher, Sie verstehen ...« Jens wird zunehmend nervös: »Claudia, bitte, mach' doch nicht so ein Theater!«

Heute kommt er jedoch an die Falsche. »Verschwinde augenblicklich woandershin, Jens!«, zischt sein holdes Eheweib leise, »sonst gibt's hier gleich eine richtige Szene!« Und Fridolin, Tommi und Silke hauen in die gleiche Kerbe: »Das ist ehrlich peinlich, Jens!« und »Mann, Papa!« und »Hu, hu, hu, Papi!« tönen sie, Gott sei Dank in gedämpfter Lautstärke.

Die Frühstücksgruppe am Nebentisch dagegen hat sich ehrfurchtsvoll erhoben und bittet höflich, bei ihnen Platz zu nehmen. Es sind offensichtlich etwas ältere Busreisende mit altersbedingt eingeschränktem Sehvermögen auf dem Weg zum Nordkap. Was also bleibt Jens übrig, damit er sich nicht bis auf die Knochen blamiert und zum Gespött macht? Er nimmt mit herablassender Miene den angebotenen Platz bei den älteren Herrschaften ein. Wird auch sogleich mit allerlei fachkundigen Fragen gelöchert.

Nun wäre Jens nicht Jens, ließe er sich die Gelegenheit entgehen, sein Ingenium zu beweisen. Und so kommen seine Gastgeber und Claudia samt Fridolin und Kindern in den zweifelhaften Genuss, einen falschen Kapitän in seemännischem Fachjargon (beziehungsweise, was er dafür hält ...) über nautische Fragestellungen referieren zu hören. Da werden dann so qualifizierte Dinge zur Kenntnis gebracht, wie: »Wissen Sie, es ist auch für uns Seeleute nicht leicht zu behalten: Ist backbord links und s-teuerbord rechts oder umgekehrt?!« Überaus verständnisvolles Gekicher im aufmerksamen Zuhörerkreis. Jens grinst: »Ich selbst weiß das nur, weil im ›back‹ kein ›Rrr‹ s-teckt, ebenso wie im ›links‹. Im ›s-teuer‹ dagegen gibt's ein ›Rrr‹, genau wie im ›rrrrechts‹. Eselsbrücke nennt ihr Landratten sowas ja wohl ...!« Anerkennendes, zustimmendes Gemurmel der Umsitzenden.

Auf die Frage einer stark geschminkten Dame undefinierbaren Alters, die hingebungsvoll an Jens' Lippen hängt, ob er schon immer zwischen Deutschland und Finnland gefahren sei: »No, Gnädigste, früher bin ich auch öfters mit'm Windjammer um Kap Horn geschippert. Das war nicht so ohne! Oft S-turm, wissen Sie. Meine Leichtmatrosen haben da auch s-tets vor Angst gejammert. Deswegen ›Windjammer‹, Gnädigste, beim Klabautermann.« Als freilich die Anfrage kommt, ob man einmal die Brücke besichtigen könne, verrät Jens sich fast. Denn seine ebenso unbedarfte wie unzutreffende Antwort, hier auf dem Schiff gebe es keine Brücke, löst denn doch unverhohlenes Staunen aus. Bis einer der Anwesenden diese Aussage als Spaß interpretiert, den der ›Kapitän‹ gemacht habe, um höflich und witzig die Unmöglichkeit eines Besuches auf der Kommandobrücke darzulegen. Woraufhin alle herzhaft zu lachen beginnen, ob des Humors ihres Schiffführers ...

Eine geschlagene halbe Stunde hält Jens diese bühnenreife Darbietung durch. Und löst das Ganze geschickt und zur Erheiterung der um ihn Versammelten endlich auf, indem er offen zugibt: »Meine Herrschaften, ich hoffe, Sie verstehen Spaß! Ich bin nicht Ihr Kapitän, sondern bescheidener Fahrgast wie Sie (vom Nebentisch hört man Claudias dezenten Kommentar: »bescheiden im Geiste ...!«). Hab' mir lediglich einen Ulk mit meiner Familie erlaubt. Ich denke, auf jeden Fall ist die Stimmung hier an Bord jetzt viel lustiger. Wünsche noch einen schönen Tag! Wir sehen uns!« Spricht's und zieht erhobenen Hauptes von dannen, ohne seine Sippe eines Blickes zu würdigen.

Die Damen und Herren der Seniorengruppe schauen sich zuerst verblüfft an, dann aber beginnen sie die Komik der Situation zu begreifen. Mit der Folge, dass herzhaftes Gelächter aufbraust und sich die einzelnen gegenseitig auf die Schultern klopfen: »Und du wolltest auf die Brücke, Herbert!« – »Na und? Du hast dich damit gebrüstet, schon mal durch den Panamakanal gefahren zu sein!« – »Er hat das aber hervorragend gemeistert!«, meint ein älterer Herr, Typ Oberstudienrat, »ich hab' ihm bis zuletzt den ›Kapitän‹ wirklich abgenommen.« – »Und so ein gutaussehender Mann!« Die Dame, der Jens das ›Kap Horn‹ untergejubelt hat, schaut ganz verliebt. Claudia macht diese Bemerkung hellhörig, sie mustert die betreffende Geschlechtsgenossin eingehend. Nein, keinerlei Gefahr, das erkennt sie deutlich ...

Wenn als Folge dieser Posse unser Jens wenigstens ein minimales Quäntchen Vernunft entwickelt hätte, könnte man als unbeteiligter Beobachter bestimmt sogar so etwas wie Bewunderung für sein schauspielerisches und irgendwie auch witziges Talent empfinden ...

Nach diesem Auftritt zieht sich die Naturbegabung Jens in seine Kabine zurück und wechselt dort die Komstümierung gegen normale Bekleidung. Die ganze Geschichte bereitet ihm keinerlei Bedenken.

Im Gegenteil: Er findet die Angelegenheit nur urkomisch. Claudia dagegen ist nach wie vor entrüstet. Sie hatte nicht die geringste Ahnung davon, dass der Bursche sich im Kostümverleih eine Kapitänsuniform besorgt hat. Nunmehr ist ihr auch klar, warum dieser Chaot in der letzten Woche vor der Abreise unbedingt noch in die Großstadt wollte: Er war ebendort, um diese Maskerade zu besorgen.

Aber: Claudia macht deutliche Fortschritte hinsichtlich ihrer ›Emanzipation‹ gegenüber den unsäglichen Unsinnigkeiten von Jens. Es gelingt ihr nämlich sehr gut, sich von seinem Kapitänsauftritt zu distanzieren und es sich, wie eingangs schon beschrieben, auf Deck gut gehen zu lassen.

Fridolin hat, nach anfänglichem Zorn, die Kapitäns-Schau seines Cousins mit wachsendem Vergnügen genossen. Nicht umsonst fließt in seinen Adern Machtnikssches Blut – und obgleich er ernsthaft den Plan verfolgt, mit Hilfe seiner Mundharmonika in höhere Musikerränge aufzusteigen, sind einfallsreiche Blödeleien ihm nicht unbedingt fremd. Im Gegensatz zu Jens jedoch versucht er, bei allen Eskapaden eine gewisse ›Seriosität‹ einzubauen. Insofern ist auch sein musikalisches Vorhaben eines Mundharmonika-Regenmacher-Konzerts, gedanklich während des Frühstücks entwickelt, zwar etwas abstrus, wird aber dennoch durchaus mit leidenschaftlicher Ernsthaftigkeit von ihm betrieben.

Sein Kabinenmitbewohner ist ebenfalls Feuer und Flamme für dieses Projekt und hat sich auf die Suche nach weiteren Gleichgesinnten begeben. Und siehe da, er wurde fündig. Hat mit einem weiteren Musiker Kontakt aufgenommen, der sich an Bord befindet: einem Schotten, der seinen Dudelsack bislang eingepackt ließ, aus Rücksicht auf die Mitreisenden, die hier auf dem offenen Meer keine Chance haben, vom Schiff zu flüchten. Doch dieses zarte, schonende, fast möchte man sagen, barmherzige Einfühlungsvermögen findet ein jähes Ende, als dem schottischen Sackpfeifenvirtuosen vom erwähnten englischen Regenstab-Künstler die Chance zum gemeinsamen Musizieren eingeräumt wird. Als er dann gar noch vernimmt, ein Mundharmonikaspieler werde ebenfalls teilnehmen, sind sämtliche Bedenken, man könne womöglich Mitreisende stören, null und nichtig. Er verschwindet in Nullkommanix in seiner Kabine und erscheint wenig später im traditionellen, heimischen Gewand.

In der Folge können die Reisenden sowie das Schiffpersonal am späten Vormittag auf dem Außendeck eine auf den Planken dieses Schiffes (und mit ziemlicher Sicherheit auch auf denen sämtlicher weiterer Schiffe, die die sieben Weltmeere durchkreuzen) wohl noch nicht stattgehabte Darbietung genießen – wenn die Bezeichnung ›genießen‹ in diesem Zusammenhang erlaubt ist … Denn dort steht ein Schotte, stilecht mit Kilt, Bommelmütze und weiterer waschechter Staffage bekleidet, der eifrig und unüberhörbar seinen Dudelsack malträtiert. Bevor sie des Musikanten ansichtig wurden, gerieten einige der Passagiere in einen verbissenen Streit darüber, ob die Nebelhörner des Schiffes defekt seien oder ob man eine Gruppe Blauwale überfahren habe. Direkt neben diesem Dudelsäcker ist ein schlaksiger Mensch bemüht, mit seiner Mundharmonika gegen die orkanartigen Klänge des Schotten anzuspielen, und ein dritter Musikant kippt und schüttelt ständig irgendwelche Baumstämme hin und her, in denen es rhythmisch rasselt.

Doch dann geschieht etwas wirklich Bemerkenswertes: Der Kreis der Zuhörerinnen und Zuhörer vergrößert sich, man lächelt einander zu, beginnt, sich im Takt der Regenstab-Mundharmonika-Dudelsackmelodien zu wiegen, gestandene Weibs- und Mannsbilder beginnen zu singen, Kinderjauchzen ertönt, und sogar der (echte und originale!) Kapitän erscheint und applaudiert schmunzelnd. Und, wirklich und wahrhaftig, gegen Ende der Uraufführung des Trios stimmen die Nebelsirenen des Schiffes für einige Sekunden in die Klänge ein. Ist zwar im Grunde genommen nicht erlaubt, aber was soll's, wenn an Bord eine derart ausgelassene Stimmung herrscht ...

Jens, inzwischen, wie beschrieben, zivil gekleidet, hat sich zwischenzeitlich ebenfalls eingefunden. Gemeinsam mit Silke wohnt er der Musikdarbietung seines Cousins und dessen neuer Freunde bei und klatscht frenetisch Beifall. Was Fridolin mit Wohlgefallen registriert.

Die drei Künstler harmonieren nicht nur hinsichtlich ihres musikalischen Zusammenspiels, sondern verstehen sich auch ansonsten ausnehmend gut, und Jens bietet sich ihnen als Manager für eine zukünftige Tournee an. Er hat auch schon einen seiner Meinung nach äußerst zugkräftigen Namen für die neue Musikgruppe parat: ›Das Mundharmonika-Regenmacher-Dudelsack-Trio‹.

Auf Fridolins leicht genervte Vorhaltung: »Jens, das ist doch viel zu lang! Passt auf kein Plakat oder irgendeine CD-Hülle!«, kommt die brillante Begründung: »Genau das soll doch sein, Frido! Sowas prägt sich ein!« Und auch den weiteren Einwand:

»Außerdem ist das doch Deutsch, das versteht kein Mensch im Ausland!«, schmettert unser Freund ebenso kaltblütig und ungerührt ab: »Dann machen wir halt ein internationales Kürzel draus: ›MUREDU‹!« Fridolin verdreht die Augen, setzt zu neuerlichem Protest an, beschließt indessen, zu schweigen. Hat sowieso keinen Sinn, mit Jens zu diskutieren …

Es bleibt anzumerken, dass dieser typisch Jenssche Geistesblitz von seinem Urheber durchaus ernst gemeint war. Oh ja, nichts liegt unserem Allround-Genie im Zusammenhang mit einer möglichen Managertätigkeit ferner als wunderliche Marotten. Wenigstens ist er selbst davon überzeugt …

14 Wiedersehen mit Päivi und Matti

Nicht nur Jens Machtniks inklusive Familienanhang war unterwegs nach Finnland. Auch meine finnische bessere Hälfte und ich waren einige Tage vor Familie Machtniks Richtung ›Sohmi‹ aufgebrochen. Daher hatten wir unser Ziel in Mittelfinnland schon entsprechend früher erreicht.

Es regnete und der Himmel zeigte sich trüb, als wir am Morgen nach der Ankunft übernächtigt aus dem Fenster schauten. Dabei waren wir am Tag zuvor spätnachmittags bei strahlendem Sonnenschein in unserem Sommerhaus angelangt. Etwas spannend waren insbesondere die letzten beiden Kilometer der Fahrt gewesen. Der Grund: Unser Wägelchen schleifte mehrmals kratzbürstig über den Boden, setzte ein, zwei Mal gar auf. Denn wie schon beschrieben, es war bis unters Dach und darüber hinaus beladen (auch der Dachkoffer war randvoll) und entsprechend ›tiefergelegt‹. Und der Waldweg zu unserem ›mökki‹, wie die Finnen ihre Sommerresidenz zu nennen belieben, war wegen im Herbst vorausgegangener Holzfällaktionen eine ausgefahrene, löcherübersäte Buckelpiste. Zwar war versprochen worden, der Weg werde wiederhergestellt, aber, wie es so kommt: Versprechen von Großunternehmen – und ein solcher Holzindustriebetrieb hatte die Waldarbeiten veranlasst, mit entsprechenden Monstermaschinen – werden oftmals nicht gehalten. Das ist im Norden nicht anders als in unseren Breiten.

Nun, wir kamen dennoch, im Schneckentempo schleichend, an unserer Datscha an. Wer aber saß auf der Außentreppe? Welche Frage! Matti in voller Größe, frisch rasiert und gekämmt, die Schuhe sorgsam geputzt und im Sonnenlicht glänzend, auf dem Kopf eine nigelnagelneue Baseballkappe mit der Aufschrift in Großbuchstaben: ›Suomi - Matin maa‹. Das heißt zu Deutsch nichts anderes als ›Finnland - Mattis Land‹. Er strahlte mit der Sonne um die Wette, hob für eine Sekunde grüßend seine Rechte, überlegte offensichtlich kurz, ob es sich lohnen würde, aufzustehen und entschied dann, seine sitzende Stellung beizubehalten. Was dazu führte, dass seine Angetraute, Päivi nämlich, ihm eine ihrer virtuos ausgeführten Kopfnüsse verpasste, als sie zu unserer Freude und Überraschung aus der Tür trat. Diese Maßnahme wiederum löste bei Matti ein uns ebenfalls bekanntes bärenhaftes Brummen aus, bei ihm ein verbales Äquivalent für »Ist ja schon gut, ich mach' ja sowieso immer, was du willst«.

Wie schön, unsere beiden Freunde wiederzusehen! Päivi hatte, gemeinsam mit Matti (!), schon den Kühlschrank in unserem Häuschen angeworfen und mit dem Notwendigsten bestückt (dazu gehörte nach Mattis Überzeugung, wie nicht anders zu erwarten, eine Flasche von seinem pontikka). Die beiden hatten sogar schon unsere Betten bezogen und Kaffee gekocht. Wahre Freunde! Päivi hatte pulla gebacken und holte die Teigwaren nun aus dem Versteck, in dem sie die Leckereien verstaut hatte. »Zur Vorsorge, eingedenk der maßlosen mattischen Verfressenheit«, wie sie anmerkte. Nun, da ergaben sich ja unmittelbare Anklänge an Jenssche ›Qualitäten‹.

Wir tranken den Begrüßungskaffee, labten uns an Päivis exzellenten Hefeteilchen und lauschten Mattis ausführlichen Darlegungen seiner letzten Heldentaten. Sie bestanden aus der Erbeutung eines »einen Meter langen Hechtes« (Päivi reduzierte dessen Größe umgehend auf vierzig Zentimeter) sowie dem manuellen Einschlag von etwa »zwanzig Raummetern Holz« zum Befeuern der Sauna (von Päivi stante pede auf reale zehn Prozent dieses Volumens verringert).

Ein weiteres zentrales Thema war der Rasenmähroboter und sein Transport nach Suomi. Die Schilderung der Gründe, weshalb wir dieses Gerät nicht mitgebracht hatten, sondern es erst später eintreffen würde, wurde von meinem Freund kontinuierlich mit wehmütigen Klagelauten begleitet. Dies tat allerdings seinem Konsum von Päivis pulla keinen nennenswerten Abbruch ... Nachdem die beiden uns gegen Abend verlassen hatten, schlüpften wir in unsere Betten und waren innerhalb von Minuten ins Traumland gesegelt.

Die Sonne versteckte sich am nächsten Tag hinter Wolken. Der Morgen brachte jedoch nicht nur Nässe und tristes Grau: Die Uhr zeigte auf zehn, als wir beim Blick aus dem Fenster zwischen den Bäumen undeutlich etwas Unförmiges, schwerfällig und doch gleichzeitig ungestüm herannahendes Etwas bemerkten. Was war das? Mein erster Gedanke: ein ›karhu‹ (›Bär‹) oder ein ›hirvi‹ (›Elch‹). Ich stürzte in die Küche, schnappte ein Messer, mutig wie immer. Mein Eheweib dagegen, offenbar gewillt, mich an Tapferkeit zu übertreffen, eilte zur Tür, um zu öffnen. Hatte sie vor Schreck den Verstand verloren? Wollte sie dieses Ungeheuer etwa tatsächlich ins Haus lassen? Ich packte das Messer fester, bereit, mich zu opfern, sollte die Bestie in blinde Raserei verfallen ...

Und da: Durch die offene Tür stürmte es, rammte den Schädel am Querbalken und sank mit einem Wehlaut zu Boden. Sieg, Sieg, Sieg! Und das ohne jegliche Verluste an Mann und Material!

Doch was passiert nun? Das triefend nasse Gebilde kenne ich doch! Ist das nicht der uralte zerfledderte Regenumhang, den Matti seit mehr als dreißig Jahren in Ehren hält? Diese aus undefinierbarem Material gewerkelte, eher zum Abdecken von Holzstapeln denn als Regenmantel geeignete Plane, groß wie ein Familienzelt, auf die so treffend der Satz passt: »Loch an Loch und hält doch«?

Und auch die Jammerlaute, die darunter hervorkommen, als Folge der unsanften Kommunikation Kopf/Türbalken, hören sich stimmenmäßig verdächtig nach meinem lieben Freund an! Und tatsächlich: Da schält sich wahrhaftig Matti aus der Verpackung, wirft seine sowohl hinsichtlich Alter als auch Aussehen der Regenplane ebenbürtigen Gummistiefel in die Ecke und sitzt nun patschnass auf dem Boden, den malträtierten Schädel mit beiden Händen wehmütig prüfend, zärtlich betätschelnd.

Selbstverständlich beugte ich mich in freundschaftlichem Mitfühlen zu ihm, um mich teilnahmsvoll zu erkundigen: »Koskeeko?« (»Tut's weh?«) Unverständlicherweise schenkte mir mein finnischer Kumpel daraufhin nur einen grimmigen Blick, würdigte mich aber keiner weiteren Antwort. Ich nahm ihm dies jedoch nicht weiter übel, sondern lächelte ihm gewinnend zu, ließ das Brotmesser in meiner Hand einige Male aufblitzen und äußerte tröstend: »Gut, dass du kein Elch bist!«

Nun ja: Nachdem wir die Regenwasser-Pfützen um unseren Besucher aufgewischt, ihn selbst ›trockengelegt‹ und mit einem Beutel gekühlter Leberwurst (einem Mitbringsel aus Deutschland) versorgt hatten, zwecks Behandlung der zusehends wachsenden Beule an seinem Quadratschädel, stellte sich die Frage, was Zweck und Sinn seines so spektakulären Erscheinens sein mochte.

Als wir uns entsprechend erkundigten, ignorierte Matti mich; weiß der Teufel, warum. Er wandte sich vielmehr meiner lieben Lebensgefährtin zu und verkündete, er habe die Absicht, die deutsche Familie in Helsinki in Empfang zu nehmen, die sich bereit erklärt habe, den ›Grasfresser‹ mitzubringen.

Er habe das dringende Bedürfnis, mal wieder mit einem vernünftigen Menschen zu reden. Streifte und strafte mich während dieser Rede mit einem vernichtenden Blick und fügte hinzu: »Kleines Bücherschreiberlein da in Sessel war ja zu faul, Maschinchen in sein Auto zu laden. Muss ich also verstandvollen, denkmächtigen, klugen Freund Machtniks (Oho! Er hatte sich sogar Jens' Familiennamen gemerkt! Das will bei Matti was heißen!) treffen. Ihm Weg zeigen nach Sommerhaus von mir und Päivi.«

Die Schilderung der anschließenden, im wahren Sinn des Wortes erschöpfenden Darlegungen meines Freundes über die Notwendigkeit dieses Vorhabens und die praktische Durchführung, erspare ich mir.

Soweit ich mich erinnere, war es gegen vierzehn Uhr, Matti hatte sich aktiv beim Verzehr unseres Mittagsmahles beteiligt, als Päivi sich per Handy meldete und bei dieser Gelegenheit anfrug, wann ihr Ehemann gedenke, nach Hause zu kommen. Wir waren glücklicherweise endlich zu einer Einigung gelangt: Matti und ich sollten am übernächsten Tag per Auto nach Vuosaari touren. An diesem Tag war die Ankunft der Machtniks-Familie in Helsinki zu erwarten. Zur Erläuterung für Finnland-Unkundige: Vuosaari ist ein Stadtteil der finnischen Hauptstadt. Hier befindet sich ein noch relativ neuer Fracht- und Passagierhafen (fertiggestellt 2008) von Helsinki, in dem seit einigen Jahren unter anderem die Fährschiffe, von Travemünde kommend, an- und ablegen. Und dort wartete unser die dankbare Aufgabe, bei der Hafenausfahrt nach dem orange-grünen Gefährt des mundharmonikaisierenden Fridolin sowie den zugehörigen Insassen Ausschau zu halten.

Ich muss anerkennen, dass Matti von sich aus anbot, die Reise mit seinem ›Luxusschlitten‹ zu unternehmen. Dabei handelt es sich um ein Oldsmobil namens ›Custom Cruiser‹ von anno 1988. Größenmäßig einem mittleren Wohnzimmer entsprechend, mehrfach aufwendig fahrgestellgeschweisst und hochgradig benzinschluckvernarrt. Zu Mattis Ärger hatte ich dieses landgebundene Kreuzfahrtschiff »Schaukelqualle« getauft, auf Grund seiner Fahreigenschaften. Es ist nämlich so, dass die schlingernde Kurvenlage dieses Monstrums bei mir, und nicht nur bei mir, schon bei Kurzstreckenturns fast unbeherrschbare Magenverstimmungen auslöst. Trotz Mattis heftigem Protest und seiner Äußerung: »Du mit kleines Köpfchen und ebenso kleines Gehirnlein verstehst nichts von Edeltum-Automobils!«, war ich bei dieser Benennung geblieben. Zumal ich festgestellt habe, dass ich meinen lieben Freund damit bei Bedarf in eine gewisse zähneknirschende Gereiztheit versetzen kann. So etwas ist gelegentlich durchaus hilfreich ... Gegen die Übelkeit wappne ich mich übrigens generell vor jeglicher Fahrt mit diesem Blech-Ungeheuer durch Einnahme einer Großpackung Reisetabletten.

Im aktuellen Fall vermied ich es, meinen lieben finnischen Freund durch die oben genannte Titulierung für seine Luxuskarrosse auf die Palme zu bringen. Dies geschah aus Rücksicht auf die in bunten Farben schillernde Beule auf seiner Stirn. Ja, ja, auch ich neige manches Mal wegen mitfühlender Empfindungen zu bedächtigen, regelrecht zarten Umgangsformen ...

Matti nahm meinen gutherzigen Verzicht auf ›Quallen-Spott‹ kommentarlos als Einverständnis hin und verließ uns kurz darauf, um am heimischen Herd ein weiteres Mal verköstigt zu werden. Etwa eine Stunde später konnte man in der Ferne (Päivis und Mattis mökki liegt etwa einen Kilometer von unserem entfernt) hören, wie besagte »Schaukelqualle« von ihrem Besitzer lautstark durch unsere Wälder gejagt wurde. Offensichtlich war das Ziel die einzige Tankstelle im Dorf, die bei dieser Gelegenheit garantiert ihren Jahresumsatz an Benzin als gesichert ansehen konnte.

Zur Klarstellung hinsichtlich der erwähnten Geräuschkulisse sei hier eingefügt: Es war nicht etwa der Motor des ›fahrenden Wohnzimmers‹ zu vernehmen, oh nein! Der schnurrte, wie man gerne zu sagen pflegt, wie ein Kätzchen, sanft und dezent. Was durch Wald und Flur tönte, war die Signalsirene, die Matti entgegen allen gesetzlichen Vorschriften eingebaut hat. Die betätigte er nun dauerhaft, mit Unterbrechungen lediglich für Sekunden, innerlich scheinbar vorfreudig auf Reise und Grasfressgerät eingestimmt ...

Nun, ich hatte ja schon früher angemerkt, dass zwischen dem Gedankengewirr und den kuriosen Verhaltensmustern meines lieben Freundes Matti und denen des Machtniksschen Familienoberhauptes Jens meiner Meinung nach kein signifikanter Unterschied besteht.

Matti ließ sich am darauffolgenden Tag nicht blicken. Es war aus der Richtung von Päivis und seinem Sommerhaus lediglich immer wieder Hämmern sowie Jaulen und Rasseln einer Motorsäge zu vernehmen. Ich wanderte daher, wie stets an allem interessiert, gegen Abend hinüber zur Behausung unserer Freunde. Schließlich wollte ich brennend gerne wissen, welche Baustelle Matti dort eröffnet hatte, obwohl meine Lebensgefährtin mir ›Neugier‹ vorhielt, während ich doch nur wißbegierig bin. Es war in mir, auch wenn ich keineswegs zur Neugierde neige, im Laufe des Tages doch der Drang entstanden, die Ursache der hörbaren Betriebsamkeit zu erkunden. Zumal ich den gesamten Spätnachmittag über trotz intensiven Spähens weder vom Fenster noch vom Bootssteg aus per Fernglas Genaueres hatte entdecken können ...

Je näher ich dem Ziel meines Erkundungsgangs kam, umso abwechslungsreicher, ja regelrecht polyphon wurde der Klamauk: In unregelmäßigem Wechsel waren nicht nur Hammerschläge, Gekreisch der Motor- sowie Ritzeratze einer Bügelsäge, sondern auch das unwillige Rattern einer unzweideutig völlig überlasteten Bohrmaschine zu vernehmen. Zwischendurch, quasi als Kontrapunkt zum ›Techno-Konzert‹, ertönten Schimpfen und Verwünschungen meines finnischen Genossen.

Schließlich stand ich auf dem Hof, inmitten eines Tohuwabohus von Holzbrettern, Dachpappe, Werkzeugen aller Art, Sägeböcken, unzähligen Pappkartons mit Nägeln und Schrauben und so weiter und so fort. Mittendrin: Matti, in ölverschmiertem Overall, den Schutzhelm auf dem Haupt, den er Jahre zuvor bei seinem Deutschlandbesuch von unserem Revierförster Michael überreicht bekommen hatte (siehe ›Kuckuck! ruft der Elch‹).

Was werkelte der Bursche bloß? Kaum hatte ich an der Wand des ›liiteri‹ (zur Erinnerung: ›Schuppen‹) einen großformatigen Bauplan erspäht, entdeckte Matti mich. Meine unschuldige Frage: »Was baust du denn da?«, löste eine grimmige Grimasse aus. »Dummes Frage! Musst du gucken! Hängt doch Plan da an Wand!«, war die Antwort. Vorsichtig balancierte ich daraufhin über die Unmengen an Holz, die in mehreren Lagen den Hof auf etwa einhundert Quadratmetern bedeckten und studierte das Papier.

Im ersten Moment glaubte ich, der Architekt von eigenen Gnaden habe die Absicht, eine Hundehütte zu errichten. Auf meine diesbezügliche Erkundigung kam von meinem Freund nur ein verächtliches Schnaufen, gefolgt von der Bemerkung: »Bist du eben kleines Schwachkopflein. Hast keine Augen.

Sieht doch jeder mit Gehirn in Kopf: Wird ›talli‹ (›Stall‹) für neuen Grasfresser! Muss ich bauen, weil Maschinchen kommt morgen!«

Ich überflog die Berge von Holzplanken, die sich um uns stapelten: Das Material war ausreichend für die Konstruktion eines mittelgroßen mehrstöckigen Parkhauses. Ich wollte daraufhin eigentlich eine diesbezügliche Bemerkung machen, bemerkte aber glücklicherweise noch rechtzeitig Mattis zusammengekniffene Augen und behielt daher meinen Kommentar vorsichtshalber für mich. Und da ich ahnte, dass mein lieber Freund nicht zögern würde, meine Assistenz bei den Bauarbeiten einzufordern, ließ ich schleunigst mein Handy in der Hosentasche klingeln, hob es ans Ohr und sprach zügig hinein: »Ist gut, Liebste, ich komme sofort!«

Wohl glomm in Mattis Blick ein misstrauischer Funken, als ich ihm bedauernd mitteilte: »Schade, Pirjo hat gerade angerufen. Ich soll sofort nach Hause kommen. Du weißt ja, wir haben Teppiche mitgebracht, die müssen noch gesaugt werden, ehe wir sie im Holzschuppen verlegen ... Wirklich schade. Aber du kommst ja alleine zurecht, Matti ...« Dann drehte ich mich auf dem Absatz um ohne eine Antwort abzuwarten und strebte eilends unserem mökki zu. Mattis Rufe: »Hei, du hier helfen musst!« drangen bald nur noch undeutlich an mein Ohr.

Im Sommerhaus angelangt, legte ich mich geruhsam aufs Sofa und lauschte in stillem Vergnügen dem aus der Ferne anbrandenden, von Mattis rastloser Bautätigkeit zeugenden Gelärme. Das dauerte, nebenbei bemerkt, bis spät in die sommerhelle finnische Nacht, was ich besonders genoss.

Wie zu erwarten, erschien mein finnischer Baumeister am beginnenden Morgen unserer Abfahrt pünktlich, um mich abzuholen, war jedoch leicht übernächtigt. Wir hatten vereinbart, dass wir schon um halb vier Uhr starten wollten, da das Schiff gegen neun Uhr im Hafen eintreffen sollte. Etwa fünf Stunden hatten wir für unsere Hinfahrt veranschlagt.

Vorteilhafterweise im Hinblick auf den schon kurz erwähnten Zustand unseres Weges, ist der Radabstand von Mattis ›Schlingermobil‹ so breit, dass die Reifen beiderseitig nicht in den ausgefahrenen Spurrinnen rollen, sondern auf den erhöhten Wegrändern. So besteht keine Gefahr des mittigen Aufsitzens. Allerdings veranlasste dies den Meisterchauffeur (nach Mattis Einschätzung gehört er zur Elite der Weltklassefahrer ... auch in dieser Hinsicht sind er und Jens Machtniks ›Zwillinge‹) dazu, seinen sowieso durchaus spektakulären Fahrstil noch dynamischer als üblich zu präsentieren.

Diese liebenswürdige Formulierung soll im Klartext heißen: Matti kurvte in halsbrecherischem Tempo vor unser Sommerhäuschen, bremste kurz vor unserer Eingangstreppe abrupt ab und wartete gefühlte zwei Minuten, bis seine Karosse sich ausgeschlingert hatte. Trotz meiner prophylaktischen Antiemetika-Einnahme wurde mir schon beim Zusehen blümerant in der Magengrube.

Wir brachen kurz danach auf, nachdem Matti meiner besorgten Lebensgefährtin hoch und heilig versprochen hatte, ›vernünftig‹ zu fahren. Ich selbst hatte ihm, und diesmal ernsthaft, gedroht, ich würde aussteigen, wenn seine Fahrkünste zu wild würden. Er schaute mich daraufhin anfangs ungläubig, dann missbilligend an, murmelte irgendetwas, was nach dem üblichen »kleines Gehirnlein« klang, ergänzt durch »gestern weggelaufen bei Stallbau«, nickte aber doch Zustimmung.

Und wirklich: Er lenkte seinen Straßenkreuzer mit so erstaunlicher Geschicklichkeit durch den Wald, dass es kaum zu glauben war. Und als wir, vergraben in den weichen Polstern, auf der Asphaltstraße Richtung Helsinki dahinglitten, versetzte mich das Schaukeln der Luxus-Blechbüchse plus die als Folge des Reisetablettenkonsums eingetretene Müdigkeit in wohlig-sanften Dämmerzustand. Wobei die gleichzeitige gesangstechnische Leistung meines finnischen Freundes mit dem Lied: »Onhan mulla kultani« (»Ich hab' doch meinen Schatz«) mein geistiges Wegdriften merklich förderte. Alle Ängste und Sorgen meines irdischen Daseins glitten von mir ab; vorausträumend sah ich einen orange-grünen Kleinbus, gefüllt mit allerlei undefinierbaren Gegenständen, zwischen denen ein überdimensioniertes knallrotes Gummiboot hervorleuchtete. Aus dem Vehikel tönten Mundharmonika-Klänge, Kinderstimmen sowie Jens Machtnikssche Wortschwälle und ich sah im Traum: Sogar die Augen meines guten finnischen Freundes Matti wirkten leicht verschreckt ...

15 Ankunft in »Sohmi«

Ich erwachte davon, dass Mattis gigantomanischer rollender Untersatz abbremste und in einer scharfen Rechtskurve auf einen ausgedehnten Platz fuhr. Das Areal war bruchstückhaft mit Asphalt und Beton befestigt, dazwischen fanden sich zahllose Kraterlöcher von bedenklichen Ausmaßen. Ein vorüberhuschendes Schild konnte ich zwar bei der Geschwindigkeit, mit der mein Freund von der Straße abbog, nicht lesen, ahnte dennoch sogleich, wo wir uns befanden. Dies war einer von Mattis Lieblingsorten, der ›Traum seiner Träume‹ sozusagen. Schon einige Male im Laufe der Jahre hatte er mich hierher geschleppt.

Und richtig, beim Aussteigen, sobald unser Straßenkreuzer ausgeschlingert hatte, fand ich meine Ahnung bestätigt. Denn: Was war auf jenem verwitterten Blechschild zu lesen? ›Autokorjaamo Onni‹, zu Deutsch also: ›Autowerkstatt Onni‹. Dazu ist zu erläutern: ›Onni‹ ist nicht nur der Vorname des Besitzers dieser Garage, sondern entspricht im Finnischen auch dem deutschen Wort ›Glück‹. Ein Schriftzug unterhalb von ›Autokorjaamo Onni‹ teilte weiterhin mit: ›Omistaja Onni Kettu‹, was nichts anderes bedeutet als ›Inhaber Onni Kettu‹.

Hier muss angefügt werden, dass ›kettu‹ im Deutschen die Bedeutung ›Fuchs‹ hat, und der Inhaber des Etablissements macht meiner Beobachtung nach seinem Familiennamen alle Ehre ... Nicht mit eingefleischter Bösartigkeit, wohlgemerkt, sondern immer hart an der Grenze zwischen Schlitzohrigkeit und Abzocke. Genau das aber ist der Reiz der Sache für den lieben Matti: Er testet gar zu gerne, wer das größere Cleverle ist, Onni oder er. Im Laufe der Jahre hat sich aus diesem

Wettstreit eine echte Männerfreundschaft entwickelt, die durchs Leben trägt.

Es ist sicher unschwer vorstellbar, wie gespannt ich beim beschriebenen Zwischenstop hinsichtlich der Beweggründe von Matti für diese Reiseunterbrechung war. Ich verhielt mich trotzdem schweigend, in Erwartung des Kommenden.

Damit ein zutreffender Eindruck von Onnis Autowerkstatt entsteht, sei eine kurze Beschreibung gegeben. Diese Kultstätte finnischer Männersehnsüchte (zumindest von Finnen der Marke ›Matti‹) ist es wert: Die eingangs erwähnte Kraterlandschaft ist randständig gesäumt von still vor sich hin rostenden Vehikeln undefinierbaren Alters. Kleinlastwagen, Traktoren, Limousinen, dreirädrige ›Vespacars‹, sogar ein Omnibus mittlerer Größe stehen einträchtig nebeneinander. Dazwischen finden sich auch Personenwagen in zumindest optisch annehmbarem, fahrbereitem Zustand. Boote jeglicher Größe stehen zum Verkauf: ansehnliche Jachten ebenso wie kleine Kajüt- oder Ruderboote.

Inmitten dieses Lagerplatzes erhebt sich eine Tankstelle: zwei Zapfsäulen unter einem leicht windschiefen Blechdach; beim Betanken rattert die Pumpe in einer Lautstärke los, dass man sich nur noch schreiend verständigen kann ... Direkt nebenan findet man das Eingangsportal zum eigentlichen Hauptgebäude: Holzrahmen, Drahtgitterglas. Dass die Tür beim Öffnen klemmt, gehört zum Gesamtkunstwerk und war nicht anders zu erwarten.

Eingedenk der Tatsache, dass wir Sonntag hatten, staunte ich, dass Matti offensichtlich damit rechnete, der Betrieb seines Mechaniker-Kumpels sei geöffnet. Auf meine entsprechende Frage erhielt ich eine kurze Antwort, wie gewohnt mit der üblichen Einleitung: »Bist du kleines Schreiberlein ohne

Ahnung! Hat Onni sonntags immer am Morgen offen für Freunde!«

Matti und ich betraten also den Verkaufssaal. Nein, dies ist kein Schreibfehler! Bewusst rede ich von »Saal«! Es bietet sich nämlich dem Auge ein fast unbeschreibliches Durcheinander in einem riesenhaften Raum. Onni bietet hier die umfassende Palette sämtlicher Gegenstände und Waren, die vorstellbar sind: Außenbordmotoren, Keilriemen, Zündkerzen, Werkzeuge, Benzinkanister, Sonnenschirme, Mückenschutzmittel, Arbeitskleidung, Öle und Lacke, Angelausrüstungen. Und, kein Witz, Erdbeeren, frisch vom Feld. Die Aufzählung aller angebotenen Artikel würde Seiten füllen!

Beim Betreten des Verkaufsraumes musterten uns mehrere Augenpaare. Zwischen all diesem Krimskrams hat Onni nämlich drei Metalltische und -stühle platziert, die Tische dekoriert mit jeweils einer ausgebreiteten Papierserviette. Hier saßen, ›schweigend ins Gespräch vertieft‹, mehrere finnische Urgesteine, bärtig, strähnig, dampfenden Kaffee aus Behältnissen schlürfend, die entfernt an Tassen erinnerten.

In diesem Zusammenhang sei angemerkt, dass es in finnischen Tankstellen keinen Alkohol zu kaufen gibt. Man begnügt sich hier mit Kaffee, Tee, Wasser, Saft, Limo und ähnlichen Getränken – und das finde ich, nebenbei bemerkt, durchaus nachahmenswert, wenn ich an die meterlangen Kühlregale und die Kästen mit Bier und harten Alkoholika in Deutschland denke, die in Tankstellen zu finden sind ...

Matti und meine bescheidene Person, wir schlängelten uns durch das Warensortiment Richtung Verkaufsschalter, einer Öffnung von etwa einem Meter im Quadrat in einem Verschlag aus Profilbrettern. Die Männerriege im ›Bistro‹ folgte uns mit stummen Blicken und leidenschaftslosen Gesichtern.

Ich beobachtete kein Zucken der Augenlider, keine mimischen Veränderungen, lediglich sparsame, pendelnde Seitwärtsbewegungen der Augäpfel, um uns nicht aus dem Blickfeld zu verlieren. Highnoon in einem Wildwest-Saloon konnte nicht dramatischer sein ... Ich sah schon die Colts rauchen und die Fäuste fliegen ...

Zu meiner Überraschung blieb alles ruhig, auch Matti hatte offensichtlich keine Bedenken, den Versammelten den Rücken zuzukehren. Er schritt zielstrebig zum Tresen und betätigte dort die Drehklingel; dabei streifte er mich mit einem Blick, der mir sagte: »Wirst du staunen, kleines Deutschmännlein, was ich hier kaufe!«

Es dauerte einige Zeit, mein lieber Freund musste die Schelle mehrfach ertönen lassen, bis sich eine rundliche, raumgreifende Gestalt im Zauberkugelformat im Halbdunkel des Kabäuschens erkennen ließ: Onni himself. Sein Oberkörper steckte in einem buntkarierten Flanellhemd, reich mit Ölflecken verziert, der Gürtel seiner Jeans stützte einen Schmerbauch von beachtlichen Ausmaßen.

Als er Matti erblickte, huschte ein flinkes Grinsen über seine Züge, das mir verriet: Er hatte meinen Freund erkannt. Postwendend aber zeigte er seine übliche, undurchdringliche Miene. »No, mitä?«, hörte ich ihn brummeln, »Na, was?«

Matti machte daraufhin seinen Rücken noch breiter als er schon war, drehte sich von mir weg, beugte sich zum wackeren Besitzer des Ladens, hielt seinen Mund an dessen Ohr und flüsterte ihm etwas Unverständliches zu. Onni runzelte die Stirn, wie ich trotz des Dämmerlichtes erkannte. Er raunte etwas zurück, Matti nickte Einverständnis. Ich trat nun ebenfalls etwas näher, um in kameradschaftlicher Zugewandtheit, geleitet von Fürsorge, Herzlichkeit und Loyalität wenigstens einige Silben der Konversation zu erhaschen ... Allein, es war vergebens. Mattis breiter Rücken versperrte mir nicht nur die Aussicht, sondern verhinderte auch, dass irgendwelche Laute zu mir drangen.

Es dauerte nur wenige Minuten, bis ›Herr Fuchs‹ wieder auftauchte. In seinen Händen leuchtete etwas Weißes mit blauem Kreuz. Auf Anhieb identifizierte ich das Gebilde: die finnische Flagge.

Ich war erstaunt: Deshalb diese Geheimnistuerei? Dieses simple Objekt war der Grund für das triumphale Grinsen, das Matti nun zeigte? Kaum zu glauben.

Bei näherer Betrachtung allerdings bemerkte ich, dass Matti nicht *irgendein* Fähnchen in seinen Pfoten hielt, wie man es in Finnland in jedem Baumarkt erstehen kann, sondern eine kleine, viereckige Standarte an einem Metallstab, gekrönt von einer goldenen Kugel.

Ich habe niemals erfahren, wie und woher mein finnischer Großhirnbesitzer erfahren hatte, dass bei Onni Kettu dieses Banner zu erstehen war. Auch der Preis, den er für das Ding bezahlte, ist mir bis dato unbekannt. Tatsache ist jedenfalls, dass man schon etwa eine halbe Stunde später ein Oldsmobil monströsen Ausmaßes schwimmend, schwankend, schlingernd und schaukelnd über finnische Straßen rollen sehen konnte. Die Insassen waren zwei distinguierte Herren mit gepflegtem Aussehen. Am Kühler der Karosse, zwischen Motorhaube und linkem Kotflügel befestigt, flatterte eine finnische Flagge an einem Silberstab mit goldenem Knauf. Ein aufmerksamer Beobachter hätte auch feststellen können: Der Beifahrer musterte recht angespannt und leicht bänglich jedes auftauchende Fahrzeug, zweifelsohne in der Erwartung, es sei ein Wagen mit der Aufschrift ›poliisi‹ (›Polizei‹). Der Fahrer dagegen lehnte lässig und mit blasiertem Gesichtsausdruck in seinem Sitz, sang wie üblich ältere finnische Volkslieder und genoss sichtlich das sanfte Hin-und-her-Schwingen des kurz zuvor erworbenen weiß-blauen Emblems.

Entgegen meinen Befürchtungen schienen ›die Augen des Gesetzes‹ an diesem Frühmorgen selig zu schlummern oder zumindest mit leicht verschleiertem Blick den Straßenverkehr zu observieren. Jedenfalls kurvte Matti ungestört durch die wunderbare finnische Landschaft. Hatte sogar den Erfolg, dass uns respektvoll Platz gemacht wurde, als der Verkehr zunahm, je näher wir Helsinki kamen. Matti grüßte in diesen Fällen die ausweichenden Fahrerinnen und Fahrer nachlässig mit der Hand, mit geradezu ›fürstlicher‹ Geste ...

Etwa eine Stunde bevor wir im Hafen anlangten, kramte ich mein Handy hervor. Fridolin hatte mir sicherheitshalber seine Nummer gegeben, und so wählte ich ihn jetzt an. Zwar kannte ich auch die von Jens, aber – wer kann es mir verdenken –, es schien mir doch sicherer, den Mundharmonikaner zu kontaktieren statt Herrn Machtniks.

Es währte auch nicht lange, da hatte ich den Inhaber des orange-grünen Kleinbusses an der Strippe. Der Meister des Soloblasorchesters war bass erstaunt, dass ich ihn anrief. Er stehe gemeinsam mit der Familie Machtniks vorne auf dem Deck des Schiffes. Man könne schon seit einiger Zeit die finnische Küste sehen, aber es dauere wohl noch weit über eine Stunde, bis sie im Hafen anlegten, teilte er mir mit.

Als ich ihm eröffnete, dass Matti und ich sie abholen und zu Mattis Sommerhaus lotsen wollten, hörte ich sein übliches: »Ach du liebes Lieschen!«, ergänzt um: »Wie schön!« Ich setzte Fridolin anschließend auseinander, sie sollten beim Verlassen des Hafens die Straße 103 nehmen, die sofort in einen beeindruckenden Tunnel führt (erneutes »Ach du liebes Lieschen!« mit angehängter Bemerkung: »Da werde wohl besser ich selbst fahren.«). Diese Überlegung bestätigte ich umgehend als sinnvoll.

»Direkt hinter dem Tunnelausgang ist eine Bushaltebucht auf der rechten Straßenseite, Fridolin. Dort stehen wir und warten auf euch. Du kannst uns nicht verpassen: Wir sind mit Mattis Straßenkreuzer unterwegs, vorne weht eine kleine finnischer Flagge auf der Fahrerseite. Alles klar?«

Es gelang Fridolin gerade noch, mir mit »Ja, alles klar!« zu versichern, dass er meine Hinweise verstanden hatte. Dann knisterte und knackte, rauschte und knirschte, raschelte und knarzte es an meinem Ohr. Undeutlich waren Stimmen zu hören, einzelne artikulierte Wörter purzelten aus diesem Geräuschwirrwarr in meinen Gehörgang; ich erkannte »Mensch!« – »Gib doch her!« – »Was soll ...« und ähnliches. Es war wahrhaftig beunruhigend und verstörend. Irgendein Tumult spielte sich da ab. Mir kam das Schicksal der Titanic in den Sinn, dramatische Szenen wie bei der damaligen Katastrophe erschienen vor meinen Augen.

Da vernahm ich die hektische Stimme von Jens: »Hallo Sohmi, wir kommen! Sind in Kürze da!« Schlagartig war mir klar: Der Bursche hatte seinem Cousin bei einem Zweikampf mit brachialer Gewalt das Handy aus der Hand gewunden. »Ist ja ganz gut, dass ihr uns abholt, das Claudia ist schon völlig aus dem Häuschen. Weil sie nicht weiß, wohin wir fahren sollen. Der Fridolin hat auch keinen Schimmer! Kapier'n nix, die beiden! Das Claudia wär' fast ohne die Papiere losgefahr'n, von zu Hause, meine ich, wenn ich nicht aufgepasst hätte! Und Frido hat mich in Travemünde beinahe nach Schweden gelotst, aufs falsche Schiff.«

Fridolin ließ sich hören. »Stimmt doch gar nicht, du Spinner! Du selbst hast dich fast verfahren.« »Halt' die Klappe, Frido! Hast ja null Ahnung.« Das war wieder Jens. Aus meinem Handy klangen jetzt empörte Schnauftöne, übertönt von Jensschem Wortschwall. Fridolin schnappte offenbar wegen der Verbal-Attacke seines Cousins nach Luft. Jens dagegen begann nunmehr, die Überfahrt von Deutschland nach Finnland in allen Details zu schildern. Mehrfach versuchte ich, ihn zu bremsen – schließlich kostete das ganze Gelaber mein Geld. Letztlich blieb mir jedoch nichts anderes übrig, als mein Handy rigoros auszuschalten.

Kurz darauf schluckte Matti und mich der immerhin fast zwei Kilometer lange Straßentunnel zum Hafen. Um zum vereinbarten Treffpunkt zu gelangen, der Bushaltebucht auf der stadteinwärts gelegenen Tunnelseite, mussten wir den Kreisel vor dem eigentlichen Hafengelände benutzen. Wie nicht anders zu erwarten, bot diese sinnreiche Verkehrseinrichtung Matti die willkommene Gelegenheit, sich selbst und seine Blechkarosse inklusive blau-weißer Standarte weiteren Verkehrsteilnehmern vorzuführen: Gemächlich umrundete er den ›roundabout‹ mehrfach, dabei winkte er im ›Queen-Elizabeth-Stil‹ mit der Hand aus dem offenen Seitenfenster. Nach vier oder fünf Runden und energischem Protest des einzigen vernünftigen, denkfähigen Insassen in seinem Dreh-und-Schwankschwindel-Schlitten, nämlich mich, entschloss er sich endlich, wieder in Richtung Helsinki abzubiegen und tauchte in die Dunkelheit besagten Tunnels ab.

Die erwähnte Bushaltestelle liegt nur etwa einhundert Meter hinter der Tunnelöffnung. Matti parkte dort und stellte die Warnblinkanlage an. So harrten wir der Dinge, die da kommen würden. Es war inzwischen kurz nach neun Uhr,

Machtniks plus Fridolin waren innerhalb der nächsten halben Stunde zu erwarten.

Aus dem Autoradio tönten nostalgische Klänge mit Katri Helena und Jari Sillanpää; beide sind bekannte finnische Schlagersänger – und das seit Jahrzehnten. Wir versanken auf Grund dessen in ›retrograde‹ Gedankenwelten – ach ja, wohin, wohin sind die Jugendjahre und ihre Träume entschwunden ... Uns fielen die Augen zu.

Matti erwachte als erster aus dieser kontemplativen Versunkenheit. Offenbar war er zwischenzeitlich zu einer Erkenntnis gekommen ... Daher stieß der Meister der rigorosen Unbekümmertheit mich in die Rippen, als Zeichen, er habe wichtige Dinge zu vermelden: »Habe ich nachgedacht!«

Aha!

»Ist sich gut, kleines Schreiberlein, dass wir sind noch so kräftige und hochkluge Männer. Ist wenigstens richtig für mich! Bin ich aber nicht so sicherlich für dich, wenn ich ansehe dein schwaches Körperlein. Kannst du glücklicher Mensch sein, dass du hast so großmächtigen Freund Matti!«

Er blickte mich gespannt an ... Es war augenfällig: Mein hoch geschätzter Freund wartete auf Bestätigung. Verständlich, war er sich doch nicht »sicherlich«, ob seine Analyse auch auf mein »schwaches Körperlein« zutraf ...

Ich betrachtete meinen »großmächtigen« Gefährten. Es kostete mich einige Anstrengung, ernst zu bleiben, zumal aus seinen Augen der typische Matti-Schalk blitzte. Dann, ohne zu antworten, tätschelte ich ihm teilnahmsvoll die Wange, beugte mich vor und begann im Handschuhfach zu kramen. Denn: Es war mir bekannt, dass er dort stets an die zehn Tafeln Schokolade, ein gutes Kilo Knabberzeugs und tütenweise Lakritz – wie nicht anders zu erwarten, schließlich ist er Finne, und für diese Spezies ist dieses Teerprodukt (»Anteeksi«, liebe finnische Freunde und Verwandte!) ein Grundnahrungsmittel – verstaut hat, als eiserne Notration sozusagen. Denn zu Mattis elementaren Ängsten gehört die Furcht, er könne mit seinem fahrenden Wohnzimmer eine Panne haben und hätte nichts zu essen dabei. Schon manches Mal habe ich mir das Vergnügen erlaubt, ihm dieses Szenario im Rahmen einer Unterhaltung freundschaftlich und detailliert vor Augen zu führen. Seine dabei postwendend einsetzende Panik mit Zähneklappern und Gliederzittern war mir immer wieder ein Genuss.

»Was du machst da?«, erkundigte sich mein Freund nun mit leichtem Argwohn und etwas unwillig, als er bemerkte, dass ich begann, seine Schokolade in mich hineinzustopfen. Mit vollem Mund gab ich ihm Auskunft: »Ich muss doch mein kleines Körperlein aufpäppeln!« Verständnislose Miene bei meinem Gefährten: Er kannte das Wort »aufpäppeln« offensichtlich nicht. »Muss ich großmächtig werden wie du!«, erläuterte ich bereitwillig.

»Geht sich niemals nie nicht!«, grinste mein Gegenüber überlegen. »Siehst du, hast du eben nicht nur kleines Körperlein, hast auch kleines Gehirnlein!« Bei diesen Worten entwand er mir die Süßigkeiten, klappte das Handschuh- oder richtiger Proviantfach zu und spähte Richtung Tunnel. »Wo sie bleiben, diese Leute mit Grasfresser?« Er inspizierte die Uhr. »Ist schon gleich zehn Uhr! Sind sie gefallen in Hafenbecken und gefressen worden von ›mustekala‹ (›Tintenfisch‹)?«

Auch ich wurde allmählich nervös. Wo blieben diese Machtniks nur? Sie konnten sich doch nicht verfahren haben, die Straße 103 war nicht zu verfehlen.

Die Minuten wurden uns zu Stunden. Anrufversuche mittels Handy blieben erfolglos. Endlich, die Uhr zeigte fast zwölf, tauchte am Tunnelausgang ein orange-grünes Vehikel auf, schwenkte in die Bucht und stoppte hinter Mattis fahrbarem Untersatz.

Und was bedeutete dies: Fridolin am Steuer ließ auffälligerweise den Motor laufen, Jens saß mit hochrotem Kopf auf dem Beifahrersitz, Claudia schaute irgendwie genervt aus dem Fenster, die Gören verhielten sich eigentümlich still. Da musste was geschehen sein, das war mir sofort klar.

Matti schaute ebenfalls leicht irritiert. Wir stiegen aus, auch die Türen des Fridolin-Gefährts öffneten sich. Warum aber stellte Fridolin den Motor nicht ab?

Der Mundharmoniker und Claudia wirkten deutlich erleichtert, als sie uns sahen, Jens Machtniks hielt sich sprachtechnisch ungewöhnlich zurück. Fridolin wickelte seine Arme um mich und legte seinen Kopf an meine Brust, er suchte unverkennbar Trost. Jens Machtniks erschien insgesamt sichtlich gedämpft, was extrem ungewöhnlich bei ihm ist.

Claudia, wie immer resolut und geradeheraus, schickte ihrem Göttergatten einen strafenden Blick (sicherlich nicht der erste an diesem Tag) und berichtete: »Ihr wundert euch bestimmt, warum wir so spät sind. Dieses Genie (erneuter, leicht gereizter Blitz in Richtung Jens) hat uns erst mal auf dem Schiff völlig ziellos aufs falsche Autodeck geführt. Wir haben verzweifelt den Bus gesucht. Und als wir ihn dann endlich gefunden hatten, sprang der Motor nicht an, weil HERR Machtniks vergessen hatte, das Licht auszuschalten und die Batterie leer war. Stellt euch vor! Hinter uns standen tausend Autos, die nicht raus konnten. Weil, wir sind in Travemünde erst so ziemlich am Schluss aufs Schiff gekommen und versperrten ihnen jetzt den Weg!«

»Na ja«, Fridolin löste sich von mir. »Um ehrlich zu sein,

die Batterie war aber auch nicht mehr ganz neu.« Da war er wieder, der gutmütige Fridolin. Musste trotz allem seinen Cousin Jens in Schutz nehmen ... »Aber seid ihr denn nicht benachrichtigt worden, vom Schiffspersonal? Dass das Licht noch brannte?«, fragte ich ihn. »Wir standen da unten im Schiffsbauch zwischen Lastwagen und Omnibussen versteckt. Und es war ja nur das Abblendlicht. Die haben das offenbar nicht bemerkt. Wahrscheinlich wär' nichts passiert, wenn es nicht die ganze Fahrt über gebrannt hätte.«

»Und wie seid ihr dann rausgekommen?«, erkundigte ich mich. »Na ja, einige von diesen Burschen vom Schiff haben meinen Bus rausgeschoben, und beim Runterrollen auf der Rampe hab' ich im zweiten Gang die Zündung eingeschaltet und die Kupplung kommen lassen. Das hat geklappt. Zum Glück fahr' ich 'nen Benziner und kenne das mit dem Anschieben noch von früher! Aber jetzt mach' ich den Motor nicht mehr aus!«

Matti hatte schweigend zugehört. Ich bemerkte jedoch schon seit einigen Minuten in seinen Augen ein Glimmen, das sich nun zu einer Art triumphalem Glühen entwickelte. Er ließ sich erstmals hören: »Altes Batterie? Ist sich schlecht, altes Batterie! Muss neues Batterie her. Zu unsicher mit altes Batterie, hier in finnischer Wildnis!«

Ich registrierte, dass Jens Machtniks beim Wort »Wildnis« aufhorchte ... Matti hatte, war es bewusst oder unbewusst geschehen, exakt den spannendsten und großartigsten Begriff gebraucht, der in den konfus verwickelten Gehirnwindungen unseres Herrn Machtniks umher flanierte oder korrekter ›flatulenzierte‹ (mit dieser Wortneuschöpfung stelle ich endlich mal dem Substantiv ›Flatulenz‹ ein Verb zur Seite: Ich hoffe, die Duden-Redaktion weiß dies zu schätzen!).

»Fahren wir auf Weg nach Hause bei Onni vorbei, neues Batterie holen.« – »Aber heute ist Sonntag, Matti«, gab ich (wie schon in den frühen Morgenstunden) zu bedenken. Der großmächtige Finne machte eine wegwerfende Bewegung. »Bist du nicht Matti! Hast du nicht Nummer von ›puhelin‹ (›Telefon‹). Habe ich aber!« Er richtete sich zu voller Größe auf. »Auf, ihr deutschen Gastgekommenen! Grasfressmaschinchen muss schnell in seinen Stall, los, los!« Er bog sich vor Lachen über seinen ›Stallwitz‹, während wir anderen etwas konsterniert und verwundert seinem Heiterkeitsausbruch beiwohnten. Insbesondere Claudia sah mich unsicher an, in gewisser Weise argwöhnisch. Die Frage stand ihr ins Gesicht geschrieben: »Ist der immer so?« Ich lächelte ihr beruhigend zu, woraufhin sie sich leicht entspannte.

Wenig später schlingerte eine Luxuslimousine mit finnischer Standarte Richtung Norden, gefolgt von einem orangegrünen Kleinbus mit deutschem Kennzeichen. Am Steuer des Straßenkreuzers saß ein unverkennbar gut gelauntes Mannsbild, das bei weit geöffnetem Seitenfenster laut und unmelodisch finnische Schlager mitsang, die aus dem Radio tönten. Der Kleinbus dahinter wurde von einem männlichen Individuum gefahren, neben dem auf dem Beifahrersitz ein schlaksiger Mensch, ebenfalls maskulinen Geschlechts, völlig in sich versunken, Mundharmonika spielte.

Was können wir hieraus schließen? Wir können hieraus schließen, dass erstens Matti gut gelaunt war, zweitens ich nicht nur seinem Gesang, sondern auch der Zugluft durchs offene Fenster ausgesetzt war, Jens Machtniks trotz der vorausgegangenen Scheinwerfermisere erneut ans Steuer durfte und viertens Fridolin daran war, sein inneres Gleichgewicht mittels seiner musikalischen Genialität wiederzufinden.

16 Fahrt in Mattis ›Chefomobil‹

Matti kurvte zügig auf der Straße 4 beziehungsweise E 75 in nördliche Richtung. Die Sonne schickte ihre wärmenden Strahlen, eine wirkliche Wohltat nach dem Regen am Morgen des vorhergehenden Tages. Zumindest also in Bezug auf das Begrüßungswetter konnten sich Machtniks und Fridolin nicht beklagen.

Dennoch hockte ich nachdenklich in Mattis ›Pendolino‹. Zu einer unterhaltsamen Konversation mit meinem Freund im Sinne eines Gedankenaustauschs kam es nicht; Matti bestritt die Unterhaltung durchgängig in Eigenregie ohne mein Zutun. Ausführlich legte er mir dar, dass so manches »kleines Maschinlein« ohne ausreichende Stromzufuhr nicht funktionieren könne. Das treffe auch auf einen Automotor zu, wenigstens im Moment der Zündung. Diese Erkenntnis war mir wirklich neu ...

Zwischendurch schmetterte er so manche Opernarie und einige Chansons (zumindest teilte er mir jeweils detailliert mit, dass es bei seinen gesanglichen Darbietungen um derartige Musikstücke ging). Immer mal wieder beleuchtete er das Jenssche Missgeschick unter allen nur erdenklichen Aspekten, dann wieder lobte er die musikalische Inbrunst, mit der Fridolin, von meinem finnischen Begleiter als »Frittolin« betituliert, seine Mundorgel malträtierte. Letzteres konnte er im Rückspiegel ausgiebig verfolgen.

Es war demnach sehr kurzweilig in Mattis fahrendem Wohnzimmer. Und mit der eigenwilligen Aussprache von Fridolins Vornamen beweist er, dass er Jens in linguistischer Hinsicht durchaus ebenbürtig ist. Mich derweil beschäftigte die Frage, wie Jens wohl mit der Tatsache zurecht kam, dass er hier in Finnland den orange-grünen Kleinbus über bestens ausgebaute, großzügige Autobahnen chauffierte: Nichts war zu sehen von Urwald, von Bären, Elchen, Wölfen, Schlangen und ähnlichem Getier. Riesenhafte Tankstellen, Einkaufszentren und Raststätten finden sich ja beiderseits der Ausfallstraßen von Helsinki. Ausgedehnte Gewerbeparks, Freizeitanlagen und Sportstätten kommen immer mal wieder ins Blickfeld ... Wie mochte sich das mit den Jensschen Fantasien einer finnischen ur-ur-urigen Urlandschaft vereinbaren lassen, unberührt und allenfalls von gefahrbringenden Raubtieren bevölkert?

Kurz vor Lahti hielten wir auf einem Parkplatz an, Jens hinter uns. Ich hatte Matti vorgeschlagen, im Hafen von Lahti eine Pause zu machen, weil ich auch an Silke und Tommi dachte. Die Kinder brauchten bestimmt etwas Bewegung, und dieses Vorhaben wollte ich der Familie Machtniks mitteilen.

Ich öffnete die Beifahrertür, stemmte mich aus dem Ohrensessel des Mattischen Gefährts hoch und begab mich zum Kleinbus. Herr Machtniks machte keinerlei Anstalten, sich vom Fahrersitz zu erheben, sondern wartete bei laufendem Motor auf meine Ankunft.

Und siehe da, meine vorausgegangenen Grübeleien darüber, welche Frustrationen die hoch entwickelte finnische Infrastruktur bei Jens Machtniks auslösen würde, waren völlig begründet. Jens kurbelte das Fenster herunter, blickte mich missbilligend an und begrüßte mich grantig: »Wann kommen wir endlich in den Urwald?«

Geflissentlich sein Granteln überhörend, wandte ich mich an Claudia und Fridolin. »Was haltet ihr von der Idee, hier in Lahti kurz zu rasten? Wir könnten zum Hafen fahren und dort einen Kaffee trinken. Da gibt's ganz nette, kleine Cafés. Täte uns allen bestimmt gut, besonders den Kindern, oder?« Claudia nickte. »Wäre prima! Wir könnten echt mal eine Pause gebrauchen. Jens meckert die ganze Zeit, weil die Autobahn hier sogar besser als in Deutschland ist.« »Ist doch auch wahr!«, tönte es von vorne. »Zu Hause habt ihr mir alle von Wildnis und Bären und solchem Kram erzählt, und jetzt? Nur Rundumversorgung wie im Altersheim beim Opa Karl!«

Dieser Bursche ist doch wirklich kaum zum Aushalten. Schließlich war *er* es doch gewesen, der pausenlos diese abenteuerlichen Geschichten von Bären und Wölfen aufs Tapet gebracht hatte!

Ich ging vorsichtigerweise auf sein rebellisches Genörgel nicht ein, sondern schüttelte nur meinen Kopf. »Die Batterie ist doch jetzt garantiert so weit aufgeladen, dass du ohne Probleme wieder starten kannst, Jens. Mach' doch mal den Motor aus!« – »Auf dein Risiko!«, murrte der Kerl, drehte aber dennoch den Zündschlüssel.

In der Zwischenzeit hatte sich auch Matti dazu bequemt auszusteigen. Er lehnte an Fridolins Kleinbus und lauschte konzentriert dem Jensschen Beschwerdeschwall. Auf seinem Gesicht zeichnete sich ein ganzes Gefühls-Potpourri ab: Erstaunen ließ die Augenbrauen in die Höhe rutschen, in der nächsten Sekunde wurde der Mund so breit wie der Kühlergrill seiner Staatskarosse. Dann wieder zogen sich die Augenbrauen zusammen, der Blick richtete sich überlegend nach oben, die Stirn legte sich in Falten. Kurz: In Mattis edlem Antlitz wetterleuchtete es von heiter bis wolkig. Nicht umsonst heißt es ja: Das Gesicht ist der Spiegel der Seele; danach zu schließen, musste das Jenssche Lamentieren Mattis Innenwelt so ziemlich in Aufruhr versetzen ...

Matti schaute mich kurz prüfend an, dann beugte er sich leicht zu Jens Machtniks, der immer noch mit säuerlicher Miene am Steuer saß. Ich hörte, wie der finnische Chaot zum deutschen Chaoten sagte: »Bist du kleines Jenslein. Kannst nicht Auto fahren, lässt Lampenscheinwerferlicht auf Schiff brennen, machst jetzt Stimme wie ...«, er überlegte kurz, wobei er die Augen leicht schielend gen Himmel wendete. Jens saß mit offenem Mund; hatte er etwa in Matti seinen Meister gefunden?

Die finnische Koryphäe auf dem Gebiet des deutschen Diminutivs nahm ihre Rede wieder auf: »... Machst du Stimme wie ›kalkkuna‹ (›Truthahn‹) und hast keines Ahnungswissen von wunderbares Finnlandnatur. Wirst du vielleicht sehen Teddybärlein oder Gummibär, vielleicht sogar richtiges gefährliches Bär, kleines Jenslein. Dann du kannst schimpfen und schreien. Und jetzt du bist still. Matti hat gesprochen.«

Ich konnte beobachten, wie sich Claudias und Fridolins Mienen während Mattis Ansprache aufhellten. Insbesondere Fridolin betrachtete den immer noch offen stehenden Mund seines Cousins mit ausgeprägtem Vergnügen, und auch bei Claudia meinte ich so etwas wie Genugtuung zu entdecken. Selbst Thomas und Silke schienen damit einverstanden, dass das finnische Urgestein ihrem Papa mal ›den Kopf zwischen die Schultern setzte‹. Und niemand, nicht mal Jens, erkundigte sich, was ein ›kalkkuna‹ sei. Nun ja, das Ausbleiben einer Nachfrage durch das Machtnikssche Familienoberhaupt selbst ist verständlich – es ließ sich ja an den Fingern einer Hand abzählen, dass ein ›kalkkuna‹ keine besonders niedliche Tierspezies mit lieblich-melodiöser Stimme sein konnte.

Jens klappte also seine Plapperluke widerspruchslos zu, Matti und ich marschierten zur Vier-Räder-Kolossalität namens Oldsmobil, und wir starteten Richtung Hafen von Lahti. Tatsächlich sprang Fridolins Kleinbus ohne jegliches Murren an. In einem der gemütlichen, kleinen Cafés am Hafen gelang es unschwer, nicht nur Herrn Jens sondern auch seine Laune mittels diverser Hefeteilchen (finnisch ›pulla‹) hochzupäppeln. So dauerte es auch nicht allzu lange, bis die beiden Alphatiere sich, bildlich gesprochen, wechselseitig in den Armen lagen. Der Eine der beiden, finnischer Nationalität, lobte die Jenssche Begeisterung für Finnland und fand offensichtlich Gefallen an dessen eigenwilliger Aussprache finnischer Wörter (angefangen von »puchla« statt »pulla« über das bekannte »Sohmi« bis zu »möchki« für »mökki« und weiteren). Und dass im Gegenzug Mattis noch spezielleres Deutsch auf Jens (wie übrigens auch auf mich) einen faszinierenden Reiz ausübte, leuchtet wohl ein.

Tommi und Silke lebten am Hafen ihren Bewegungsdrang aus, kletterten auf und über die Bänke und spielten eifrig Nachlaufen. Matti, echter Kinderfreund und selbst noch kindlichen Gemüts (und das schreibe ich diesmal völlig ohne Ironie!) zeigte nicht übel Lust, sich an dem Treiben und Toben zu beteiligen. »Müssen sich Kinderlein bewegen«, meinte er, »kann ich nicht begreifen, warum hier sind nicht gerüstliche Kletterbauten und ein ›kiikku‹ (›Schaukel‹).« Da hatte er ausnahmsweise mal recht: Es war wirklich nicht zu verstehen, warum auf der ausgedehnten Flaniermeile am Kai nicht das kleinste kindgerechte Spielgerät zu finden war. Und das im kinderfreundlichen Finnland.

Wir blieben etwa eine Stunde am Hafen, bewunderten die dort liegenden Schiffe und sahen den Spaziergängern zu. Inzwischen war es fast fünfzehn Uhr geworden, und sowohl Claudia als auch Matti drängten zum Aufbruch.

Der finnische Reiseleiter verkündete, man werde noch ein Stück auf dem »moottoritie« (»Autobahn«) fahren. »Dann, in Heinola, wir fahren auf normales Straße, nicht mehr moottoritie und vieles Zeit später auf noch kleineres Straße und vieles Zeit später auf noch kleineres Straße und dann auf ganz kleines Sträßlein!« Das war wieder einmal ein Beispiel für elegantes, individuelles Matti-Deutsch ... Nach dieser beeindruckenden Wegbeschreibung fixierte er Jens. Allem Anschein nach wollte er dessen Reaktion auf diesen Straßen- und Sträßlein-Cocktail ermitteln.

Jens Machtniks blieb äußerlich unbeeindruckt. Also legte Freund Matti nach: »Und am Ende auf Weglein durch finnisches Urwald, da gibt es Elch, Bär, ›ilves‹ (›Luchs‹) und ›supikoira‹ (›Marderhund‹). Gefährliches Weg!«

Jens suchte jetzt doch unsicher Blickkontakt mit mir. Ich nickte bestätigend. Warum auch nicht? Der Bursche hatte sich doch Abenteuer gewünscht. Und auch ich habe nun mal Spaß daran, wirres Zeug in sowieso wirren Situationen noch unentwirrbarer zu machen, um Verwirrte noch mehr zu verwirren ... Daher meine mit ernsthafter Miene vorgetragene Bestätigung von Mattis Ausführungen.

Nicht nur Jens, auch Fridolin hatte mit wachsender Besorgnis zugehört. Claudia und die Kinder dagegen nahmen die Abhandlung des finnischen Unikums als das was sie waren: Fantastereien, wie sie sie in Jensscher Manier schon von zu Hause her kannten. Sie sind ja diesbezüglich durch eine harte Schule gegangen. Ich war aus diesem Grund gespannt darauf, ob Matti sich an ihnen seine Zähne ausbeißen würde.

Fridolin lauschte Mattis Darlegungen ebenso wie Jens mit leichter und doch spürbarer Anspannung. Es stellte sich allerdings sofort heraus, dass der Grund hierfür weniger die Furcht vor irgendwelchen Bestien war – dafür ist auch er durch die Erfahrungen mit seinem Cousin zu abgehärtet und gegenüber irgendwelchen Albernheiten resistent. Ihn beschäftigte eher die Schilderung der Straßen und Wege, die laut Matti zu passieren waren.

Es war mir sofort klar: Fridolin hatte Angst um seinen Bus. »Je nun, wer Abenteuer haben möchte, darf nicht im Fernsehsessel sitzen bleiben, lieber Fridolin«, ging mir durch den Kopf.

»Ich fahre dann doch lieber selbst, Jens!« Fridolin klang erstaunlich energisch; Jens begehrte dennoch auf – wen wundert's? »Wieso, warum, weshalb, Frido? Wer hat den Bus beladen, he? Wer hat ihn bis zum Schiff gefahren? Und jetzt bis hierher? Du hast die ganze Fahrt über nur in deine Mundorgel geblasen, dudel, dudel, dudel! Ohne mich wärt ihr immer noch in Hamburg! Ich ...« Fridolin stand, wie üblich bei derartigen Jensschen Wortschwällen, konsterniert und sprachlos. Aber Claudia sprang in die Bresche. »Schweig' sofort still, HERR Jens! Das ist Fridolins Bus, und er allein bestimmt, wer fährt!«

Nun schaltete sich auch Matti ein, der begeistert das Geplänkel zwischen Fridolin und Jens verfolgt hatte. »Habe ich sehr gutes Idee, Jens und Frittolin: Fährt kleines Buchschreiberlein mit in Omnibus von Frittolin. Und Jens fährt mit mir in Luxusmobil. Schreiberlein hat in kleinem Gehirnlein Weg zu Sommerhaus. So wir müssen nicht immer fahren wie Quak-Entengruppe.«

Wie bitte? »Quak-Entengruppe«? Ich starrte meinen finnischen Kumpel entgeistert an. Er starrte überlegen und selbstsicher zurück. »Was ist? Darf Freund Jens nicht fahren in Chefomobil?« Das wurde ja immer besser: »Chefomobil«. Die Wortschöpfungen des Sprachgenies wurden wirklich zunehmend verrückt. »Quatsch, Matti. Ich fahr' gern mit im Bus. Aber was, bitte, soll eine ›Quak-Entengruppe‹ sein?«

»Oh, oh, oh! Muss ich wieder mal erklären, Licht machen in kleines Gehirnlein: Du kennst Weg zu mökki, oder? Also, wenn du bei Frittolin sitzt, wir nicht müssen dauernd fahren hintereinander, so wie Quak-Enten schwimmen im See!«

Es ist nun mal so, dass es Matti ein diebisches Vergnügen bereitet, solche Formulierungen in die Welt zu setzen. Und so seltsam es auch klingen mag, gleichzeitig sind sie ein Beleg dafür, dass er die deutsche Sprache fast spielerisch beherrscht, sonst könnte er diese leicht wirren Ausdrücke wohl überhaupt nicht generieren.

Nach der geistreichen Feststellung von Matti wollten er und Jens sofort losfahren. Jens hatte Mattis Vorschlag, die Sitzplätze zu tauschen, begeistert zugestimmt. Jetzt aalte er sich wohlig im Komfortsessel von Mattis Luxus-Gigantomobil. Er war so tief in die Polster des Beifahrersitzes gerutscht, dass gerade mal seine Nasenspitze noch zu sehen war.

Ich konnte die beiden in letzter Sekunde stoppen. »Halt! Wartet noch! Wir wollen doch bei deinem Freund Onni vorbei, Matti, wegen der Batterie. Du musst deswegen wenigstens bis dort bei uns bleiben. Und fahr' nicht so schnell! Denk' an die Radaranlagen!« Jens und Fridolin sahen mich fragend an. »An den Überland-Straßen gibt es hier alle paar Kilometer stationäre Radarkontrollen«, erläuterte ich. »Zwar bisher nicht auf den Autobahnen, aber an den zweispurigen Straßen. Und die Strafen, wenn man erwischt wird, sind drastisch, kein Vergleich zu denen in Deutschland.« Die zu zahlenden Summen richten sich nach dem Einkommen!

Der finnische, geniale Mobilist namens Matti winkte nur gnädig-ungnädig zu meinen Ermahnungen, ließ den Motor kurz aufheulen und rief: »Los, los, mit buntes Omnibus! Habe ich Onni schon angerufen, wartet er auf uns! In halbes Stunde wir sind bei ihm!«

Tatsächlich saß omistaja Onni Kettu schon auf den Stufen vor dem Portal seines Kauf- und Reparaturladens, als wir auf die Achs- und Fahrgestell-Teststrecke seines Firmengeländes rollten. Fridolin röchelte und rang nach Atem, sobald er den Zustand der Hoffläche endeckte. Es war ihm anzusehen, dass er schwerste Ängste durchlitt, als er den orange-grünen Kleinbus auf das Areal fuhr, langsam und vorsichtig, bemüht, möglichst jede Bodenerhebung und jede Untiefe zu vermeiden.

Kaum waren Mattis Karosse und direkt daneben der Bus zum Stillstand gekommen, sprang der finnische Automobilist aus seinem Großraum-Vehikel. Werkstattbesitzer Onni, immer noch geruhsam vor dem Portal seines Etablissments sitzend, begrüßte die Ankömmlinge wortreich mit: »terve« (»Hallo«) und einem angedeuteten Heben der rechten Hand. Dann griff er hinter sich, machte ein wichtiges Gesicht und schob eine Autobatterie nach vorne.

Matti strahlte, schlenderte zu Fridolins Bus und bedeutete dem Inhaber selbigen Gefährts, die Motorhaube zu öffnen. Die Batterie verblieb auf der Treppe.

Onni erhob sich daraufhin würdevoll und folgte Matti. Der Batterie schenkte er keinen Blick.

Jens bummelte ebenfalls zu den beiden und beugte sich interessiert über den Ort des Geschehens. Die Batterie harrte geduldig am Halleneingang der weiteren Entwicklung.

Was blieb mir anderes übrig als ebenfalls einen Blick in den Motorraum zu werfen, und so lustwandelte auch ich zum orange-grünen Kleinbus. Es war nur selbstverständlich, dass ich die Batterie ließ, wo sie war.

Claudia, seltsamerweise leicht missvergnügt und uns mit strafenden Blicken musternd, machte Anstalten, die einsam auf der Treppe vor sich hin dämmernde Batterie zu ergreifen und zum Auto zu tragen. Ja, so sind die Frauen. Dabei hatten wir vier eben nur noch nicht abschließend entschieden, wie der schwere Akku zum Fahrzeug gelangen sollte!

Fridolin kam Jens' Angetrauter jedoch zuvor und schnappte sich das gewichtige Gerät. Jens sah sich deshalb veranlasst, ihn zu rügen, als wir am späten Abend im Sommerhaus in trauter Männerrunde beim Bier zusammensaßen. Sein Cousin sei ein richtiger »Ungeduldshansel«, äußerte er. »Lass' das Claudia doch auch mal was tun, Frido! Die ganze Zeit hat sie nur im Auto gesessen, während ich gefahren bin!«

Den Batterietausch detailliert zu beschreiben, spare ich hier aus. Erwähnt sei lediglich, dass Onni Kettu sich vor Entsetzen kaum auf den Beinen halten konnte, als er die alte Batterie betrachtete. Ihren Zustand fand er eindeutig schauderhaft. Folgerichtig berührte er sie nur mit spitzen Fingern. Die neue dagegen streichelte er liebevoll und war den Tränen nahe, als er sie hergab. Dass es einen ›unbedeutenden Zuschlag‹ kostete, ihn zu trösten, weil der Akku am Sonntagnachmittag geliefert und eingebaut werden musste, versteht sich von selbst ... Was bedeutet sein Familienname noch auf Deutsch? Ach ja, ›Fuchs‹.

Die restliche Strecke bis zu Päivis und Mattis Sommerhaus legten wir getrennt zurück. Matti und Jens brausten im Oldsmobil davon, Fridolin und der Rest der Familie sowie der Autor der vorliegenden Berichterstattung folgten in deutlich gemäßigterem Tempo: Fridolin hielt sich tapfer und zuverlässig an die auf weiten Strecken der finnischen Straßen vorgeschriebene Höchstgeschwindigkeit von 80 Kilometern pro Stunde; insbesondere die immer mal wieder unvorhersehbar auftauchenden und vielfach erst im letzten Moment erkennbaren Radaranlagen taten das Ihrige dazu ...

Und als wir dann auf nicht asphaltierte Nebenstraßen einbogen, wurde der Kleinbus zu einer Art Schneckentransporter, wenigstens, was die Schnelligkeit unserer Fortbewegung anbetraf. War auch in gewisser Weise zu verstehen. Der brave Mundharmoniker war halt nicht gewohnt, seine geliebte Blechbüchse über Sand- und Schotterstraßen zu steuern, bei denen Granitfelsen aus der Oberfläche hervorlugen, Spurrinnen ausgefahren sind und die Gefahr droht, in einer der Kurven in den Graben zu rutschen.

Nun, wir hatten ja Zeit. Dunkel würde es erst sehr spät werden und auch nur für wenige Stunden, dank der sommerhellen finnischen Nächte. Nachdem ich auf Fridolins Bitte hin das Fahren übernommen hatte, trockneten auch bald die Schweißtropfen auf seiner Stirn, und er entspannte sich. Stante pede griff er nach seiner Mundharmonika. So kam ich ebenso wie Claudia, Tommi und Silkchen in den Genuss eines Solokonzertes: »Frittolin«, hätte Matti, wenn er dabei gewesen wäre, die Situation sicher später in der ihm eigenen Art beschrieben, »Frittolin blies seine Bäcklein auf, hielt Blechorgel vor Mund und machte Töne. Musik klang wie ... na ja, weiß nur Frittolin, was er hat gespielt.«

Bei unserem Eintreffen an Päivis und Mattis mökki war vom Gefährt des besagten Herrn weit und breit noch nichts zu sehen. Wie kam dieses? Wir machten uns Sorgen. Die beiden finnisch-deutschen Zwillings-Chaoten waren doch aus der Pole-Position abgedüst, deutlich früher als wir. Zudem kannte Matti die Standorte sämtlicher Radaranlagen auf der Strecke auf den Meter genau – und ich wiederum Mattis Fahrstil.

Nun, es war gegen 21 Uhr, als die beiden Herren vor dem mökki aus ihrem fahrbaren Untersatz stiegen, aufgeräumt und gutgelaunt. Was sofort auffiel: Ihre Schuhe und Hosenbeine waren völlig schlammverdreckt. Päivi und Claudia in bilateraler Einigkeit schauten ihnen etwas verdrießlich entgegen. »Wo bleibt ihr denn?« Claudia grollte.

Jens warf ihr einen hoheitsvollen Blick zu. Allerdings wurde der stolze Eindruck durch eine Unzahl roter Punkte und Kratzspuren getrübt, die sein Gesicht zierten. »Wir haben noch Bären und Elche gesucht! Und auch gesehen!« Und als er die ungläubigen Mienen der Zuhörer bemerkte, ergänzte er etwas bescheidener: »Jedenfalls fast.« Matti schaltete sich ein. »Habe ich kleinem Jenslein Wald gezeigt, du weißt schon, Päivi, auf anderer Seite von ›Suojärvi‹ (wörtlich: ›Sumpfsee‹). Sind sich dort oft Elch, aber ...« – Er schielte vorsichtig Richtung Jens – »... keine Bär. Haben wir aber in Autoradio gehört Warnung. Bär läuft rum in Lapeenranta.« (Anmerkung: Stadt in Ostfinnland) Er sah, dass ihm niemand glaubte und machte ein beleidigtes Gesicht. »Ist wirklich so!«

Da erhielt er überraschend Unterstützung von Päivi. Sie nickte, wenn auch ungnädig. »Das stimmt diesmal wirklich, ich habe es auch gehört«, meinte sie in perfektem Deutsch zu uns. Dann wendete sie sich wieder ihrem Gemahl zu. Ihre Stimme lief jetzt mit erhöhter Drehzahl und entsprechend größerer Lautstärke. Sie deutete auf Mattis und Jens' Schuhe und Hosen. »Und mit diesen Kleidern seid ihr im Sumpf und im Wald gewesen?! Bist du verrückt geworden, Matti? Warum habt ihr nicht erst Gummistiefel geholt?«

Matti verteidigte sich: »Mussten wir doch gehen in Dämmerabendlicht, sind sonst Bär und Elch nicht mehr in Wald, sind zu Hause und schlafen. Liefen wir sehr tief in Wald. Kein Bär, kein Elch, nur viele dumme ›itikoita‹ (›Stechmücken‹, ›Schnaken‹).«

Ah so! Jetzt war auch klar, woher die roten Stellen in Jens' edlem Antlitz stammten: Es waren Stechmücken-Stiche und Juckspuren! Armer Kerl! Matti als abgebrühter finnischer Waldbewohner war gegen die Plagegeister ja so gut wie immun. Immerhin könnte man es so ausdrücken: Jens Machtniks hatte dann doch ›wilde Tiere‹ gefunden. Waren zwar von minimaler Größe und nicht gefährlich, aber durchaus lästig.

Claudia lauschte den Erläuterungen von Päivis Ehegespons schweigend. Ihre Blicke hingen erbost an Jens' Füßen und den Schlammklumpen, die einstmals Schuhe gewesen waren. Jens bekam das selbstverständlich mit, tat aber so, als bemerke er ihren Verdruss nicht. Vielmehr widmete er sich ostentativ den beiden Sprößlingen. »Na, Silkchen und Tommi, seht ihr, euer Papa hat recht gehabt: Hier laufen Bären und allerlei andere Tiere rum. Aber keine Angst! Papa wird euch und eure Mama vor allen Gefahren schützen! Nur deswegen sind ›Machti‹ und ich gucken gegangen, damit ihr ruhig schlafen könnt.«

Unverkennbar fühlte HERR Machtniks sich als Ranger vom Dienst ... Und versuchte die Sumpfwanderung mit Matti als vorbeugende Rettungsaktion darzustellen. Mit betonter Lässigkeit fuhr er fort: »Und die Schuhe« – er hob die Erdhaufen demonstrativ in die Höhe – »krieg' ich schon wieder sauber. Und die Hose auch.« Als Antwort ließ Claudia nur ein verächtliches »Pff!« hören.

Matti kümmerte sich nicht weiter um den Disput, sondern hatte sich währenddessen an Fridolin gewandt. »Frittolin, wo ist Grasfresserlein?!« Der Mundharmoniker öffnete die Heckklappe seines Kleinbusses, beide wuchteten gemeinsam das Gummiboot raus und anschließend den Rasenmäherroboter. Mattis Augen begannen zu strahlen, als er das Gerät erblickte. – »Gutes Maschinlein, sehr gut! ›Kiitos‹ (›Danke‹) für Mitbringen, Frittolin. Dieses kleines, faules Bücherschreiberlein wollte ja nicht bringen!« Mich traf ein strafender Blitz. »Dafür, Frittolin, du darfst morgen in Sauna. Jens auch. Schreiberlein muss Sauna heizen, zur Strafe. Darf dann vielleicht auch mit. Vielleicht!«

17 Gefahren der Wildnis

Matti, nimmermüde wie stets, begann unverzüglich nach Ausladen des Rasenmäherroboters mit der ›Einweisung‹ des Gerätes. Unterstützt wurde er bei dieser Arbeit von Jens Machtniks. Beide waren vollauf damit beschäftigt, das »Maschinlein« einzugewöhnen. Voller Stolz präsentierte der finnische Großgrundbesitzer dem Rasenmäher und Jens das zu bearbeitende Areal. Im Mittelpunkt dabei: Das Ergebnis seiner abendlichen Bautätigkeit vom Tag zuvor, der neu errichtete Unterstand für den rasenden Rasenraseur nämlich.

Fridolin und ich (wer sonst?) wuchteten derweil das knallrote Gummiboot zurück in den Kleinbus. Erst jetzt tauchte in mir die Frage auf, aus welchem kühlen Grunde Familie Machtniks und ihr Cousin dieses unförmige Objekt in aufgeblasenem Zustand transportierten. Dass sich mir diese Frage erst unter dem Eindruck der Schwerstarbeit beim Verstauen stellte, war (so war mein zweiter Gedanke) wohl ein Hinweis darauf, dass Matti mit seinem »Schreiberlein mit kleinem Gehirnlein« nicht ganz unrecht hatte ... Übrigens gab mir Claudia, als ich mich danach erkundigte, warum dieses Gebilde von den Ausmaßen eines Flugzeugträgers nicht handlich verpackt mitgenommen worden war, zur Antwort: »Jens wollte sichergehen, dass es die Luft hält.«

Ach so. Hätte ich mir eigentlich denken können.

Wenig später wechselten wir unseren Aufenthaltsort: Unter meiner Führung siedelte die gesamte Familie Machtniks zuzüglich Fridolin in die rot-weißen Nebengebäude unseres Sommerhausgrundstücks über. Wir verfügen dort in zwei traditionellen ›aittas‹ über mehrere Betten. Mit ›aitta‹ bezeichnen die Finnen kleine, einfache Holzgebäude, die früher auf

Bauernhöfen als Kornspeicher, aber auch als Schlafräume für Mägde und Knechte dienten.

Fridolin, unterstützt von Claudia, weigerte sich standhaft, Jens im orange-grünen Kleinbus von Päivis und Mattis Gelände hinüber zu unserem Grundstück mitzunehmen, mit Hinweis auf die Lehm- und Schlingpflanzenklumpen an dessen Füßen. »Mein Bus ist kein Dreck-Sammeltaxi«, meinte er streng. Da halfen weder Proteste von Jens (»Frido, du bist ein Tyrann!«) noch von Matti (»Frittolin! Ist sich heiliges finnisches Erde an unsere Füße! Ehre für dein altes Blechkanisterlein!«).

Daher sah der finnische Kindskopf Matti sich gezwungen, den deutschen Kindskopf Jens per pedes über den Uferpfad zwischen unseren beiden Grundstücken zu uns zu bringen. Es war logisch, dass Freund Matti die Gelegenheit dieser etwa einen Kilometer langen Wanderung in seinem Sinne nutzte.

Nun ja, welche (seiner Meinung nach) witzigen Ideen kamen Filou Matti wohl in den Sinn, während er mit Jens Machtniks, diesem Finnland-Novizen, der sich starrsinnig auf ein Zusammentreffen mit wilden Tieren einpeilt hatte, durchs Unterholz streunte? Exakt! Hier deutete er auf nicht vorhandene Spuren von Bärentatzen, dort auf ebenfalls unsichtbare Abdrücke von Wolfskrallen. Dann wieder verkaufte er die Piepser eines Blesshuhnes als Brunftruf einer Wasserschlange von der Größe einer Anakonda. Jens wurde es immer gräulicher ums Herz. Er war froh, als er das orange-grüne Fridolin-Gefährt vor unserem Sommerhaus zwischen den Bäumen hervorschimmern sah.

Matti hielt sich nicht allzu lange bei uns auf, nachdem er Jens abgeliefert hatte. Er schnappte sich lediglich zwei der vorbereiteten Smörrebröds, die meine fürsorgliche Ehefrau für unsere deutschen Gäste vorbereitet hatte, wünschte, vernehmlich kauend, eine gute Nacht und verschwand wieder in Richtung auf sein mökki. Machtniks plus Mundharmoniker wurden, wie man salopp zu sagen pflegt, auch nicht ›alt‹, sondern lagen schon kurze Zeit später in ihren diversen Betten, schachmatt von den Aufregungen der Anreise.

Der Folgetag war als Ruhezeit geplant. Sämtliche Mitglieder der deutschen Reisegruppe schliefen erschöpft bis nach neun Uhr; sogar Silkchen und Tommi schlummerten durchgehend, bis sie von ihrem Vater schonungsvoll mit dem Warnruf: »Aufstehen, da kommt ein Bär!« dazu gebracht wurden, sich ›gemächlich‹ zu erheben. Soll heißen: Claudia durfte die Machtniks-Ableger beruhigend in den Arm nehmen, nachdem die beiden unter Angstgekreisch hochgefahren waren und bibbernd in ihren Betten saßen, während sich Jens Machtniks wieder mal in völliger Verkennung seiner Unbedachtheit vor Lachen bog.

Claudia berichtete meiner Angetrauten und mir wenig später dieses Ereignis, immer noch empört über »das irre Verhalten dieses blödsinnigen Typen«, wie sie sich ausdrückte.

Dieses Intermezzo veranlasste mich nunmehr dazu, von meiner lieben Frau ihr Smartphone zu verlangen. Was aber hat das Handy mit dieser missvergnüglichen Entgleisung des HERRN Machtniks zu tun?

Zur Erläuterung muss ich berichten: Wir waren einige Tage zuvor, kurz nach unserer Ankunft in Finnland, zum Einkaufen im nahegelegenen Örtchen im Supermarkt. Dies wurde erforderlich, weil Päivi und Matti zwar die Grundausstattung an Lebensmitteln für uns besorgt hatten, aber einige lebensnotwendige Dinge, wie beispielsweise Schokolade, Nürnberger Rostbratwürstchen und Gummibärchen fehlten uns, insbesondere mir, noch.

Der erwähnte Supermarkt ist der zentrale Treffpunkt des Ortes, Informationszentrum und Auskunftsstelle für sämtliche lokalen Angelegenheiten und Skandälchen ...

Wir hatten trotz der sommerlichen Witterung unsere Daunenjacken mitgenommen und schlüpften kurz vor Betreten der Einkaufstätte hinein, eingedenk der eiskalten Temperaturen, die in finnischen Supermärkten herrschen. Zumindest, sobald man sich den (in der Regel mehrere Kilometer langen) Kühlregalen nähert. Da mag womöglich jetzt manche oder mancher schmunzeln, von wegen ›Eiseskälte‹ in Finnlands Supermärkten. Allein hier berichte ich von Tatsachen! Kommt man nach dem Einkauf aus einer derartigen Verkaufsstätte mit Binnentemperaturen um die 30 Grad unter Null, läuft man im Sommer bei herrlichem Sonnenschein ernsthaft Gefahr, einen Hitzschlag zu erleiden!

Jedoch, auch dies ist nicht der Grund für mein oben geschildertes Verlangen nach dem Smartphone meiner Liebsten.

Hier die Auflösung: Während wir durch die Gänge des Geschäfts flanierten, fröstelnd, zitternd und mit schlotternden Gliedern, sprach uns eine weibliche Stimme an. Wer war es, die in diesem arktischen Umfeld den Mut aufbrachte, eine Konversation zu beginnen? Mir war sofort klar: Es konnte nur eine Eingeborene sein! Eine dieser durch finnische Wintertemperaturen von 30 bis 40 Grad minus und saunaliche Hitze von 100 Grad plus abgehärteten, jedwede Temperaturschwankung nicht nur hinnehmenden, sondern sogar genießenden weiblichen Wesen, wie sie in Suomi so häufig anzutreffen sind.

Und so war es auch. Denn wer begrüßte uns freudig: Sanna, ehemals Schulkameradin und heute immer noch beste Freundin meiner Lebensgefährtin. Sie also zückte unverweilt ihr Smartphone und führte uns eine Bildsequenz vor. Nicht irgendeine, oh nein! Es war ein nur kurzes Filmchen, das eine Videokamera an ihrem Sommerhaus aufgenommen hatte, als sie und ihr Ehemann nicht dort waren. Das Gerätchen ist an der Außenwand des mökki befestigt, und Sanna und ihr Mann können es jederzeit per Handy ansteuern.

Was aber zeigte diese Kamera, die den Hof am Sommerhaus erfasst? Einen Bären. Gestochen scharf. Jawohl, einen ›karhu‹. Kein Witz! Deutlich war zu erkennen, wie der Zottelbursche über das Grundstück trottete, hie und da schnupperte und auch mal ins Wohnzimmerfenster lugte.

Meine Ehefrau war schockiert. Dazu muss man wissen, dass Sannas Sommerhausgrundstück in Luftlinie nur zwei bis drei Kilometer von unserem entfernt liegt. Oder, um Mattis Sprechweise zu gebrauchen, »zwei bis drei Kilometerlein«. Ein Kurzspaziergang demnach für diesen Meister Petz.

Nichtsdestoweniger fanden wir die Bilder so faszinierend, dass wir Sanna baten, uns das Videochen auf unser Smartphone zu senden. Was diese auch umgehend tat.

So. Dieses Video also war der Grund, dessentwegen ich mir nun im Sommerhaus das Handy von der Frau an meiner Seite erbat. Jens Machtniks sollte Einsicht in diese Bilder nehmen, quasi als kleine Vergeltungsmaßnahme für das rücksichtslose Ausleben seiner Bestien-Marotte. Ich hatte die Hoffnung, dass er dann etwas vernünftiger mit dem Thema ›Bär‹ umgehen würde als bisher.

Der deutsche Anhänger des Chaotismus traf wenige Minuten später mitsamt den übrigen Mitgliedern seiner Reisegruppe am Frühstückstisch ein. Immerhin: Alle hatten ihre Schuhe am Hauseingang ausgezogen und somit den Befehl der Hausherrin vom Abend zuvor beherzigt und befolgt. So ist es nun mal in Finnland Sitte. Und wenn man sich an die Erdklumpen an Mattis und Jens' Schuhen vom Abend zuvor erinnert, hat das auch durchaus seinen Sinn.

Jens ließ seinen Blick prüfend über und um die Tafel schweifen und nahm, selbstverständlich, am Kopfende im weich gepolsterten Stuhl Platz, den wir für meine über neunzigjährige ›anoppi‹ (›Schwiegermutter‹) in Reserve halten, wenn sie mal zu Besuch kommt. Die Attraktivität dieses Sitzplatzes wurde gesteigert durch die Tatsache, dass dort schwerpunktmäßig der Proviant arrangiert und bequem erreichbar war: Käse, Marmelade, Butter, Brot und sogar ›sämpylöitä‹ (›Brötchen‹), dazu Kaffee und Milch und so weiter. Mit Rücksicht auf die deutsche Herkunft unserer Gäste und deren Frühstücksgewohnheiten hatte meine Ehegefährtin auf den ansonsten in Finnland obligatorischen ›kaurapuuro‹ (›Haferbrei‹) verzichtet.

Kaum war die Verköstigung der Familie Machtniks sowie von Fridolin erfolgt, da zückte ich das Smartphone und präsentierte Sannas Filmchen. Doch ich hatte das wahre Ausmaß der Jensschen Überdrehtheit unterschätzt. Denn: Entgegen meinen Erwartungen, nach dem Betrachten des Beweis-Videos werde Jens etwas ernsthafter bezüglich seiner Äußerungen über die finnische Tierwelt, blies der Gipskopf die Backen auf. »Hab' ich doch die ganze Zeit schon gesagt! Und Machti, Detti und Fiefi auch!« Ich versuchte zu intervenieren: »Jens, wir ...«, allein, es war vergeblich. »Lebensgefahr! Massenweise Bären, Schlangen, Wölfe, Pumas ...«, tönte der Kerl. Ich unternahm einen neuen Versuch:. »Jens, jetzt hör' doch mal zu!«

Aber ich hatte keine Chance, der Bursche hatte sich in Rage geredet. »Und heute Nacht hab' ich draußen Schritte gehört. Und die Tür vom Klo hat gequietscht! Das war bestimmt auch so ein Viech!« Jetzt schaltete sich meine bessere Hälfte energisch ein. »Red' doch keinen solchen Quatsch, Jens! Das war ich, ich musste mal verschwinden. Wir sind seit dreißig Jahren jeden Sommer hier und haben noch niemals 'nen Bären oder sonst ein größeres Tier gesehen!«

Jens wehrte sich vehement gegen diese für ihn viel zu sachliche Argumentation. »Wer weiß, wer weiß! Ich jedenfalls halte meine Augen offen! Und unbewaffnet gehe ich nicht raus!« Zum Beleg dieser Aussage kramte er in seinen Hosentaschen und brachte neben einem Flaschenöffner eine halbleere, leicht angestaubte Packung Salznüsse, einige zerknüllte, eindeutig gebrauchte Papiertaschentücher, innigst verklebte Sahnebonbons, ein Streichholzbriefchen mit dem Aufdruck ›Hermanns Kneipe‹ und der sinnreichen Werbung ›Bist du hier, trink ein Bier‹ auch ein mickriges (ich bin ernsthaft versucht, zu sagen: »schwindsüchtiges«) Schweizer Klappmesser zum Vorschein. Stolz öffnete er das Messerchen und führte es uns vor. Beeindruckend, vor allem die etwa drei Zentimeter lange Klinge ...

In diesem Moment ließ sich vorm Haus eine kräftige Stimme vernehmen. Nein, kein Bär. Oder, na ja, irgendwie doch: Matti. War soeben angekommen, polterte die Eingangstreppe hoch, schleuderte seine Gummistiefel im Vorraum in die Ecke und stand nun in voller Mannesgröße im Zimmer.

Jens mit seinem gezückten Messerlein sehen, mit einem Sprung und lautem »Ha!« in die Kung-Fu-Stellung gehen, war für Matti die Reaktion eines Augenblicks. Wobei er bei seinem Luftsprung sehr genau darauf achtete, nicht zu hoch zu kommen: eine Vorsichtsmaßnahme, die wohl der Erinnerung an seine kürzlich erlittene Kopfverletzung geschuldet war.

Dieses martialische Gebaren des stets auf Effekthascherei spezialisierten finnischen ›Konfusius‹ hatte den Erfolg, dass wir alle uns vor Lachen auf unseren Stühlen krümmten. Selbst der sonst so ernsthafte Fridolin konnte nicht an sich halten. Nur Jens starrte den Besucher völlig überrascht mit offenem Mund an. Ich vermute, es war ihm unbegreiflich, dass jemand noch spleeniger sein konnte als er.

Das Verhalten des versammelten Publikums verdrießte meinen finnischen Freund. Wenigstens tat er so. Ich erwischte ihn aber dabei, wie er Silkchen und Tommi kurz angrinste ... Mit beleidigter Miene ließ er sich auf dem letzten freien Platz am Tisch nieder und griff sich umgehend zwei der Brötchen (Matti liebt Brötchen!).

Jens' Mund stand immer noch offen. Widerstandslos ließ er es zu, dass Matti ihm die Schweizer ›Stichwaffe‹ aus der Hand nahm und sie ostentativ dazu benutzte, die Schrippen dick mit Butter zu bestreichen. Dass er ein halbes Glas Marmelade über sein zweites (drittes?, viertes?) Frühstück kippte, erstaunte mich nicht, letztlich kenne ich ihn seit ewigen Zeiten. Erst dann ergriff er das Wort und verkündete vollmundig: »Habt ihr alle kleine Köpflein!« Er überlegte einen Moment. Anscheinend kam da noch was ... Und wirklich: »Mit Sauerkraut drin.« Erneute Pause. Wichtigtuerisch blickte er in die Runde und genoss unser erwartungsvolles Schweigen. »Gehen wir zu meinem (!) mökki. Wollen wir, ich und Päivi, heute später Fischlein braten, an Feuer. Für uns alle. Mit Kartoffeln. Müssen wir aber erst Fisch aus Wasser holen. Habe ich Vorhang reingeworfen. So wir müssen also rudern zu Vorhang, Fischlein holen!«

»Vorhang«? Man erkannte, dass Jens Machtniks ins Grübeln geriet. Klar, ihn beschäftigte die Frage: Was meint dieser

›Machti‹ mit »Vorhang«? Ich wusste natürlich sofort, was Matti meinte. Er hatte Netze ausgelegt. Das ist eine seiner größten Leidenschaften. Zwar lassen die Ergebnisse seiner ›Netzwerke‹ in der Regel zu wünschen übrig, sie sind mager bis nicht vorhanden, doch bremst dies seine Tatkraft nicht im Geringsten.

Man sah, dass Silkchen und Thomas ihre Nasen rümpften. Matti bemerkte dies und sah sich veranlasst zu ergänzen: »Gibt es für Kinderlein auch Würstchen!« Hierauf entspannten sich die Gesichtszüge der Machtniksschen Abkömmlinge.

Nach dieser Ankündigung suchten und fanden Mattis Augen mich. »Kleines Männlein, kannst du rudern?« Dieser unverschämte Bursche! Mir nach mehr als dreißig Jahren Binnenseeruderererfahrung in Finnland diese Frage zu stellen! Aber: »Was soll's«, dachte ich, »lass' ihm seinen Spaß!« Demgemäß nickte ich. »Du, kleines Schreiberlein, kannst mit Frittolin in einem Boot rudern, kann Frittolin auf Blasorgel Musik machen. Kleines Jenslein hier rudert mit mir, in anderem Boot, wir holen Vorhang. Frauen und Kinderlein bleiben an Land. Frauen kochen, Kinderlein spielen, tanzen, singen, jubilieren.«

Silkchen ließ sich hören: »Ich will aber nicht jub ... jubi ...« Tommi fiel ein: »Jubilieren! Jubilieren heißt das, du Kröte!« Siehe da, lange hatte ich nicht mehr erleben dürfen, wie die beiden sich kabbelten. Seit Matti und ich die Reisegesellschaft vom Schiff abgeholt hatten, waren sowohl Silke als auch Thomas leicht gedämpft gewesen.

Silke überhörte den altklugen Kommentar ihres Bruders. »Außerdem will ich schwimmen, wo ich doch jetzt das Seepferdchen habe, Mama!« Claudia zog die Augenbrauen hoch und atmete tief ein und aus. »Silkchen, erst müssen wir schauen, wie tief das Wasser ist, ob du stehen kannst. Dann sehen wir weiter.« Tommi hatte ungeduldig zugehört. »Aber ich darf doch schwimmen geh'n, oder? Ich kann garantiert stehen, bin ja viel größer als die Silke!« – »Bist du gar nicht!« – »Bin ich doch! Und besser schwimmen als du kann ich sowieso!« – »Kannste nich'!« – »Kann ich doch! Außerdem bin ich eben doch größer als du!«

Silkes Stimme wurde jetzt lauter. Und schriller. »Mama! Maammaaa! Der Tommi ärgert mich!« Thomas: »Gar nicht! Ich bin aber größer!«

Jens war genervt. Jetzt fing das schon wieder an! Da war ein Machtwort nötig. »Silke, hör' auf zu plärren! Und du Tommi, halt' jetzt deinen Mund!« Auch Claudia schaute leicht sauer. Thomas senkte seinen Kopf. »Bin ich aber doch ...«, hörte man noch leise. Silke hatte zwischenzeitlich die übliche Leier angestimmt. »Ümmer der Tommi! Ümmer!« Als sie jedoch Jens' gereizten Gesichtsausdruck sah, verstummte sie.

Um zur allgemeinen Beruhigung beizutragen, hatte Fridolin inzwischen seine Mundharmonika hervorgekramt und begonnen, nicht ganz zur Situation passend, ›Leise rieselt der Schnee‹ zu flöten. Matti spitzte seine Lippen und versuchte, ihn pfeifend in der zweiten Stimmlage zu begleiten, was ihm leider nicht durchgängig gelang. Trotzdem klang es meines Erachtens nach wundervoll. Oder wenigstens wunderlich ...

Auf meine spätere Erkundigung hin, warum Fridolin ausgerechnet ein Weihnachtslied vorgetragen habe, meinte er, ihm sei nichts Besseres eingefallen. Er habe vor Augen gesehen, wie der Schnee sanft und flockig zur Erde fiel und das so beruhigend gefunden.

Bis dato hatten wir fest geglaubt, Matti als Solist sei Weltmeister der Klamaukproduktion. Diese Überzeugung geriet allerdings zunehmend ins Wanken, seitdem wir ihn im Zusammenspiel mit dem Machtniksschen Familienoberhaupt und dessen Cousin Fridolin erleben durften. Claudia und meine bessere Hälfte warfen mir hilfesuchende Blicke zu, die ich mit einem freundlichen, tröstenden Zwinkern erwiderte, während Matti sich bemühte, pfeifentechnisch mit Fridolin Schritt zu halten.

Wenig später konnte man eine Gruppe Menschen beobachten, die den Uferweg in Richtung Päivis und Mattis Grundstück entlang zog. Vorneweg lief ein trotz urwüchsiger Umgebung elegant gekleideter schlaksiger Mensch, dessen Füße allerdings etwas ›stilbrüchig‹ in Gummistiefeln steckten. Er trällerte aus Leibeskräften auf einer Mundharmonika: Meister Fridolin, in fester Überzeugung, Mundharmonikamusik sei die wirksamste Methode zur Abwehr von Bären und anderem Getier.

Ihm zur Seite schritt ein starkleibiger Bursche, hatte die Hände in den Hosentaschen und pfiff unmelodisch aber laut und vergnügt das, was er für die passende Begleitung zur Fridolinschen Tonkunst hielt.

Diesen beiden folgte gottergeben eine junge, hübsche Frau, an ihren Händen links ein kleines Gör mit mürrischem Gesicht, das sich mehr oder weniger mitschleifen ließ, rechts einen Halbstarken (nicht Jens!) mit nicht minder sauertöpfischer Mimik: Thomas.

Die Nachhut der kleinen Gesellschaft bildete ein pausenlos plappernder Zeitgenosse, der mit unruhigen Blicken jeden Busch eindringlich musterte, in der Furcht, ein Raubtier könne hervorbrechen: Jawohl, Jens.

Direkt hinter dieser anerkannten Koryphäe für sinnentleerte Verhaltensweisen schritt eine bezaubernde Dame, die mit leicht ungläubigem Kopfschütteln ihn und die vor ihr promenierende Gruppe betrachtete. Sie war eingehängt bei einem leutseligen Grandseigneur, dem sie immer mal wieder finnische Kommentare zuflüsterte: ein distinguierter, proper in alten Jeans und einem viel zu weiten Pullover gekleideter, äußerst sympathischer Herr älteren und doch jugendlichen Aussehens, der Intelligenz und Weisheit ausstrahlte und höchst anmutig einherschritt ...

18 Freuden des Ruderns

Bei unserer Ankunft war Päivi schon auf ihrem schmalen Kartoffelacker direkt neben dem Sommerhaus zu Gange. In einem Eimer leuchteten die goldgelben Knollen, ihre Finger und Arme waren schwarz von Erde, ihre Augen strahlten. Ich wusste, dass sie das Beet ihr »kleines Paradies« nannte, und das war es ja auch. Neben Kartoffeln züchtete sie dort allerlei Kräuter sowie Möhren und Zuckererbsen.

»Ist es nicht wunderbar, die frischen Kartoffeln aus der Erde zu buddeln?«, fragte ich Matti. Der verzog den Mund. »Kartoffel essen ist sich gut, mit salziger Butter. Aber Graben ist sich schmutzige Arbeit. Nichts für Mann mit gelehrtes Kopf.« Ich sah ihn prüfend an. Selbst ich, der von sich behauptet, so ungefähr jeden Spleen und Kurzgedanken dieses Chaoten zu kennen, war in diesem Moment unsicher: Meinte er damit sich selbst? Allem Anschein nach, denn er fügte herablassend hinzu: »Kaufe ich erdige Äpfel lieber auf ›tori‹ (›Marktplatz‹).«

Ja, das passte zu meinem Freund: Ging es um Arbeiten, die mit Benzin- und Metallgerüchen verbunden waren und bei denen innerhalb kürzester Zeit Öl- und Schmierflecken Hände, Hemden und Hosen zierten, konnte man sicher sein, dass er sich begeistert einbrachte. Aber sonst ... Das war wieder so eine Sache, bei der er und Jens Machtniks Zwillinge sein könnten.

Mir war daher jetzt schon klar, wer die Fische putzen würde, die es heute zum Menu geben sollte. Garantiert nicht Matti, nein, nicht Matti!

Während diese Gedanken mir durch den Kopf gingen, betrachtete ich teilnahmsvoll Päivi. Ach, die Bedauernswerte!

Voller Mitgefühl verfolgte ich vom Rand des Feldes aus ihr angestrengtes Wirken, begutachtete die Größe der von ihr handverlesenen Kartoffeln und Kartöffelchen, erteilte manch hilfreichen Fingerzeig in Bezug auf die Benutzung der Grabgabel und wies mehr als einmal auf einen vergessenen Erdapfel hin. Ihre freundlichen Bemerkungen und ebensolche Blicke waren mir ein Beweis dafür, wie dankbar sie für diese Unterstützung war. Da fand ich es im Grunde genommen überflüssig, dass auch Matti nicht mit guten Ratschlägen geizte und selbst Jens Machtniks sich an dieser fürsorglichen Gemeinschaftsarbeit mit allerlei Tipps beteiligte ... Fridolin dagegen, dieser durchgeistigte Musikus, beschränkte sein Mitwirken darauf, jede Kartoffel, die Päivi aus dem Erdreich hob, auf seiner Mundharmonika mittels Tusch zu begrüßen.

Ich bin davon überzeugt, dass Päivi niemals zuvor oder später unter ähnlich taktvollen, sensiblen, ja feinfühligen Begleitkommentaren auf ihrem Acker tätig war!

Claudia war inzwischen zum Ufer geeilt, die Kinder im Schlepptau. Schließlich galt es, die Wassertiefe zu beurteilen. Glücklicherweise fällt der Strand nur sanft und ganz allmählich ab und besteht zudem größtenteils aus Sand. Diese topografische Situation würde bestimmt wenigstens für eine Weile das erneute Aufflammen des Zwistes zwischen Silkchen und Tommi um die Frage verhindern, wer größer sei – dachte ich, der ich nun mal zu den Menschen von grundsätzlich treuherziger Natur gehöre ...

Als Erwachsener muss man bei Päivis und Mattis Badestelle etwa zwanzig Meter im flachen Wasser laufen, bevor man nicht mehr stehen kann. Jedenfalls auf der rechten Seite des Stegs. Links davon ist das Wasser deutlich tiefer. Der Steg selbst ragt ein ziemliches Stück in die Bucht hinein.

Hatte ich erwartet, die beiden Machtnikschen Sprößlinge würden sich friedlich, sanft und still zum Planschen in den für finnische Verhältnisse angenehm temperierten Fluten vergnügen, so hatte ich mich getäuscht. War allerdings auch ziemlich blauäugig, wie ich im Nachhinein gestehen muss. Schließlich hatte ich doch schon einige Male das Vergnügen gehabt mitzuerleben, wie die zwei die stürmische Phase des Kindseins durchlebten und die willkommenen Anlässe für kleine Auseinandersetzungen goutierten.

Zudem: Ihr Vater war und ist bekanntermaßen Jens. Allein diese Tatsache hätte mir schon sagen müssen, dass die zwei kleinen aber ausgemachten Nachwuchs-Komiker ihre kindlichen Egos auch bei dieser Gelegenheit zur Entfaltung bringen würden.

Und so war es auch: Silkchen und ihr Bruderherz befanden sich beim Baden anfangs in der erwähnten unbekümmerten, friedvollen Stimmung – eine Situation, die für beide vor dem Hintergrund der beschriebenen entwicklungspsychologischen Konstellation offenbar nur kurzfristig aushaltbar war ...

Diese hochwissenschaftliche, von mir bewusst etwas verklausulierte Darlegung heißt nichts anderes, als dass Silkchen schon nach wenigen Minuten ihre bekannte schrille Sirene ertönen ließ, weil Thomas sie großbrüderlich triezte: Er strampelte, rückwärts schwimmend, kräftig mit den Beinen. Das bewirkte, selbstverständlich rein zufällig, dass sein Schwesterlein ›geduscht‹ wurde. Eigentlich unerheblich, wenn man bedenkt, dass Klein-Silkes Körper sowieso schon eingeweicht war. Wie zu erwarten, schaute Thomas reichlich überrascht und unschuldig ob der Proteste seiner Schwester und stimmte unmittelbar ein lautstarkes Gezeter an, weil diese ihn mit nassem Sand bewarf.

Bei diesem Aufruhr stellt sich umgehend die Frage: Wie reagierte Fridolin? Und vor allem: Was taten Claudia und Jens?

Nun, Fridolin war etwas ungehalten, hatte er sich doch, immer noch piekfein in Schale, sinnierend am Ende des Stegs niedergelassen und auf seinem Blasinstrument verträumt die Händelsche Wassermusik angestimmt. Dazu passte nun Silkes Sirenengeheul und Tommis Wutgeschrei überhaupt nicht. Für Menschen von ausgeprägt musikalischem Sachverstand (wie, in aller Bescheidenheit, ich es bin) ergab das Zusammenspiel eher eine regelrechte Kakofonie. Und auch Fridolin empfand dies so, mit dem Resultat, dass er unversehens von der Wassermusik in die 2. ungarische Rhapsodie von Liszt wechselte. Eine echte Herausforderung für seine Äoline, übrigens auch für die Zuhörer!

Der Erfolg blieb nicht aus: Die kleine Streithenne und der etwas größere Streithahn hielten in ihrem Geplänkel inne und standen schlagartig stumm in den Fluten, lautlos wie die Fischlein, die sich neben dem Steg zu Fridolins Füßen tummelten, vermutlich angelockt durch seine melodiösen Klänge.

Allein, Fridolins rhapsodische Darbietung war nicht der einzige Grund, dessentwegen die Machtniksschen Knöpfe ihre Querelen zumindest zeitweilig unterbrachen. Neben Claudia, die resolut einschritt und mit Badeverbot drohte, weil ihr die Szene mit Rücksicht auf Päivi und Matti unangenehm zu sein schien, tauchte nämlich auch ›Seine Durchlaucht‹ auf: Jens, nicht nur Vater und familiäres Oberhaupt, sondern nach eigener Einschätzung auch diplomierter Seelenklempner und hochbefähigter Friedensstifter speziell bei frühpubertären Zwistigkeiten – und darüber hinaus übrigens Bärentöter in spe ...

Tauchte also auf, der Kerl, sammelte seine sämtlichen psychologischen Kenntnisse und brachte sie umgehend zur Anwendung: »Ruuuhe!«, tönte er in einer Lautstärke, dass die Sommerhäusler am jenseitigen Seeufer, in etwa drei Kilometern Entfernung, heftig zusammenzuckten und verstört den Horizont absuchten, ob ein Gewitter nahte. »Wenn ihr nicht SOFORT aufhört, könnt ihr was erleben!«

Matti, der Jens auf dem Fuße gefolgt war, schlug ihm anerkennend auf die Schulter; er ist ja ein Fan jedweder Schallemission. Je mehr Phon, desto besser. Wobei er primär mechanisch-maschinelles Getöse liebt, sich aber, wie bei dieser Gelegenheit, gerne auch mal für Klänge aus menschlicher Kehle begeistern kann. Nicht ohne Grund ist er begeisterter Anhänger finnischer Rockgruppen wie ›Ensiferum‹ und ›Stratovarius‹. In seinem ›fahrenden Wohnzimmer‹ ertönen jedoch in der Regel Schlager.

Da die MachtnikSschen Nachkömmlinge nun wenigstens kurzfristig einträchtig im Wasser plantschten und sich unter der Aufsicht ihrer Frau Mama befanden, suchten wir unter Mattis Anleitung den Hafen für die diversen Boote des finnischen Binnenadmirals und ›Hochseefischers‹ von eigenen Gnaden auf. Wir legten den Weg zu Fuß zurück, denn es war nicht weit: Es mögen zehn Meter sein, die zwischen dem schon beschriebenen Badesteg und einem weiteren, von Matti stets als »Landungsbrücklein« bezeichneten liegen. An jenem Bootssteg waren gut vertäut: zwei Ruderboote, ein Polyesterboot mit Außen- sowie ein Kajütboot mit Innenborder. Sicher ist unschwer vorstellbar, mit welchem Stolz der Herr Hafenmeister seine Flotte präsentierte.

Fridolin, musikantisch den irdischen Beschwernissen immer noch selig entrückt, wurde von Matti energisch aus seinem

Halbdämmerzustand gerissen. »Frittolin, bis du kleines gutes Harmonikabläserlein. Musst du jetzt aber rudern. Und andere Hose und Hemd nehmen!« Er winkte einladend mit einer uralten, ausgebeulten Trainingshose und einem ausgeleierten T-Shirt. Beides (nebst einem Paar riesenhafter Gummistiefel) hatte er vorhin aus seinem Geräteschuppen gekramt.

Der Musikus schaute erwachend hoch, dann bequemte er sich dazu, aufzustehen, schnappte sich die von meinem finnischen Freund dargereichten Kleidungsstücke, begutachtete sie zweifelnd, nickte dann aber gottergeben und wurde in den erwähnten liiteri geleitet, um sich dort für das bevorstehende Rudereignis auszustaffieren. Ich vermute, hätte Matti, diesmal anerkanntermaßen zu Recht, nicht darauf bestanden, dass Fridolin sein apartes Outfit gegen eine passendere Montur tauschte, wäre unser Künstler in seiner edlen Garderobe ins Boot gestiegen.

Wir starteten kurze Zeit danach in zwei Ruderbooten: Matti und Jens (»Bist du jetzt Steuermann, Jenslein!«) in einem, Fridolin und ich (»Seid ihr, Frittolin und du, kleines Schreiberlein, jetzt ›saattue‹ (›Eskorte‹), Begleitung bei Fischsammlung!« – »Fischsammlung«? Es sollte also zu seinen Netzen gerudert werden, um diese einzuholen. Ich war gespannt ...

Weshalb ich so voller Erwartung war, dafür gab es mehrere Gründe.

Zum einen war ich neugierig, wieviele Fische sich in den Netzen befinden würden. Ich vermutete auf Grund der Erfahrungen aus zurückliegenden Netzbesichtigungen, die ich mit Matti durchführen musste: unzählige, nämlich null. In diesem Zusammenhang habe ich übrigens den Verdacht, dass mein Freund sein Maschenwerk bewusst so auslegt, dass nur sehr unbedachte und blindäugige Fischlein sich in sie verirren können denn Matti ist eigentlich ein weichherziger, gutmütiger Bursche, und seine Rauheit ist nur Kulisse.

Zum zweiten konnte ich es kaum erwarten zu erleben, wie ein großspuriger Jens (»Schiffchenfahr'n? Kein Problem!«) mit dem nicht einfachen Rudern beim Netzeinholen zu Rande kommen würde. Dazu muss man wissen, dass hierzu wirklich Geschick erforderlich ist: Im Heck, noch dazu auf einer Seite des Bootes, steht (!) der eigentliche ›Fischer‹, der das Netz Stück für Stück ins Boot hievt. Der Ruderer, im aktuellen Fall Jens Machtniks, muss das Boot mit Einfühlungsvermögen und Gespür und rückwärts per Ruderschlag so manövrieren, dass der im Heck Postierte seine Arbeit verrichten kann, ohne dass sich das empfindliche Netzgebilde verheddert. Das ist schwierig, denn das Boot liegt wegen des Gewichtes des hinten Stehenden völlig schief, der Riemen ist auf einer Seite fast bis zum Anschlag im Wasser, auf der anderen Seite ragt er in den Himmel. Wenn dann noch unruhiges Wasser mit Wellen dazukommt ...

Fridolin und ich stiegen in eines der Boote, wobei der Mundharmoniker dies unter halsbrecherischen Verrenkungen zu Stande brachte und schon gleich am Anfang mehrfach drohte, über Bord zu gehen. Schlussendlich aber saß er, leicht grünlich im Gesicht, obwohl wir gerade mal zwei Meter vom Ufer entfernt waren. Aber er hielt tapfer durch!

Das Nachbarboot, für Matti und Jens reserviert (oder, wie Matti sich ausdrückte: »reservaviert«), lag noch vertäut am Steg, und ich konnte mit Vergnügen und heiteren Sinnen das Schauspiel beim Einsteigen des finnischen Spezialisten für Fischereikunde und seines Steuermanns beobachten. Matti hielt das Boot am Steg fest, in der Absicht, Jens das Boarden zu erleichtern. Jens wiederum fand das völlig unnötig und ehrverletzend. Er machte einen großen Schritt, fast schon einen Sprung, rutschte aus und landete mit einem lauten Krach zwischen den Sitzbänken. Ein Wunder, dass er nicht über die Bordkante gefallen war. Und, dass der Boden des Kahns den Schlag ausgehalten hatte, ohne leck zu werden.

Das Desaster schien glücklicherweise ohne nennenswerte Blessuren abgelaufen zu sein. Denn da hockte der deutsche Prahlhans nun mit rotem Kopf, eifrig bemüht, die Situation mit einem schiefen Grinsen zu überspielen.

Matti hatte reaktionsschnell und mit größtem Kraftaufwand verhindert, dass sein Boot umkippte. Auch er war unverletzt geblieben. Er sagte nichts, gab lediglich irgendwelche unverständlichen Brummtöne von sich und schickte mir strafende Blicke. Mir? Jawohl, mir! Mir, der ich an dem ganzen Machtniksschen Missgeschick doch völlig unschuldig war! Noch dazu, wo ich durchaus Mitgefühl empfand und dem auch Ausdruck verlieh, indem ein dezentes Lächeln meine Lippen umspielte, sobald klar wurde, dass kein größeres Unglück geschehen war ...

Herrn Machtniks Begründung für das Malheur kam postwendend: »Mann, wieso ist der Steg so glatt?!«. Was bewirkte, dass sich Mattis diskretes Granteln verstärkte. Wer könnte es ihm verübeln?

Nachdem Freund Jens sich hochgestemmt und auf die mittlere Sitzbank gepflanzt hatte, stieg auch Matti in seinen Nachen und stieß vom ›Kai‹ ab. Kraftprotz Jens tauchte, kaum saß Matti, die Riemen ein und startete durch: Der Erfolg, er blieb nicht aus. Um ein Haar hätte er Fridolins und mein Boot mit voller Breitseite getroffen.

Das kam für mich nicht unerwartet, wirklich nicht. Denn es war genauso, wie ich es vorhergesehen hatte: Wenn man versäumt, die Riemen in die dafür vorgesehenen Halterungen einzuhängen, ist das nicht besonders hilfreich. So auch beim Jensschen Rudermanöver. Als Folge seines Gewaltaktes fuhrwerkte er nun mit den Paddeln wild in der Luft herum. Erneut drohte der Kahn zu kentern.

Ich sah, wie das lichte Birkengrün in Fridolins Antlitz der eher dunklen Farbe einer Tanne wich und hörte, wie er leise stöhnte: »Ach du liebes Lieschen.« Unverkennbar durchlitt unser Tonkünstler schon beim bloßen Anblick der Ruderübungen seines Cousins Höllenqualen. Auch Mattis Miene wirkte leicht verdüstert, ich vermute, er blickte der bevorstehenden Netzarbeit mit Bangen entgegen. Aber ein Zurück gab es nicht mehr, und so verlegte er sich auf hilfreiche Instruktionen. Seine Stimme hatte dabei jedoch einen gewissen angespannten Unterton ...

Jens Machtniks kommentierte Mattis Hinweise durchgängig voller Einsicht mit: »Weiß ich doch!«, »Ist doch klar!«, »Kein Problem!«, »Kinderleicht!«, »Hab' ich schon tausend Mal gemacht!« und so weiter. Unterdessen steuerte er im Zickzackkurs die von seinem Kapitän jeweils angegebene Richtung an, drehte das Schifflein auch mitunter in endlosen Kreisen, so dass man schon vom Zusehen schwindlig wurde. Ich hielt unser Boot daher zwecks Kollisionsvermeidung in gehörigem Abstand.

Der Wasserweg von Mattis und Päivis Grundstück bis zur Stelle, an der Matti sein Netz ausgelegt hatte, betrug schätzungsweise einen Kilometer. Diese Entfernung ist per Ruderboot bei zielstrebigem Ansteuern in etwa einer Viertelstunde unangestrengt zu bewältigen. Wir legten sie dank Jens' Ruderkünsten in etwas mehr als einer Stunde zurück. Unterwegs landete der Großmeister im Rudern einige Male ungewollt in

Schilffeldern und, ebenso unfreiwillig, am Ufer von kleineren und größeren Inseln, die sich ihm zu seinem Verdruss rücksichtlos in den Weg legten. Matti unternahm anfangs noch einige Male den Versuch, der Fahrtroute mittels Stechpaddel mehr Geradlinigkeit zu verleihen, gab dieses Unterfangen aber sehr bald auf.

Wir konnten schon geraume Zeit das Fähnchen sehen, das, auf einem Schwimmer befestigt, anzeigt: »Vorsicht, hier gibt es ein Netz im Wasser«. Zudem, das ist seit einigen Jahren in Finnland Vorschrift, müssen die Adresse des Fischers und weitere Genehmigungsangaben vorhanden sein. Fröhlich schaukelte der Wimpel in den Wellen, so, als wollte er uns, insbesondere aber Jens zuwinken und sagen: »Hallo, HIER bin ich! Mehr links rudern! Jetzt mehr rechts! Nicht so fest! Jetzt zurück! Und wieder rechts! Rechts! RECHTS!«

Nun ja, nach mehrfachen Umrundungen kamen der finnische Binnenseeadmiral und sein Adjutant ihrem Sehnsuchtsziel näher und näher ... näher und näher ... näher ... näher ...

»He! Deutsches Rudergenie! Zurück, zurück! Wir sind schon vorbei an der Fahne, siehst du das nicht?!« Matti war spürbar echauffiert. Und wie immer, wenn er sich aufregt, sprach er fließend und fehlerfrei Deutsch!

Also ruderte Jens Machtniks zurück. Vielmehr: Er bemühte sich darum, schlug mit den Paddeln um sich, dass die Wasserfontänen nur so aufstoben und drehte den Kahn in wilden Kreisen, unter stetigem Zetern seines Kommandanten. Er muss Blut und Wasser geschwitzt haben, der Arme. Und dann geschah, was vorauszusehen und unvermeidbar war. Und worauf ich in herzlicher Anteilnahme und in höchster Spannung gewartet hatte: Es gab einen mahnenden Notruf, dem Sekundenbruchteile später ein lautes »PLATSCH« folgte: »Hee! Pass doch auf!! Idiootti!«

Muss ich das finnische ›idiootti‹ ins Deutsche übersetzen?

Es war einigermaßen erheiternd, Mattis Kopf aus dem Wasser ragen zu sehen. Zu meiner Beruhigung gelang es ihm sofort, den Bootsrand zu erfassen und sich daran festzuhalten. Schwebte freilich fortwährend in der Gefahr, von Jens versehentlich eine übergebraten zu bekommen. Denn der verkannte Weltmeister im Rudersport fuchtelte planlos und vehement mit den Riemen um sich, bemüht, das durch Mattis Gewicht bedenklich geneigte Schifflein nicht vollständig havarieren zu lassen.

Es lässt sich denken, dass Matti keine lobenden Töne für die Situation fand. Er stieß einen Schwall Seewasser aus, bedachte Jens mit Blicken, aus denen Bitterkeit und leichte Unzufriedenheit sprachen und rief mir zu: »Komm' her! Hilf mir, ins Boot zu kommen!«

Wenig später saß ein tropfnasser Matti neben Fridolin in unserem Kahn und bemerkte zu diesem: »Bist du trockener Frittolin. Hast du gehabt Glück.« Dann deutete er auf den nun doch recht schweigsamen Jens im anderen Boot, das wir am Seil hinter uns herzogen und meinte zu ihm gewandt: »Bist du ungeschicktes Ruderhühnchen. Müssen wir fahren nach Hause ohne Fische und hungrig an Feuer sitzen.«

Diese niederschmetternden Worte blieben nicht ohne Wirkung auf den glücklosen Ruderlehrling im Schlepp. Dabei schaute aus Mattis Augen bereits wieder der Schalk, und ich musste herzlich über sein »Ruderhühnchen« lachen. Er ist ja niemals nachtragend, und »kleines Hühnchen« ist einer seiner häufigsten, freundschaftlich-spöttischen Ausdrücke, mit dem er nur seine engsten Freunde bedenkt.

In Bezug auf Jens Machtniks war mir klar, dass ihn neben der (eher unwahrscheinlichen) Aussicht, heute ungegessen ins Bett gehen zu müssen, die Tatsache der ruhmlosen Heimkehr aus den Fischgründen noch viel mehr bedrückte. Aber es half alles nichts, da musste er jetzt durch.

Bleibt zu erwähnen, dass auch ich nicht ungeschoren davonkam, obgleich doch nur unbeteiligter Augenzeuge der frustranen Fischerei-Unternehmung. Denn wer war es, der nun ein vollbesetztes Ruderboot mit einem weiteren, angehängten, in dem Jens vor sich hin brütete, mit Muskelkraft nach Hause zu bugsieren hatte?

Fridolin war interessanterweise auf der Rückfahrt zum Sommerhausgrundstück wie umgewandelt. Alles Grüne war aus seinem Gesicht verschwunden, froh leuchteten seine geröteten Bäckchen! Gewohnt einfühlsam griff er zu seiner Mundharmonika und blies seinem Cousin ein tröstliches Lied: »As tears go by« von den Rolling Stones, in einer zwar etwas eigenwilligen, aber durchaus erkennbaren Fassung.

Als wir uns den heimischen Gefilden näherten, war zu beobachten, dass Freund Jens zusehends schrumpfte. Ja wirklich, er schien kleiner und kleiner zu werden und verschwand fast hinter der Bordkante ... Fast tat er mir leid. Andererseits: Sein großsprecherisches Auftreten hatte geradezu nach einem Dämpfer verlangt. Und so wie ich Jens Machtniks kannte, würde seine derzeitige Zurückhaltung nicht von längerer Dauer sein.

Claudia, auf Grund ihrer ausgiebigen Erfahrungen mit ihrem Ehemann kaum noch zu erschüttern, jedenfalls nicht durch einen völlig durchnässten Matti, einen Trauerlieder blasenden Fridolin sowie einen ebenfalls vor Nässe triefenden Jens, begrüßte uns nur mit einem schallenden Lachen.

Gleichzeitig winkte sie uns durch zum Feuerplatz, an dem Päivi in aller Gemütlichkeit und Ruhe damit beschäftigt war, mehrere Lachsfilets fürs Grillen vorzubereiten. Sie musterte Matti und Jens nur mit einem kurzen Blick, der alles sagte und meinte: »Zieht euch um, trockene Kleider habe ich schon im Haus zurechtgelegt. Dass ihr keine Fische mitbringen würdet, war Claudia und mir von Vornherein klar.«

Wieso nur, ging mir durch den Kopf, hat der liebe Gott Frauen mit einem derartig vorausschauenden Grips ausgestattet?! Ich finde das schlicht ungerecht.

Es wurde übrigens noch ein lustiger Abend am knisternden, flackernden Feuer. Frische Kartoffeln, salzige Butter, delikater Lachs, grüner Salat, kühles Bier und Freunde, die nicht bösartig, sondern allenfalls spleenig sind: Was braucht der Mensch in Finnland (und anderswo) mehr?

19 Bioklo mit Doppelsitz

Am nächsten Morgen beschien die Sonne zwei friedliche Sommerhausgrundstücke. Päivi werkelte schon zu früher Stunde in der Küche und Stube; sie ist nunmal eine von diesen eifrigen Finninnen, die nervöse Herzattacken bekommen, wenn auch nur eine gebrauchte Kaffeetasse auf der Spüle steht. Oder bei intensiver Sonneneinstrahlung ein Staubkorn auf dem Fußboden Schatten wirft.

Matti, dies wohl wissend, hatte sich nach dem nächtlichen Gelage am Feuerplatz und der folgenden Verabschiedung der deutschen Gäste in weiser Voraussicht nicht im Haupthaus zur Ruhe gebettet, sondern einen der aittas aufgesucht. Im Gegensatz zu Päivi schnarchte er noch selig. Entsprechend seiner Vorliebe für lärmendes Getöse erreichte er bei diesem ›Solokonzert‹ ebenfalls enorme Phonzahlen.

Es war in der Nacht recht spät geworden. Das Sitzen um das lodernde Feuer hat ja seinen ganz besonderen, möchte sagen, ›archetypischen‹ Reiz. Nach dem leckeren Essen, bei dem sogar Silkchen und Tommi einträchtig nebeneinandersaßen und kräftig zulangten, hatte Fridolin, wie nicht anders zu erwarten, eine seiner Mundharmonikas hervorgeholt und ein Lieder-Potpourri angestimmt. Lobend und anerkennend muss vermeldet werden, dass er dabei nicht nur auf deutsche Songs zurückgriff, sondern sogar diverse finnische zu Gehör brachte. Wie er erzählte, hatte er sich schon in Deutschland während der Reisevorbereitungen still und heimlich per Internet schlau gemacht und einige Stücke auswendig gelernt. Der Bursche erstaunt mich immer wieder, in vielerlei Hinsicht.

Erwähnt werden muss, dass ich zu spätabendlicher Stunde den Auftrag erhielt, unser Auto zu holen, um die versammelte

Mannschaft zu unserem mökki zu kutschieren. Der Grund, er war naheliegend: Sowohl die Kinder als auch Fridolin weigerten sich partout, im Halbdunkel der Nacht zu Fuß auf dem Seepfad zu unserem ›tontti‹ (›Grundstück‹) zu gehen. Stichwort: Bären-, Elch-, Luchs- und Schlangengefahr ...

Claudia schüttelte zwar leicht ungnädig ihren Kopf, als Jens in seiner bekannt überdrehten Art wieder mal bizarre, dramatische Bären-Bedrohungen konstruierte. Ergänzend schilderte ›Baron Münchhausen II.‹ standesgemäß zahlreiche Händel, die er mit diversen Untieren bestanden haben wollte – ausnahmslos und wie nicht anders zu erwarten, sämtliche siegreich. Fridolin und Silke sowie Thomas freilich lauschten den wirren Darlegungen des Märchenonkels mit gespannter Aufmerksamkeit und suchten rastlos und mit ängstlichen Augen die Umgebung nach Hinweisen auf blutrünstige Bestien ab.

Wenn man dann noch berücksichtigt, dass wir am flackernden Feuer saßen und zuckender Lichtschein Büsche und Bäume in gespenstische Gebilde mit fantastischen Formen verwandelte, kann man sich unschwer ausmalen, mit welchem Respekt die Kinder ihren Herrn Vater betrachteten – und das war ja der Effekt, den HERR Jens zu erreichen suchte. Ohne jegliche Skrupel, was dies für die kindlichen Seelen von Silke, Thomas und Fridolin (ja, auch für diesen!) bedeuten musste. Später hierauf angesprochen, meinte er nur lapidar: »Abhärtungskurs!«

Es half auch nichts, dass Päivi, Matti, meine Lebensgefährtin und ich selbst beschwichtigend verkündeten, wir würden ohne jede Scheu den Weg gegebenenfalls sogar quer durch den Wald zurücklegen. Die Jensschen Schauergeschichten hatten den beschriebenen Erfolg: Der Machtniks-Clan mit Ausnahme von Claudia lehnte es rundweg ab, auch nur einen

Schritt in Richtung Uferpfad zu machen. Mithin blieb mir nichts anderes übrig, als unser Gefährt zu holen. Denn Matti, befragt, ob er nicht die Verängstigten hinüberfahren könne, antwortete kurz angebunden: »Ist sich Jens verrücktes Hühnchen, Kinderlein zu erschrecken. Und hat geworfen mich in See. Fahre ich nicht. Musst du machen und Auto holen.« Und er grinste mich glücklich an.

Das also war seine Rache für mein amüsiertes Grienen, als er ins Wasser gefallen war. Ja, ja, wir zwei sind eben die besten Freunde, die sich wechselseitig nichts schuldig bleiben ...

Die Nacht verlief ungestört. Allerdings verkündete Jens Machtniks am folgenden Morgen erneut, die Tür zu unserem Freiluft-Klo habe mehrfach bedrohlich gequietscht. Er bestand darauf, dies könne nur ein Bär gewesen sein. Wir anderen gingen auf sein spleeniges Geschwafel nicht mehr ein. Sogar die Kinder begannen die abenteuerlichen Geschichten ihres Vaters als das zu nehmen, was sie waren: verquere Fantasien und Auswüchse eines übersteigerten Geltungsbedürfnisses. Jedenfalls machten beide gelangweilte Gesichter und verdrehten genervt ihre Augen. Ich fand das beruhigend und erfreulich.

Am Vorabend war noch vereinbart worden, dass Jens und auch ich am heutigen Tag Matti bei einem sehr speziellen Bauvorhaben zur Hand gehen sollten: Der unermüdliche finnische Baumeister hatte schon seit Längerem geplant, ein neues Plumpsklo zu errichten, da das alte nicht nur ›antik‹, sondern eher ›steinzeitaffin‹ und seit mehreren Jahren in Auflösung begriffen war. Quietschte bei uns, wie Jens richtigerweise festgestellt hatte, nur die Tür, so war mit der Benutzung der Mattischen Toilette inzwischen die Gefahr verbunden, nicht nur die schief in ihren völlig verrosteten Angeln hängende ›Himmelspforte‹ lose in der Hand zu haben. Es bestand auch durchaus die Chance, bei einer ›Sitzung‹ durchzubrechen und eine Etage tiefer zu landen – keine durchgängig angenehme Vorstellung, wie sicherlich nachvollziehbar.

Fridolin, das hatte Matti offensichtlich mit Blick auf dessen ätherischen Habitus festgelegt, sollte nur ersatzweise assistieren. Er hatte den Mundharmoniker kritisch von oben bis unten betrachtet und gemeint: »Frittolin, bist du Künstler, nicht Klo-Bauerlein. Kannst du Musik machen, zur Unterhaltung, wenn Chefbauer (damit meinte er sich. Wen sonst?) und Helferlein (das waren natürlich Jens und meine bedauernswerte Person) richtig arbeiten. Vielleicht du kannst ab und zu Nagel geben, wenn ich brauche.«

Wir marschierten daher zu dritt gegen vierzehn Uhr hinüber zum Nachbargrundstück; ich hatte mich diesmal standhaft geweigert, den Weg wieder mit unserem fahrbaren Untersatz zurückzulegen. Und meine Unnachgiebigkeit hatte wirklich den Erfolg, dass die beiden Cousins mir den Uferpfad entlang folgten. Und zwar, ein besonderer Triumph, ohne jeglichen nervigen Kommentar des Wichtigtuers Jens! Ich hegte daher die Hoffnung, dass er seine alberne Marotte endgültig ad acta legen würde.

Beim Näherkommen hörten wir Hämmern und Sägen, auch laute, knallende Schläge wie Pistolenschüsse, vermutlich dadurch hervorgerufen, dass Bretter und Planken gestapelt beziehungsweise mit Verve aufeinandergeworfen wurden.

Tatsächlich fanden wir Matti, der mit wirr vom Kopf abstehenden Haaren und durchschwitztem Hemd auf dem ›Werksgelände‹ herumfuhrwerkte und sofort wieder in seinem Lagerschuppen verschwand, ohne uns Beachtung zu schenken. Von Päivi erfuhr ich bald: Ihr Ehemann, nach eigener

Einschätzung diplomierter Toilettenerrichter und generell eine anerkannte Koryphäe auf dem Gebiet des Bauwesens, hatte sich schon früh (gegen elf Uhr ...) vom Nachtlager erhoben, ausgiebig gespätstückt und die Wartezeit bis zu unserem Eintreffen dazu genutzt, seine Holzvorräte aus dem Lagerschuppen zum Bauplatz zu transportieren. Ihre dezente, liebevolle Erkundigung, was dieser Blödsinn eigentlich solle, aus welchem Grund er nicht warte, bis wir zum Helfen einträfen, hatte Matti mit dem Hinweis beantwortet, wir seien schwächliche Handlanger. Allenfalls könnten wir mal ein Brett, ein Vierkantholz oder einen Balken festhalten, damit das betreffende Bauteil nicht wegrutsche, während er es festnagele.

Als ich den Baugrund in Augenschein nahm, geriet ich ins Staunen: Ähnlich wie beim Bau des Unterstands für den Rasenroboter vor wenigen Tagen stapelten die Holzmengen sich so ungefähr bis zum Himmel. Bohlen, Leisten, Planken, Streben und Stützen aller Kategorien, Längen und Stärken türmten sich, einem hölzernen Mount Everest gleich. Daneben hatte mein finnischer Lieblingschaot zwei Kreissägen, mehrere Sägeböcke, kistenweise Nägel und Schrauben, seine Werkbank und mehrere Akkubohrer sowie unzählige Zangen, Hämmer, Schraubendreher, Bügelsägen, Fuchschwänze und so weiter und so fort bereitgestellt. Es sah in etwa so aus, wie ich mir den Betrieb und das Durcheinander beim Errichten des Eiffelturms (auch wenn der aus Eisen ist) vorstelle.

Am Rand dieses bautechnischen Universums standen zwei nagelneue ›bio-käymälät‹ (›Bio-Toiletten‹). Zwei? Zwei!

Ich hatte bis dato nicht gewusst, dass Matti diese Apparate besorgt hatte. Es musste wohl so sein, dass er diese Geräte nicht als einer besonderen Vorstellung würdig erachtete. Denn üblicherweise vergehen kaum messbare Zeiten, wenn er etwas

Neues erworben hat, bis er das betreffende Objekt vorführt. Aber klar, das betrifft ausschließlich technische Produkte, die mittels eines Motors Lärm erzeugen können, wie Außenbordmotoren, Motorsägen, Schredder, Kreissägen und ähnliche Gegenstände ...

Jens und Fridolin wirkten etwas eingeschüchtert, als sie die Ansammlung von Baumaterial sahen. Ich nickte ihnen beruhigend zu und nahm sie mit mir, um die zwei Bio-Klos zu besichtigen. Zwei? Zwei, ich erwähnte es schon!

»Wieso hat er zwei von diesen Dingern gekauft?«, flüsterte Jens mir verwundert zu. Auch Fridolin zeigte ein erstauntes Gesicht.

Ich erklärte den beiden, dass es gar nicht so selten in Finnland traditionell mehrsitzige Toiletten gab und gibt. Ich selbst, so informierte ich meine staunenden Zuhörer, hätte im Arbeitermuseum in Tampere eine entsprechende Einrichtung besichtigt, die, meiner Erinnerung nach, über mehr als zehn Sitzöffnungen verfügte. Und auch meine liebe Frau hat mir berichtet, dass es in dem finnischen Dörfchen, in dem sie aufwuchs, ein Mehrfamilienhaus gab, das in einem eigenen ›huussi‹ (›Plumpsklohäuschen‹) über ein Gemeinschaftsklo mit acht bis zehn derartigen Plätzen verfügte.

Hier sei kurz eingeflochten, dass die ›Welt-Trockenklo-Gesellschaft von Finnland‹ (›Global Dry Toilet Association of Finland‹) alle drei Jahre die ›International Dry Toilet Conference‹ veranstaltet (bei Erscheinen dieses Buches aktuell im August 2018 in Tampere). Kein Witz!

So kurios das klingen mag, und so lustig und originell auch die Fantasien über den konkreten Ablauf der Sitzungen bei diesen Treffen sein mögen: Der Korrektheit halber muss vermerkt werden, dass die finnische Trocken-Toiletten-Idee eine durchaus ernstzunehmende Perspektive hat, wenn man bedenkt, dass beispielsweise in Indien mehr Menschen über ein Handy verfügen als über eine Toilette.

Zurück zu Mattis Klobauplänen. Ich hatte gemeint, der ›Herr der Rohstoffe und des Equipments‹ hätte uns bei unserem Eintreffen, wie schon kurz geschildert, einfach nicht beachtet. Tatsache war jedoch, er war geistig so weggetreten, dass er im Eifer des Gefechts unsere Ankunft überhaupt nicht realisiert hatte. Denn ich hörte ihn im Schuppen vernehmlich auf Finnisch granteln: Wie üblich müsse er alles alleine machen ... Das sei der Dank für die Mühe, die er sich beim gestrigen Fischfang gemacht habe ... Die faulen »pahvipäät« (»Pappköpfe«) hätten wohl nicht die Absicht, ihm zu helfen, sonst wären sie längst da ... und anderes mehr. Untermalt wurde sein Schimpfen durch lärmendes Getöse, das darauf hindeutete, dass er höchst unwillig irgendwelche blechernen Materialien im liiteri von einer Ecke in die andere warf. Es war ein wirklich schaurig-schöner Zornesausbruch, den wir da miterleben durften und den zumindest ich sehr genoss.

Wir ließen den künstlerischen Leiter des Schauspiels oder, besser gesagt Hörspiels, gewähren und unterzogen die beiden Bio-Toiletten einer eingehenden Begutachtung, einschließlich Probesitzen. Fridolin hielt dabei eine regelrechte Lobrede auf die Sitzmöbel: »Ich muss sagen, äußerst komfortabel und angenehm! Anatomisch gestaltet und gleichzeitig chic.« Er beugte den Oberkörper, legte die Arme auf die Oberschenkel und hockte nun mit ausgestrecktem Hinterteil auf dem Ding. Jens tat es ihm nach.

Ich musste alle meine Beherrschung aufbringen, um nicht schallend loszulachen. Es war ein Bild für die Götter, wie man salopp zu sagen pflegt. »Hast recht, Fridolin«, tönte Jens, während er prüfend auf dem Sitz hin und her rutschte. »Richtig gemütlich!«

In diesem Moment erschien der Mann vom Fach: Matti. Er sah die beiden Pfiffikusse glücklich, gutgelaunt und in genialer Sitzhaltung auf dem huussi-Ameublement hocken, und sein Missmut schwand augenblicklich. »He, kleine Männlein, seid ihr endlich gekommen zu helfen. Und Bücherschreiberlein auch. Sehr gut.« Er kramte in der Hosentasche und zerrte ein x-mal gefaltetes Papier hervor. »Hier ist Plan für huussi.«

Wir versammelten uns im Halbkreis um den Herrn Baudirektor. Der Papierfetzen, etwa zwei Quadratmeter groß, von Matti großspurig als »Plan« bezeichnet, wurde auf einem Holzstapel ausgebreitet. Mochte ja durchaus sein, dass der finnische Oberbefehlshaber mit den wirren Linien und Zahlenangaben etwas anfangen konnte – für mich sah das Ganze eher wie ein Schnittmusterbogen für, na ja, vielleicht ein Abendkleid oder etwas Ähnliches aus. Da liefen allerlei Striche parallel ins Unendliche, andere kreuzten sich oder durchschnitten Kreise, Rechtecke und schraffierte Flächen. Ich vermute, ein Museum für abstrakte Kunst hätte das Ganze sofort als ›Opus eximium Mattiensis‹ erworben und in einer Sonderausstellung präsentiert. Auch Fridolin schaute etwas irritiert, und ich hörte, wie er vor sich hin flüsterte: »Ach du liebes Lieschen.«

Meiner Einschätzung gab ich unverzüglich verbalen Ausdruck: »Anteeksi, Matti, aber wo ist denn da oben und unten, links und rechts? Ich kapier' überhaupt nichts!« Matti starrte mich für einige Sekunden strafend an, dann meinte er mit umwölkter Stirn: »Wie immer, kleines Hühnchen. Verstehst nicht baukundiges Wissenschaft und Planmalerei. Ist sich alles ganz klarisch!«

In diesem Moment platzte Jens, der bisher sprachlos und stirnrunzelnd die Zeichnung betrachtet hatte, heraus: »Aber der steht doch auf dem Kopf, der Plan!« Und wahrhaftig, jetzt sah auch ich es: Das Papier lag verkehrt herum.

Zwar trat daraufhin in das Gesicht unseres Experten Matti kurzzeitig eine verhaltene Rötung, aber da musste man schon sofort und intensiv hinschauen, um das zu entdecken ...

Der Beinahe-Alleinherrscher (denn genau genommen steht Päivi ihm letztlich doch vor) des Sommerhausgrundstücks münzte das Versehen geschickt in Absicht um: »Ho, ho! Habt ihr nicht gesehen! Hab' ich gemacht mit Absichtlichkeit. Damit ihr kleinen Helferleins aufpasst!« Typisch Matti!

Hinsichtlich des Bauvorhabens und des Planentwurfs sollte ich sicherheitshalber noch ein Faktum darlegen: Sowohl Matti als auch ich haben im Laufe der Jahre auf unseren jeweiligen Sommerhausgrundstücken an, in und neben den Gebäuden angebaut, umgebaut, ausgebaut und neue errichtet. Wie Männer eben so sind, wenn sich ihnen die Chance bietet, blindwütig gestalterisch tätig zu werden.

Diesen zahlreichen Konstruktionen gehen stets ausführliche Planungsskizzen voraus. Sie sind Ergebnisse stundenlanger Überlegungen, Berechnungen, grüblerischer Denkarbeit.

Und dann beginnt das eigentliche Bauen. Es wird gesägt, gehämmert, gemessen, geschraubt und genagelt. Und dies alles geschieht *ohne* den mühsam erstellten, schriftlich fixierten Plan! Denn der ist in der Regel verschwunden, keiner und niemand weiß, wohin. Das ist übrigens sowohl bei Matti als auch bei mir so. Daher bauen wir lustig drauflos, auf unsere geniale Intuition und unser Erinnerungsvermögen vertrauend. Und siehe: Die Umbauten gelingen, die Gebäude werden fertig, mit lotgerecht aufragenden Wänden, die Dächer sind dicht. Woraus zu ersehen ist: Die auf Papier fixierten Aufmaße, die Längen und Breiten, Holzstärken, Verschraubungen und Dübelungen prägen sich bei den denkerischen Vorarbeiten so ein, dass die Niederschrift unnötig wird.

Warum ich über diese Tatsache in epischer Breite plaudere? Nun, auch jetzt wurde Mattis ›Musterbogen‹ schon nach wenigen Minuten zusammengefaltet, irgendwohin zur Seite gelegt, ging ›flöten und verschütt'‹ und ward nie wieder aufgefunden. Ich vermute, Päivi hatte ihn unbemerkt geschnappt, um ihn gelegentlich als Vorlage für eine Abendrobe oder ein Nachtgewand zu benutzen.

Als Erstmaßnahme setzte unser Maestro di Architectura (Matti) den Maestro di Musica (Fridolin) auf den höchsten der Holzstapel. Diese Aktion begleitete Matti mit dem freundlichen Hinweis: »Da oben, Frittolin, hast du gutes Blick und frisches Luft für Blasmusik.« Der Mundharmoniker ließ sich das nicht zweimal sagen. Unverzüglich zog er sein Instrument aus der Tasche und intonierte, wie er mit deutlichem Stolz anmerkte, »Spontan-Musik zum Bauen. Habe ich selbst komponiert.« Schon bald nach Beginn der Vorstellung entstand in mir der Verdacht, dass sein Hinweis, es handele sich um eine musikalische Eigenproduktion als Warnung gedacht war. Denn neben Blastönen, die vehement nach Eigenständigkeit verlangten und zusammenhanglos die Luft durchflatterten, durchschnitten immer wieder schrille Pfeiflaute wehmütig die Atmosphäre, unterbrochen von asthmatischem Keuchen in den tieferen Lagen. Mehrfach beobachtete ich Jens und Matti, wie sie bedrohliche Blicke auf den Tonkünstler warfen und ihre Hämmer oder Zangen fester packten.

Fridolin focht der offensichtliche Verdruss seines Cousins sowie des lokalen Bauleiters nicht an, womöglich nahm er deren Missvergnügen auch nicht wahr oder interpretierte es als Anerkennung. Ich kletterte aus diesem Grund zu ihm auf den Gipfel des hölzernen Mittelgebirges und brachte ihn wispernd dazu, zu bekannteren Weisen wie ›Drunten im Unterland‹ und ›Der Kuckuck und der Esel‹ oder ›Wer will fleißige Handwerker sehen‹ zu wechseln. Dabei lächelte er verschmitzt und glücklich. Ich war sicher, es bereitete ihm diebische Freude, die Werktätigen mit dieser Musikauswahl nerven zu können. Kleine Rache tut ja immer gut – und Gründe dafür finden sich bei einem so skurrilen Team wie dem hier beschriebenen mit Leichtigkeit.

Matti und Jens hatten zwischenzeitlich das Fundament des neuen huussi fertiggestellt: Acht größere Betonblöcke waren platziert und per Wasserwaage ausgerichtet worden. Auf diese Quader kamen die Balken zu liegen, die den eigentlichen Aufbau tragen sollten. Das Aufrichten der Eckstützen für das eigentliche Häuschen, das Einpassen der Querverstrebungen, die Konstruktion des Dachunterbaus: Es waren, sagen wir mal, diffizile Arbeiten, komplex und kräftezehrend. Meinte Chef Matti jedenfalls immer wieder. Daher sei es nur recht und billig, dass Jens und ich den praktischen, handwerklichen Part übernähmen, während er die Oberaufsicht führte.

Demzufolge sägten und nagelten, schraubten und montierten wir beiden. Wer allerdings Jens Machtniks näher kennt, kann sich bestimmt unschwer vorstellen, welcher gutherzige Einfaltspinsel in Wirklichkeit die manuelle Hauptarbeit leistete ... Genau: das deutsche »Schreiberlein«. Matti und Jens jedenfalls nicht, es sei geklagt! Der finnische Baumeister maß nach, hielt gelegentlich die Wasserwaage, begutachtete und beschränkte sich ansonsten auf freundliche Anmerkungen wie: »Seid ihr kleine Dummerlein! Ist sich Holzstange zu klein!« Als ob es wirklich relevant wäre, wenn ein Balken mal beim Sägen vier oder fünf Zentimeter zu kurz geriet oder man beim Verschrauben eines Winkeleisens statt der vorgesehenen vier Schrauben nur eine applizierte ...

Unter Fridolins Gedudel und trotz Mattis Monitoring mit beständigen Korrekturwünschen sowie Jensschen geschickt ausgeklügelten Arbeitsvermeidungsstrategien nahm das Bauwerk im Laufe des Nachmittags Form an. Gegen Abend, es ging auf neun Uhr, legte ich Hammer und Zange aus der Hand und gab bekannt, mein Magen verlange nach Atzung. Fridolin residierte immer noch auf seinem Holzstapel und blies sich fast die Seele aus dem Leib. Seine Ausdauer, wenn's ums Mundharmonikaisieren geht, ist wirklich unglaublich. Jens und Matti hatten sich im Verlauf der vergangenen Stunden mehrfach empfohlen und waren ins Sommerhaus verschwunden, wo Päivi (die sich übrigens klugerweise die gesamte Zeit über ebenso wie Claudia oder meine Angetraute nicht blicken ließ) zwecks Verköstigung wohl allerlei Leckereien aufgetischt hatte.

Ich selbst bin, zum Teufel, leider so ein Typ, der nichts zu sich nehmen kann, wenn er mit einer Sache intensiv beschäftigt ist. Matti weiß das, und Jens kapierte es auch rasch. Die Folge war, dass ich mitunter einsam und alleine am huussi-Rohbau werkelte, blöde wie ich bin. Ich hadere übrigens des Öfteren mit mir selbst wegen dieser konzentrationsbedingten Kostverächtung und tat dies auch bei dieser Gelegenheit. Jedoch, ich kann's halt nicht ändern.

Nun aber, zu vorgerückter Stunde, knurrte mein Magen, und mein Tagwerk war definitiv vollbracht. Für den folgenden Morgen waren Verkleidung und Fertigstellung des zukünftigen stillen Etablissements geplant. Fridolin blies auf meinen Wunsch hin noch: ›Abendstille überall ...‹ und kletterte dann vom Gipfel seines Berges ins Tal der Tränen. Matti dagegen schaute mich höchst verblüfft an. »He, kleines Bücherschreiberlein, ist sich noch helles Nachmittag! Müssen wir noch bauen weiter!« Ich tätschelte ihm freundschaftlich die Wange. »Lass' dich nicht abhalten, lieber ›ystävä‹ (›Freund‹). Es ist ja erst neun Uhr!«

Hierauf lenkte ich meine Schritte zum Sommerhaus, um mich an Päivis Töpfen zu laben und den durch das Bauen erlittenen Gewichtsverlust wieder auszugleichen. Fridolin folgte mir auf dem Fuße. Mit Sicherheit war der Musikus ebenfalls ausgehungert.

Als wir eintraten, hantierte Päivi in der kleinen Küche, Claudia und meine Lebensgefährtin assistierten fleißig. Die beiden waren in der Zwischenzeit, von mir unbemerkt, von unserem mökki herübergekommen. Entsprechend lebhaft ging es zu. Als Ergebnis ihrer Geschäftigkeit stapelten sich auf sämtlichen verfügbaren Ablageflächen Brote, ›piirakkoita‹ (›Piroggen‹), Butter, Eier, Wurst und Käse und Salat sowie allerlei Getränke. Es kam mir wie das kulinarische Paradies vor. Die freundliche Herrscherin dieses Schlaraffenlandes nebst Sekundantinnen begrüßte uns herzlich und fand lobende Worte für die bauliche Hilfe.

Zu Fridolins Musik schwiegen alle drei höflich. Das hinderte den genialisch Begnadeten freilich nicht daran, zu seiner Äoline zu greifen und einen begeisterten Tusch zu tröten, als er die Ansammlung von Futteragen sah.

Jens hatte sich auf einem der Stühle niedergelassen, eifrig kauend begrüßte er uns mit: »Wo bleibt ihr denn? ›Pächfi‹ ist schon völlig aufgelöst!« Anschließend wandte er sich wieder seinem bestens gefüllten Teller zu. Hierauf verdüsterte sich zwar Claudias Miene, doch hatte dies erwartungsgemäß keine spürbaren Auswirkungen auf das Knuspern und Mümmeln ihres Ehegatten. Jens ist ja nachweislich von stoischem Gemüt und weitgehend unempfindlich gegenüber Beanstandungen jeglicher Art. Das gilt in vermehrtem Maße, wenn's ums Essen geht.

Neben Jens hockten Silkchen und Tommi am Tisch, ebenfalls mit ihrer Mama eingetroffen, ohne dass Fridolin oder ich es mitbekommen hatten. Da kann man mal sehen, wie engagiert ich auf Mattis Baustelle malocht hatte und Fridolin in seine ingeniöse Kunst vertieft gewesen war.

Matti trudelte wenig später ein, mit schlechtem Gewissen, wie mir schien – und was mir wohl tat. Beim Betreten des Raumes hielt er seine Arme hinterm Rücken und machte ein geheimnisvolles Gesicht. Als er die Hände nach vorne nahm, entdeckte ich darin ein Fläschchen seines geliebten pontikka. »Hast du, kleines Schreiberlein, sehr gut huussi gebaut. Und du, Frittolin, gut geflötet. Sollt ihr haben Spezialmedizin. Trinken wir zusammen mit allen.« Wiedergutmachung also im spirituösen Stil, wie bei meinem lieben Freund nicht anders zu erwarten ... Nach dieser Ansprache legte er eine Pause ein, durchsuchte seine Hosentaschen und fischte endlich zwei Tüten mit originalfinnischen Lakritzbonbons hervor, die er gönnerhaft dem Machtniksschen Nachwuchs überreichte.

Der Abend wurde noch unterhaltsam. Jens und Matti schwelgten in, ihrer Meinung nach, brillanten Witzen. Die ebenso grandiosen Lachanfälle der beiden waren dabei, denke ich, eher dem Genuss des pontikka als den Pointen zuzuschreiben.

Der Baufortschritt am Folgetag ist rasch erzählt: Matti hatte scheinbar in der nächtlichen Abgeschiedenheit seines Bettes beschlossen, sich tatkräftig an meiner Seite zu beteiligen. Jens Machtniks dagegen erschien am späten Nachmittag, exakt zu dem Zeitpunkt, als der allerletzte Nagel in das allerletzte Brett der Holzverkleidung eingeschlagenwerden musste. Er schnappte sich unverzüglich den Hammer, nahm einen Nagel aus dem entsprechenden Karton – und schwuppdiwupp war die Sache erledigt. Dann verkündete HERR Machtniks mit stolzgeschwellter Brust: »Seht ihr: So macht man das!«

Nachdem Mattis Wunder-Klo nun also stand, war noch ein Ruhetag bei uns geplant, bevor die Reise zu Viivis und Detlefs mökki weitergehen sollte. Familie Machtniks inklusive Fridolin hatte wieder in unserem aitta genächtigt. Jens schien inzwischen auf dem Boden der Tatsachen angekommen zu sein, denn beim Frühstück ließ er dieses Mal nichts von Bären oder anderen ungezähmten Tieren hören. Es konnte allerdings auch sein, dass er schlicht keine Veranlassung gefunden hatte. Denn meine liebe Ehefrau hatte die Initiative ergriffen und die mehrfach erwähnte Toilettentür geölt, so dass sie keine schrillen Töne mehr von sich gab (die Tür! Meine bessere Hälfte sowieso niemals).

Nach der morgendlichen Atzung verbrachte jegliche und jeglicher der Anwesenden den Tag nach seinem Gusto: Die Damen zogen sich in die Liegestühle zurück und entfleuchten in die Welt der Literatur. Claudia hatte mir ja schon früher einmal anvertraut, dass sie Bücher liebt. »Ich lese so ungefähr alles, was ich in die Finger kriege!«, hatte sie mir eröffnet. Und nach einer kleinen Pause angefügt: »Sogar (!) deine Bücher!« Das hatte zu meinem schriftstellerischen Selbstwertgefühl nicht unerheblich beigetragen ...

Meine liebe Gefährtin Pirjo verschlingt, was Wunder, natürlich mit Vorliebe Schmöker in finnischer Sprache. Etwa ein Drittel der Zeit, die wir uns alljährlich in Finnland aufhalten, verbringt sie in der örtlichen ›kirjasto‹ (Bibliothek). Und so seltsam das womöglich klingen mag: Ich kann das verstehen. Denn die finnischen Büchereien sind generell im Vergleich zu den meisten in Deutschland wahre Eldorados des Schriftguts. Und mehr! Großzügige Räumlichkeiten, hell und modern, ein sinnvoll strukturiertes umfangreiches Sortiment sowohl gedruckter Buchausgaben als auch Hör- und E-Books aktueller Werke, eigene Abteilungen für Musikalien, Lesesaal für Zeitschriften und Tageszeitungen, auch in fremden Sprachen, PC-Plätze zur kostenlosen Nutzung und vieles mehr sind hier Standard.

Der finnische Heimatort meiner Lebensgefährtin hat nur etwa 12.000 Einwohner und verfügt über eine Bibliothek, wie sie hier in ›Saksa‹ (›Deutschland‹) auch für größere Ortschaften unvorstellbar ist. Mir steht bei diesem Thema immer die Bücherei der Stadt vor Augen, in der ich aufwuchs: Miniräumlichkeiten mit veralteten Regalen und veralteten Büchern, verwaltet von ehrenamtlich tätigen Damen vorgerückten Jahrgangs. Das gilt auch für die Gegenwart! Kommen irgendwann doch einmal überraschend literarische Neuerscheinungen in das katakombenhafte Gebäude, kann man als stolzer Inhaber einer Leihkarte sicher sein, dass diese Bücher auf Wochen hinaus für Leserinnen und Leser reserviert sind, die mit den eifrigen Damen in näherer Beziehung stehen ... Das ist so!

Wohlgemerkt: nichts gegen Ehrenamt und das durchaus lobenswerte Engagement der Mitarbeiterinnen. Aber es ist nun mal so, dass diese Einrichtung nicht professionell geführt wird und offenbar auch die finanzielle Ausstattung nur Mitleid und Frustration auslösen kann. Und dazu muss man wissen, die Kommune, in der dieses steingewordene Büchergrab zu finden ist, hat mehr als dreimal so viele Einwohner wie der beispielhaft genannte finnische Herkunftsort meiner Liebsten!

Doch genug der Honneurs für finnische und Réclamations für deutsche Bibliotheken. Kehren wir zurück zum Tagesablauf der Gäste auf unserem mökki-Grundstück. Die Machtniks-Sprösslinge verhielten sich, das fiel mir auf, ersichtlich friedfertiger und umgänglicher als noch vor einigen Tagen. Vermutlich machte sich der beruhigende Einfluss von Mutter Natur bemerkbar. Daneben war bestimmt hilfreich, dass ihr Herr Papa weiterem verbalen Kokolores in puncto Raubtiergefahren der finnischen Wildnis entsagte, jedenfalls für den Moment.

Um berechtigter Kritik vorzubeugen, flechte ich hier ein, dass ich mir selbstverständlich darüber im Klaren bin: Bären sind in freier Wildbahn nicht ungefährlich, ebenso wie Kreuzottern, die man in Finnland ja tatsächlich beim Beerensammeln und Pilzesuchen antreffen kann. Und dass Elche, besonders Elchkühe, wenn sie Nachkommen haben, mit Vorsicht zu genießen sind, ist mir ebenfalls nicht unbekannt. Allerdings ändert das alles nichts daran, dass die Äußerungen von Jens Machtniks völlig überspannt waren – und durchaus nicht hilfreich im Hinblick auf realistische Darstellung der von ihm so maßlos geliebten, jawohl, geliebten Gefahren. Wenigstens, solange diese nicht real sind.

Fridolin hatte erst unseren Kahn kapern wollen, dann jedoch das knallrote Gummiboot zu Wasser gebracht, es sich unter halsbrecherischen Verrenkungen darin gemütlich gemacht, mit mehreren Kissen im Rücken und war davongerudert. Zwar in Schlangenlinien, aber dennoch recht zielstrebig zu einer kleinen Felseninsel, die vielleicht fünfhundert Meter vom Ufer entfernt lag. Beim Einschiffen hatte er mir noch halblaut verkündet, er müsse sich von seinem Cousin erholen. Außerdem ginge ihm schon seit geraumer Zeit eine Melodie im Kopf herum. »Eine Art Elementarmusik, weißt du!«, fügte er hinzu. Ich hatte ihn gewähren lassen, zumal er die Riemen immer noch geschickter zu gebrauchen wusste als Jens, trotz häufiger Kurven und Schlenker.

Schon kurz darauf wehten quietschende und fiepende, brummelnde und scheppernde, pfeifende und kollernde Töne übers Wasser. Jammernde, dann wieder jubilierende Klänge wechselten ab mit ausgedehnten Pausen, die Raum gaben zu meditativer Besinnlichkeit. Fridolin schien ein wahrhaftig diffiziles Opus zu erschaffen.

Matti suchte mich schon nach kurzer Zeit auf und bat mich höflich um Erlaubnis, den Inselmusikanten ungestraft erdrosseln zu dürfen. Zu seinem sichtlichen Bedauern lehnte ich dies ab, auch wenn ich zugeben muss, dass mich ebenfalls Mordgelüste durchzitterten. Sowohl meine Göttergattin als auch Claudia dagegen ließen sich bei ihrer Lektüre nicht stören.

Das war auffallend, fand Matti, und ich musste ihm recht geben.

Einigermaßen echauffiert wegen dieser akustischen Unsensibilität schickten wir den Damen freundliche Zurufe, ohne Reaktion! Matti blickte mich verblüfft an, ich schaute verblüfft zurück. Matti klatschte probehalber in die Hände, ich tat es ihm nach: erneut keine Reaktion! Wie das?

Wir näherten uns daraufhin den beiden Bibliomaninnen lärmend, indem wir nach Leibeskräften mehrere Metalleimer mit Stöcken malträtierten. Wir trommelten um die Wette und produzierten grandiosen Höllenlärm. Und doch: wieder keine Reaktion! Das erschien uns zunehmend seltsam.

Bei den beiden nach wie vor ungerührt Lesenden angelangt, flüsterte Matti mir zu: »Kleines Schreiberlein, wir müssen angucken die dämlichen Ohren!«

Er drückte sich wirklich und wahrhaftig so aus, und ich bin mir selbst heutigentags unsicher, ob er wusste, was genau ›dämlich‹ im Deutschen bedeutet. Andererseits: Er verfügt über einen deutschen Wortschatz, über dessen Umfang ich schon oft gestaunt habe. Daher traue ich ihm durchaus zu, diese respektlose Ausdrucksweise bewusst gewählt zu haben.

Nun, dieser Punkt stand momentan nicht im Vordergrund, sondern uns beschäftigte die Frage, ob Claudia und mein Ehegespons ertaubt waren, und wenn ja, wieso.

Dezent prüfend beäugten wir die Ohren der versammelten Weiblichkeit. Was aber mussten wir feststellen: Beide Madams hatten sich die Lauscher mit meinen, ich betone: *meinen*, Ohrstöpseln zugekleistert. Zur Erklärung: Ich habe diese sinnreichen Objekte stets bei mir, um nächtens schlafen zu können, weil ich ohne sie in Gefahr gerate, durch meine eigenen Schnarchschnappgeräusche geweckt zu werden.

Ich hätte es mir denken können ... Doch nicht genug damit, dass ›frau‹ sich unerlaubt meine heiligen Gehörkorken angeeignet hatte. Es kam auf unsere verbindliche Erkundigung, wie sie auf diese glorreiche Idee gekommen seien, auch noch die teilnahmsvolle Replik: Sie hätten das in weiser Voraussicht getan, schließlich seien sie hier mit drei verrückten Wesen männlichen Geschlechts zusammen.

Da zogen wir, Matti und ich, uns auf den Steg zurück, um dort in maskulinem Stolz und mit bewundernswertem Durchhaltevermögen Fridolins künstlerischem Schaffen in Dreizehntonmusik zu lauschen und diese ungehörige Äußerung der Frauenzimmer zu diskutieren und zu verdauen.

Wo aber steckte Jens, die Zentralfigur des Machtniksschen Universums, während all dieser Ereignisse? Nun, Jens Machtniks war kurz nachdem sein Cousin abgelegt hatte, ins Kirchendorf gefahren. Allein! Wollte dort flanieren und einkaufen. »Und außerdem will ich endlich meine Finnisch-Kenntnisse einsetzen. Wozu habe ich Unterricht genommen und Tag für Tag stundenlang (?!) geübt?«

Wir hatten den Herrscher im Reiche der finnischen Sprachverwirrung wegfahren lassen. Fridolin hatte sogar seinen Kleinbus zur Verfügung gestellt. Allseits war die Erwartung groß, welche Abenteuer er bei seiner Rückkehr zu berichten haben würde.

Ich hatte die Gelegenheit genutzt, ihm im Auftrag meiner besseren Hälfte eine Liste mit benötigten Lebensmitteln auszuhändigen. Da er partout alleine losziehen wollte, bot ich ihm an, die Aufstellung zweisprachig zu verfassen. Doch Jens lehnte rundweg ab, wie zu erwarten. Folglich erhielt er die Aufstellung nur auf Deutsch.

»Pffff!«, war sein Kommentar, als er drübergeschaut hatte, »kinderleicht!« Und als Beweis seiner Kenntnisse übersetzte er: »Hier: ›Butter‹. Ist auf Finnisch ›foi‹!« (korrekt wäre ›voi‹, ausgesprochen wie ›woi‹.) Dann ging's weiter in der typisch Jens Machtniksschen Sprachoriginalität: »Hier: ›Salz‹! Das ist ›sohle‹. Oder so ähnlich.« (korrekt: ›suola‹)

Lässt sich nachempfinden, mit welcher Spannung ich, und nicht nur ich, die Rückkehr des Sprachgenies erwartete?

Es dauerte mehrere Stunden, bis wir das Röhren eines Motors hörten und den orange-grünen Kleinbus zwischen den Bäumen näherkommen sahen. Mit Schwung kurvte Jens auf den Platz vor unserem Sommerhaus und brachte das Vehikel knapp vor dem Liegestuhl seiner lektürenden Gattin zum Stehen. Claudia rettete sich durch einen Sprung auf den Vorbau des aitta. Ihre Augen sprühten Feuer, sie ähnelte in diesem Moment Furfur, dem Drachen. Jens ließ dies wie üblich völlig unbeeindruckt. Er schwang sich nonchalant aus dem Führerhaus, griff dann rasch nochmals hinein und brachte eine Einkaufstasche zum Vorschein, prall gefüllt. Flugs startete er in Richtung aufs Haus, Claudia, Pirjo und ich eilends hinterher.

Matti dagegen schlenderte gelassen herzu, würdevoll, wie es seiner Reputation entsprach.

Im Haus wurden die Errungenschaften des Jensschen Einkaufsbummels begutachtet. Und wir staunten! Er hatte es tatsächlich geschafft, alle Bestellungen korrekt zu erledigen. Bis auf ›Streichhölzer‹ (›tulitikut‹). Für die waren ›Zahnstocher‹ (›hammastikut‹) vorhanden. Und statt ›Milch‹ (›maito‹) hatte er ›Sauermilch‹ (›piimä‹) erstanden. Wobei ich fair bleiben muss: Es ist wirklich nicht einfach, in finnischen Supermärkten die richtige Milch zu erstehen, sofern man nicht routiniert ist. Es gibt sie in den verschiedensten Fettgraden, sogar mit Fettanteil null, man findet Frischmilch und haltbare Milch, lactosefreie sowie lactosereduzierte, offenbar importierte im Gegensatz zu originär finnischer (›kotimaista‹ = ›einheimisch‹), Kuh- und Ziegenmilch, Soja- und Sauermilch und ungezählte weitere Milchsorten.

Jens kassierte unsere ehrlich gemeinten Lobeshymnen gelangweilt und mit blasiertem Gesichtsausdruck. »Hatte ich euch doch gesagt. Finnisch ist echt simpel, wenigstens, wenn man so sprachbegabt ist wie ich. Jetzt hab' ich Durst. Habt ihr 'ne Limo?«, tönte er. Und bückte sich zur Flasche mit Sprudel, die neben dem Küchentisch stand.

Aber siehe da: Plötzlich, hoppala, machte es leise »flopp« und noch leiser »peng«, und da lag es: Ein unscheinbares Büchlein mit flexiblem Plastikumschlag leuchtete uns schnöde und intensiv gelb entgegen. Was war denn das?

Jens, jählings mit knallrotem Kopf einer Tomate ähnelnd, angelte hitzig nach dem Objekt, jedoch zu spät: Matti, haste nicht geseh'n, war der Schnellere. Genüßlich hob er das Büchlein ans Licht, vergeblich reckte Jens Machtniks seine Arme, um ihm das verräterische Ding zu entreißen. Und mit betonter Langsamkeit, grinsend bis über beide Ohren, durchblätterte Matti seine Beute. Hatte natürlich sofort die Gelegenheit beim Schopfe gefasst, seinem deutschen Rivalen auf dem Gebiet der unlimitierten Großsprecherei eins auswischen zu können.

Denn Jens Machtniks war beim raschen Vornüberbeugen das winzige Reisewörterbuch eines bekannten deutschen Lexikonverlages aus der Hosentasche gerutscht. Hatte uns nichts davon verraten, der Pfiffikus, dass seine Einkaufserfolge auf diesem Büchlein fußten. ›Deutsch-Finnisch‹ – ›Finnisch-Deutsch‹ war auf dem Buchumschlag zu lesen. Kein Wunder, dass seine Einkäufe bis auf die genannten kleinen Fehlgriffe so reibungslos über die Bühne gegangen waren ...

Wir versuchten ernst zu bleiben, aber es half nichts, wir alle, einschließlich Claudia, brachen in prustendes Lachen aus. Jens quittierte das erbost. »Hört auf zu lachen, ihr Blödlinge, ihr blöden!« Erfolglos, unser Lachen wurde lauter, zumal Matti das Ganze nun auch noch anheizte, mit dem üblichen: »Bist du kleines armes Hühnchen, Jens!«

Jens fauchte noch giftig in Richtung seines finnischen Kontrahenten: »Du hast's grad nötig!«, dann war er verschwunden. Vergaß sogar, seine Schuhe anzuziehen und stürmte auf Strümpfen über den Hof in den aitta, so fuchsig war er.

Nun, weder Matti noch Jens, weder Claudia noch Pirjo noch ich selbst sind sturköpfige Oberlehrer und humorlose Paragrafenreiter. So hatte das kleine Scharmützel zwischen den beiden Schaumschlägern keine anhaltenden Folgen, und Jens' Verdruss verflog innerhalb weniger Minuten. Wir waren immer noch am kichern, da erschien der Eulenspiegel schon wieder bei uns. Mimte den Zornigen, boxte Matti, der sich das ruhig gefallen ließ, einige Male mit sanfter Gewalt in die

Rippen und beklagte sich bitterlich, wir hätten keine Ahnung (natürlich!), seien Ignoranten (selbstverständlich!) und sowieso fies (na klar!). Dann grinste er, verkündete, er verzeihe uns, aber er habe jetzt Hunger und Durst, wann es endlich was zu essen gäbe ...

Dieses ganze Theater löste, wer könnte es uns verübeln, erneut Heiterkeitsanfälle aus, in die Jens Schlingelkopf einfiel – und damit war die Angelegenheit erledigt.

Der Rest des Tages verlief unbeschwert und harmonisch, wir gingen am Abend in die Sauna – selbstredend getrennt nach Geschlechtern, wie in Finnland üblich. Sowohl Viivi und Detti als auch Pirjo und ich hatten schon im Vorfeld die deutschen Urlauber über diesen Umstand aufgeklärt.

Am Morgen darauf brachen wir zur Fahrt zu Viivi und Detlef auf: Familie Machtniks plus Fridolin im Bus, Matti, der unbedingt mitkommen wollte, mit mir in unserem Fahrzeug. Matti hatte zwar wieder seinen Protzschlitten vorfahren wollen, aber sowohl Päivi als auch ich hatten ihm das verboten. Er hatte zwar in Jens einen eloquenten Fürsprecher (»Der macht wenigstens was her, anders als euer popeliger Kleinwagen!«), aber ich hatte wirklich keine Lust, mich wieder magenumdrehend durch die finnische Unendlichkeit schaukeln zu lassen. Und im Austausch mit Jens in Fridolins Kleinbus mitzufahren, schien mir auch nicht unbedingt erstrebenswert.

Die zahllosen Gepäckstücke des Machtniks-Clans wurden im Kleinbus verstaut. Leichtsinnigerweise überließ Claudia Jens und Fridolin das Beladen des Gefährts, so dass die beiden ungestört ihres Werkes walten konnten. Gut, dass Frau Machtniks keine Details mitbekam:

Nachdem alle Koffer, Taschen und sonstigen Behältnisse untergebracht waren, stopfte Jens das (aufgeblasene!) Gummiboot obendrauf. Wohl war das Ding von Fridolins kompositorischem Inseltörn noch tropfnass, aber als ich dies monierte, verwies mir Jens jegliche Kritik. »Das trocknet schon noch!«, war sein Kommentar. Matti stand, die Hände tief in seinen Hosentaschen vergraben, glückselig grinsend dabei ...

Wir starteten gegen neun Uhr, ich vorneweg als Lotse, mit einem bestens aufgelegten Matti als Copilot. Fridolin mit Jens Machtniks im Halbschlaf und der putzmunteren Claudia sowie den dito gelaunten Kindern, folgte. Meine geliebte Ehefrau winkte uns beim Abschied ausgiebig hinterher; ich glaubte, in ihren Zügen einen Anflug von Erleichterung zu entdecken ...

Familie Machtniks hatte mehrfach den Wunsch geäußert, die Strecke bis zu Viivis und Dettis Sommerhaus zumindest teilweise auf kleinen Straßen zurückzulegen. Fridolin, gutmütig und nachgiebig, war von Jens dazu überredet worden, trotz seiner eher skeptischen Haltung bezüglich eines gesitteten, rücksichtsvollen Verhältnisses zwischen seinem Bus und den Holpertrassen finnischer Nebenstraßen. So kurvten wir gemächlich über schmale und schmalste Straßen in Richtung auf unser Ziel, vorbei an Ortschaften mit für deutsche und teils wohl auch für finnische Ohren so ausgefallenen Namen wie ›Ovala‹, ›Kukku‹, ›Hoho‹ und ›Puuppola‹ oder ›Lempyy‹.

Matti hatte von mir auf Grund früherer Erfahrungen strikte Abstinenz in Bezug auf die Bedienung der diversen Knöpfchen und Schalter in meinem Auto verordnet bekommen, und ich wachte peinlichst genau darauf, dass er sich daran hielt. Ich hatte nämlich nicht die geringste Lust, überhöhte finnische Werkstattpreise zu bezahlen, nur weil dank seiner genialen Unfähigkeit zur korrekten Handhabung dieser verführerischen Einrichtungen mal wieder die Sitzheizung,

Fensterheber, Innenbeleuchtung oder das Radio und dergleichen defekt waren. In weiser Voraussicht hatte ich ihm zwecks Ablenkung und als Beschäftigungstherapie eine Großpackung ›nakki‹ (›Würstchen‹) und ein Zwei-Kilo-Paket Lakritz in die Hände gedrückt. Jetzt hockte er mit offensichtlichem Behagen auf dem Beifahrersitz, musterte andachtsvoll die Landschaft und kommentierte feinfühlig meinen Fahrstil. Dabei verzehrte er temporeich den beschriebenen Proviant, wobei er zügig zwischen Lakritz und Würstchen wechselte.

Es war ein wunderbar warmer Sommertag, die Seen glitzerten im hellen Sonnenlicht, umrahmt vom dunklen Grün der Kiefern und dem hellleuchtenden der Birken. Finnland zeigte sich wirklich von seiner herrlichsten Seite. Gelegentlich erblickte ich im Rückspiegel Jens im hinter uns fahrenden orange-grünen Kleinbus, heftig gestikulierend. Vermutlich gab er wieder mal phantastische Schauergeschichten zum Besten, denn Fridolins Gesicht war, das konnte ich erkennen, ein einziges großes Fragezeichen voller Skepsis.

Gegen Mittag hielten wir auf einem Parkplatz an einem See. Fridolin hatte mich angeblinkt, ein Zeichen, dass wir anhalten sollten. Es stellte sich heraus, dass Claudia am Straßenrand einen Mast entdeckt hatte, an dem eine überdimensionierte Plastik-Erdbeere baumelte. Ein handgemaltes Schild darunter trug die Inschrift: ›mansikoita itsepoiminta‹. Claudia begehrte zu wissen, was dies zu bedeuten habe, und ich erklärte ihr: »Das heißt auf Deutsch ›Erdbeeren zum Selbstpflücken‹. Es gibt in Finnland ausgedehnte, regelrechte Erdbeerplantagen.«

Sie wollte das anfangs nicht glauben, hatte scheinbar die Vorstellung, in Finnland sei es zu kühl, denn sie meinte zweifelnd: »Bei diesen kurzen Sommern?« Ja, so denken meiner Erfahrung nach die meisten Mitteleuropäer, die noch keinen finnischen Hochsommer erlebt haben: Sie haben falsche Vorstellungen von der Wärme des nordischen Sommers. In den Jahrzehnten, in denen ich in Finnland war, durchwachte ich des Öfteren die sommerlichen Nächte schweißgebadet wegen der vorausgegangenen Tageshitze. Und die Felsen am Strand waren so aufgeheizt, dass man mit bloßen Füßen kaum darauf laufen konnte. Das entspricht wirklich der Wahrheit! Und was die Pflanzen anbetrifft: Wohl auch wegen der hellen Nächte gehen hier Natur- vorgänge wie Blühen, Reifen, Verblühen rascher vonstatten als in südlicheren Breiten ... Entsprechend köstlich schmecken finnische Erdbeeren, süß und fruchtig.

Fridolin verkündete, er liebe Erdbeeren und würde sehr gerne einmal finnische probieren, er habe schon von Viivi gehört, sie seien unglaublich lecker. Claudia und die Kinder schlossen sich dieser Lobpreisung an, Jens bekam schon vom platonischen Zuhören kugelrunde Augen und gab anhaltend schmatzende Geräusche von sich.

Das genuine, originale und originelle finnische Urgestein Matti platzte fast vor Stolz, als er diese Lobesprüche vernahm. Ich hatte den Eindruck, er hätte am liebsten sofort die finnische Nationalflagge gehisst. Kurz und gut: Matti entschied, es müsse umgehend zur Erdbeer-Sammelaktion aufgebrochen werden. »Kleines Bücherschreiberlein, auf zu finnisches Erdbeerhimmel! Kinderlein sollen bestes Erdbeeren essen. Direkt aus finnisches Natur!«

Mir war schon bewusst, was es bedeutete, der freundlichen Einladung des Hinweisschildes und der im Wind schaukelnden Monster-Erdbeere zu folgen. Schließlich bin ich inzwischen Finnland-erfahren und habe mich im Laufe der Jahre schon gar manches Mal von derartigen Wegweisern verlocken lassen. Was gibt es da nicht alles: von ›taidenäyttely‹ (›Kunstausstellung‹) über ›näkötorni‹ (›Aussichtsturm‹) und ›sotamuseo‹ (›Kriegsmuseum‹) bis zum verführerischen Versprechen ›kesäkahvila‹ (›Sommercafé‹) und anderes mehr.

Wie bei vielen dieser Schilder, so würde es auch hier sein, das war mir klar. Ebenso überzeugt war ich, dass jegliche Warnungen meinerseits auf taube Ohren stoßen würden. Demnach setzte ich mich ans Steuer und bog ab in den schmalen Weg, der zum erdbeerhaften Traumziel meiner Mitreisenden führte.

Meine Erwartungen, freudig wie stets, wurden nicht enttäuscht. Der Weg war nicht nur schmal, fast hätte ich geschrieben ›körpernah geschnitten‹, sondern kurvenreich, hügelig und ausgefahren. Mögliche Geschwindigkeit maximal zehn Stundenkilometer. Und er war endlos. Nach gefühlten 20 Kilometern erreichten wir offenes Land und eine Gabelung. *Ohne* Wegweiser. Ich entschied mich für links, weil das die für mich einzig akzeptable politische Richtung ist und tat gut daran, denn nach weiteren fünf Kilometern kamen wir an eine erneute Gabelung, an der diesmal eine verständnisvolle Seele einen Pfeil mit aufgemalter Erdbeere in den Boden gesteckt hatte, der wiederum aufforderte, den linken Weg einzuschlagen.

Es dauerte auch nicht mehr lange, nämlich etwa zehn Minuten, bis wir einen hübschen Gutshof erreichten, inmitten ausgedehnter Erdbeerfelder. Und schon nach einer Viertelstunde eifrigen Rufens und schriller Alarmsignale aus Fridolins Mundharmonika tauchte eine ansehnliche Finnin in Gummistiefeln, Schürze und Kopftuch auf. »Noniin«, hörte ich, »do you want strawberries?« Offenkundig hatte sie die deutschen Kennzeichen an unseren Autos entdeckt.

Immerhin: Anders als in so vielen weiteren Fällen, in denen ich schier unermessliche Wegstrecken zurückgelegt hatte, um zu dem auf einem Schild angekündigten Ziel zu gelangen, war diesmal tatsächlich jemand zu Hause. Es ist nämlich beispielsweise durchaus nicht immer so, dass das per Wegweiser beworbene ›kesäkahvila‹ im Sommer wirklich geöffnet hat ...

Ich sah, dass Matti, hoch aufgerichtet, sich bereit machte, die Konversation zu führen. Daraufhin sandte ich ihm einen warnenden Blick der Marke ›Päivi‹. Ich wusste, er würde die Gelegenheit garantiert dazu nutzen, vor der versammelten Mannschaft mit seinen Englischkenntnissen zu glänzen. Und die sind noch um einiges abstruser als sein Deutsch.

Zu meiner Überraschung hatte ich Erfolg: Er blitzte mich kurz an, aber benutzte doch seine Muttersprache.

Wir erhielten Eimer und durften in einem abgesteckten Bereich der Felder die roten Früchte sammeln. Und sie waren lecker, lecker, lecker und köstlich! Jens, Claudia, Matti und die Kinder konnten gar nicht genug bekommen, sie pflückten und klaubten, rupften und zupften wie die Weltmeister. Nicht nur ihre Mundwinkel und Zungen wurden erdbeerfarben, bei Matti klebten die saftigen Früchte hinter dem rechten Ohr, bei Jens im Haar, bei Silkchen und Tommi allüberall. Auch Claudia sah nicht mehr so frisch aus wie bei unserer Abfahrt, ihr T-Shirt, einstmals weiß, war nun gesprenkelt und abstrakt gemustert.

Nach Verlauf einer Stunde schien der Beerenhunger gestillt. Die Eimer waren gefüllt, Claudia, Jens und Matti einschließlich des Machtniksschen Anhangs schleppten die Behältnisse und sich selbst zum Haus, stöhnend und ächzend. Fridolin hatte, auf einer ›keinu‹ (ein zweites Wort für ›Schaukel‹, neben ›kiikku‹) sitzend, wieder einmal einen Querschnitt seines musikalischen Repertoires präsentiert, zur Freude der Erdbeerbäuerin. Er und meine Wenigkeit, wir hatten uns während des Erdbeer-Gelages kurz angegrinst und uns dann aus weiser Voraussicht nur mit Zurückhaltung an der allgemeinen Sammelwut und dem Verzehr beteiligt.

Aus weiser Voraussicht? Jawohl, aus weiser Voraussicht. Denn wie zu erwarten, war der Schmaus in ein Erdbeer-Fressorgie ausgeufert. Wir sahen mit einer gewissen mokanten Heiterkeit den späteren Folgen des maßlosen Fruchtkonsums entgegen ... Denn diese waren es, die und beide dazu brachten, die süßen, roten Früchte nur vorsichtig zu verzehren.

Die Unmengen von Erdbeeren in den Machtniksschen Bäuchen sowie im Magen von Vielfraß Matti blieben dortselbst verpackt und dem biologischen Abbau unterworfen. Die horrende Menge dagegen, die sich in den Eimern angesammelt hatte, wurde von der Besitzerin der Plantage fachkundig in Steigen aus Pappe umgefüllt, und nach Abrechnung und ›Summenausgleich‹ brachen wir wieder zur Hauptstraße auf.

Die Reststrecke zu Viivi und Detlef, immerhin noch ein beträchtliches Stück, legten wir ohne größere Pausen zurück. Abgesehen davon, dass die Raststätten unterwegs sich erheblicher Beliebtheit bei Claudia, Jens, Matti und den Kindern erfreuten. Wenigstens die dortigen Toiletten ... Denn schon kurz nachdem wir den Waldweg vom Erdbeerfeld hinter uns gelassen hatten, beobachtete ich in Mattis männlich-edlem Antlitz eine aparte Grünfärbung und vernahm diskretes Stöhnen und Ächzen aus seiner Richtung. Und beim Blick in den Rückspiegel konnte ich Jens Machtniks sehen, mit eigenartig verkniffenem Gesichtsausdruck und ebenfalls leicht grünlich gefärbt.

Die Pausen auf den erwähnten Raststätten, sie summierten sich, bis wir Viivis und Dettis Sommerhaus erreichten. Und auch noch in selbiger Nacht konnte ich ungezählte Male registrieren, dass deren Plumpsklo-Tür ebenso dringend Öl benötigte wie die unsere ...

21 Debakel am Hackklotz und gaffender Elch

Die Ankunft bei Viivi und Detti war trotz der Machtnikschen Kalamitäten als Folge der Erdbeer-Orgie fröhlich verlaufen. Die Gastgeber hatten ihre deutschen Nachbarn, Fridolin und Matti sowie mich herzlich begrüßt, Viivi nahm umgehend die Einzelteile ihres Webstuhls in Empfang. Sie hatte, wie erinnerlich, Jens gebeten, sie in Fridolins Kleinbus mit nach Suomi zu bringen, weil im eigenen Fahrzeug kein Raum mehr dafür vorhanden war.

Sie wunderte sich anfangs etwas, weil sämtliche Teile vor Nässe tropften, entdeckte aber bald das Gummiboot, das nicht nur die Luft in seinen Kammern, sondern immer noch mehrere Liter Wasser in seinen Vertiefungen gespeichert hatte und oben auf allen anderen Reiseutensilien thronte. Das Nass war während des Fahrens rücksichtslos und frech schon bei kleinen Bodenunebenheiten und in schärferen Kurven hemmungslos übergeschwappt.

Unschwer vorstellbar ist bestimmt, mit welchem Vergnügen Claudia dies ebenfalls feststellte, sobald sie die Koffer und Taschen der Familie in Händen hielt. Zum Glück hatte Detti schon die Sauna geheizt, so dass die völlig durchfeuchtete Wäsche dort zum Trocknen aufgehängt werden konnte. Die ursprünglich geplante Begrüßungs-Sauna allerdings musste zwangsläufig auf einen der nächsten Tage verschoben werden. Für den gesamten restlichen Tag durfte Jens sich über die Anrede »HERR Jens« freuen – sofern Claudia überhaupt ein Wort mit ihm wechselte.

Viivi sowie Detti kannten Matti zwar noch nicht persönlich, hatten aber von mir schon einiges über ihn vernommen. Zudem sind die beiden sehr liebenswürdige, offene Zeitgenossen, und Matti hatte als Finne mindestens mal bei Viivi einen ›kotimaista‹-Vorsprung. Soll heißen, sie räumte ihm als Landsmann schon vorab eine größere Portion Nachsicht ein. Ob dies zum vorbeugenden Schutz speziell vor Mattis Eigenheiten und der real zu erwartenden Kapriolen erfolgte oder eher eine generelle Maßnahme beim Kontakt mit finnischen Mannspersonen darstellte, das kann ich allerdings nicht beantworten.

Für mich war es äußerst beeindruckend, Jens und Matti bei der abendlichen Verköstigung zu erleben: Während Claudia und die Kinder vernünftigerweise sich auf Grund des ›bäuchlingsen‹ Erdbeer-Desasters zurückhielten und nur sehr vorsichtig aßen und tranken, hockten die beiden Matadore des Futterzweikampfes (denn als solchen muss ich ihr Essverhalten bezeichnen), mit noch immer leicht grünlich angehauchten Gesichtern am Tisch und langten trotzdem zu, als ginge es um ihr Leben.

Ich meine, gut, Viivi hatte wirklich sagenhaft schmackhaft aufgetischt: leicht angeröstete Kartöffelchen, frische, selbst gesammelte Pfifferlinge in Sahnesauce mit Speckwürfeln, daneben ›Oltermanni‹-Käse, Butter, Roggenbrot und piirakoita und, und, und ... Da konnte einem schon das Wasser im Munde zusammenlaufen. Dennoch riet ich den nimmersatten Gourmands von jeglicher Völlerei ab, auch Claudia und Viivi selbst unterstützten mich. Allein, unser warnendes Rufen war vergeblich und verhallte im Getümmel der Matti-Jensschen Essensschlacht und in der Unendlichkeit des Universums.

Zu unser aller Genugtuung rächte sich dieses Verhalten der beiden aufs Allerliebste im Verlaufe der Nacht, wie an dem nun schon mehrfach erwähnten Kreischen und Quietschen der Toilettentür festzustellen war.

Am nächsten Morgen nach dem Frühstück verzog sich Fridolin ungesäumt in sein Gummiboot und paddelte auf den See hinaus, wo er Anker warf, um sein Schifflein an der Stelle zu halten. Dieses nautische Ding hatte er am gestrigen Abend mit Dettis Hilfe selbst gebastelt: Es bestand aus einem größeren Stein, an dem ein Seil befestigt war. Wie zu erwarten passierte dem Musikus genau das, was dem unerfahrenen Bootsfahrer so gerne passiert: Fridolin wuchtete den Stein hoch, warf ihn mit Schwung über Bord – und weg war das Ganze. Einschließlich Seil. Tja, einen Anker sollte man am Boot befestigen, damit er seinen Zweck erfüllen kann … Ich sah vom Ufer aus zu, und es erheiterte mich sehr, hatte ich doch derartige ›Fehlwürfe‹ selbst schon mehrfach gemacht.

Fridolin versenkte, bildlich gesprochen, nach dem Anker nun auch seinen Blick in die Tiefe des Sees, starrte minutenlang dem verlustig gegangenen Objekt hinterher, schien zu überlegen, schaute dann zu mir herüber, winkte kurz »egal« und beschloss, sich geruhsam auf den Wassern schaukeln und treiben zu lassen. Die Töne seiner Harmonika klangen bald über den See. Fridolins gelassene Ruhe ist manchmal fürwahr imponierend.

Wenig später bat mich Viivi, mit ihr zum Einkaufen ins Dorf zu fahren. Silke und Thomas bettelten, mitgenommen zu werden. Detti hatte keine Lust, außerdem wollte er mit Jens Holz hacken. Jens rezitierte zwar eifrig aus seinem Drückeberger-Katalog, als dieser Wunsch an ihn herangetragen wurde (dabei handelt es sich um eine Auflistung erstaunlichen Umfangs, die er allerdings nicht als ›haptische Ausgabe‹, sondern lediglich virtuell in seinem Quadratschädel abgespeichert hat), erzielte aber keinen Erfolg. Detti erinnerte ihn freundlich daran, dass diese kooperative Maßnahme damals in Deutschland vereinbart worden war. Im Übrigen war schon am Abend über dieses Vorhaben gesprochen worden.

Matti, mit den üblichen und notwendigen Arbeiten, Sitten und Gebräuchen auf Sommerhausgrundstücken vertraut, hatte es, ich bin mir ziemlich sicher genau aus diesem Grund, vorgezogen, sich sofort nach dem Frühstück wieder hinzulegen. Begründung: »Habe ich in Nacht wegen faulem Bauch kaum geschlafen.« Sprach's, verschwand in seinem aitta und ward nicht mehr gesehen.

Jens unternahm noch einen Versuch, sich vor der Holzarbeit zu drücken, indem er meinte: »Fiefi braucht sicher Hilfe beim Abwasch.« Rechnete sich wohl aus, der Schlaumeier, dass diese Tätigkeit nur den Bruchteil der Zeit und Anstrengung beanspruchen würde, die an Dettis Hackklotz anfielen.

Viivi machte ihm jedoch einen Strich durch die Rechnung: »Danke Jens, das ist wirklich lieb von dir. Aber Claudia macht das schon, hat sie mir gesagt!« Dies wiederum bewirkte, dass Jens nicht auf seiner Hilfstätigkeit am Spültisch beharrte. Mit Claudia zusammen abzuspülen schien ihm derzeit nicht erstrebenswert. Denn Claudias Zorn wegen seiner unsensiblen Gepäckverladung am Vortag und der resultierenden Durchfeuchtung von Gepäck und Kleidung war noch nicht verraucht. Oh nein, wirklich nicht! Sie hatte sich schon während des Frühstücks schweigend gegenüber ihrem Göttergatten verhalten und alle seine Fragen ostentativ unbeantwortet gelassen.

Überdies wollte Jens gar nicht erst damit anfangen, ihr in der Küche zur Hand zu gehen ... womöglich hätte das noch zur Folge, dass sie auch am heimischen Herd in Deutschland seine Mitarbeit einfordern würde! Was würden seine Stammtisch-Kumpels dazu sagen! Und garantiert fände er überhaupt keine freie Minute mehr, um im Schuppen an seinem Lebenswerk, dem mechanischen Nikolaus zu schrauben. Schreckliche Vorstellung! Dann doch lieber zusammen mit Detti Holz zerkleinern. »Dabei gibt's sicher ein ruhiges Plätzchen. Ich lass den Detti einfach erstmal werkeln.« Diese und ähnliche Gedanken durchzuckten das Jenssche Großhirn.

Viivi, die Machtniksschen Kinderlein und ich machten uns fertig für den Weg ins Dorf. Jens sah seine letzte Chance und beantragte hoffnungsfroh, ihm zu erlauben, mitzukommen, als er sah, dass wir aufbrechen wollten. Er werde auch auf die Kinder aufpassen. Aber weder »Fiefi« noch ich gaben nach. Also ließen wir mökki und die beiden Holzarbeiter, Siebenschläfer Matti und den begnadeten Musiker Fridolin hinter uns und fuhren los.

Detlef kannte seinen Pappenheimer natürlich sehr genau, und seine Strategie war klar. Jens Machtniks erhielt eine feste Aufgabe: Die noch frischen Baumblöcke mittels Schubkarre herankarren und die fertigen Scheite in den Holzschuppen transportieren, damit sie dort sinnvoll nach Lagerzeit geschichtet werden konnten, die ältesten nach vorne, die neuen nach hinten. Das eigentliche Zerkleinern der Baumstücke mittels Beil übernahm Detti lieber selbst, auch wenn Jens Machtniks, wie üblich, beim Zuschauen überlegen seinen Mund verzog und mit guten Ratschlägen nicht sparte. »Fester! Mehr von oben! Schneller! Du musst die Axt mehr hinten packen! Mann o Mann! Wie lang dauert das denn?!«, tönte er pausenlos. Detti riss sich zusammen, um nicht die Geduld zu verlieren.

Aber kann man sich dem Jensschen Geschwafel und seiner schlechterdings penetrant-ignoranten Selbstherrlichkeit wirklich entziehen? Ist überhaupt vorstellbar, dass seine Wichtigtuerei von einem Normalsterblichen ohne Gefahr für dessen Seelenheil bleibt, im vorliegenden Fall auch für seine körperliche Unversehrtheit?

Detlef ist ein wahrhaft ausgeglichener Mensch, ich kenne ihn seit vielen Jahren. Und ein harmonisches Miteinander ist ihm stets wichtig. Doch Jens, anscheinend völlig enthemmt, wuchs diesmal über sich hinaus, seine Anweisungen kamen im Sekundentakt. »Leider!«, muss ich mit Blick auf die Folgen schreiben.

Detti holte tief, tief Luft. Er spürte, wie sein Blutdruck stieg. Verbissen hob er jedes Holzstück, rückte es auf dem Hackklotz zurecht, achtete auf Äste und Verwachsungen, von denen sein Beil abrutschen könnte, zielte genau, packte die Axt mit resoluter Entschlossenheit, reckte sich beim Ausholen hoch und höher, hoch und höher, höher, höher ... und Zack!!

»Auaaa!«

Ein Schrei gellte durch die friedliche finnische Natur. Claudia in der Küche zuckte zusammen, die Spülbürste entglitt ihrer Hand.

Fridolin fuhr in seinem Gummi-Nachen hoch und stierte erschreckt, einem Erdmännchen ähnlich, über die luftgefüllte Reling seiner Barke Richtung Ufer. Mit Feuereifer tauchte er seine Paddel ins Wasser und flog fast über den See zum Steg. Zwar auch jetzt kurvenreich, einige Male wirbelte er auch um sich selbst, aber doch recht zielstrebig.

Sogar Matti erhob sich von seinem Lager, trat vor die Tür seines aitta und erkundigte sich mürrisch, wer diesen ungehörigen Krawall mache, noch dazu in derartiger Lautstärke?!

Jens Machtniks dagegen stand regungslos, den Mund offen. Tatsächlich! Ich selbst zweifelte, als ich dies etwas später von Matti erfuhr. Jens Machtniks erschrocken, verstört, sprachlos? Mattis und in der Folge auch Dettis Schilderung jedoch war überzeugend.

Aber was war geschehen? Herr Machtniks jedenfalls war eindeutig heil, wie aus oben Geschildertem hervorgeht. Demnach musste es Detti getroffen haben. Und tatsächlich: Der Herr des Sommerhauses hockte benommen am Boden, hielt sich den Schädel und blutete aus einer Kopfwunde. Na, wenn er saß und nicht lag und sein Haupt mit den Händen umfasste, schien er wenigstens nicht lebensbedrohlich ramponiert.

Aber: Blut! Blut! Und noch dazu vom Kopf! Wer schon einmal eine Verletzung im Schädelbereich erlebt hat, weiß, wie massiv diese auch bei nur geringer Ausdehnung blutet. Jens konnte und kann viel verkraften, wenigstens war und ist er nach wie vor davon überzeugt. Aber Blut! Ihm schwindelte, vor seinen Augen flimmerte es, kraftlos sank er zu Boden.

Da saßen sie nun einträchtig nebeneinander, die beiden, still und in sich versunken. Nur von Detlef war ein leises Jammern zu vernehmen.

Zum Glück nahte nunmehr Matti. Nicht übermäßig eilig, aber er nahte. Beugte sich über den lädierten Detti und betrachtete interessiert die Blessur. Jens streifte er lediglich mit einem kurzen Blick, murmelte etwas wie: »Schwaches deutsches Hühnchen!« und kümmerte sich nicht weiter um ihn. Dann rief er: »Claudia, brauch' ich Handtuch und kaltes Wasser! Hat sich Beil gemacht los von Stiel und ist gefallen auf Kopf von Detti. Gehirnlein ist sich aber nicht kaputt, ho, ho, ho!« Dieser unsensible Bursche!

Es stellte sich heraus, dass sich der Metallkopf der Axt tatsächlich gelöst hatte und Detlef auf den Kopf gefallen war. Glücklicherweise nicht mit der Schneide und gottlob mit gebremster Wucht, weil Detti einen gefütterten Stoffhut getragen hatte, der jetzt am Boden lag. Wie blöd er gewesen sei, weil er keinen Helm aufgesetzt hatte, bekam er während der Folgetage von seiner lieben Viivi nicht nur einmal zu hören – und zwar völlig zu Recht!

Nun, es war zwar glimpflich abgegangen, aber es gab doch eine Platzwunde, die genäht werden musste, wie ich feststellte, als wir kurze Zeit nach dem Unfall aus dem Dorf zurückkamen. Matti, der meiner Untersuchung aufmerksam beigewohnt hatte, schlug vor, das direkt vor Ort zu erledigen, Viivi habe doch garantiert Nähgarn sowie Nadel und Schere im Haus. Ich schob den Kerl daraufhin zur Seite, obwohl er mit seiner Erste-Hilfe-Maßnahme insofern erfolgreich gewesen war, als die Blutung aus Detlefs Verletzung gestillt war.

Jens hatte sich an Mattis Rettungsaktion nicht beteiligt. Er war zum Sommerhaus gewankt, saß dort ermattet auf den Stufen und genoss Fridolins tröstlichen Zuspruch. Dessen knallrotes Gummiboot schaukelte inzwischen in einiger Entfernung auf dem See, wo es sich an irgendetwas verfangen hatte. In der Hektik des Anlegens hatte der Musikus vergessen, es am Steg festzumachen.

Einer der lieben Nachbarn von Viivi und Detti schleppte das Ding wenig später herbei und nutzte die Gelegenheit, sich nach der Ursache des Wehgeschreis zu erkundigen. Ich hörte, wie er Viivi gegenüber äußerte, er sei vor Jahren einmal in Zentralafrika gewesen. Dort habe er den Brunftschrei eines Pavians vernommen, der habe sich ganz ähnlich angehört. Seine Frau habe jedoch sofort gesagt, dass Paviane hier in Finnland eher selten vorkämen und das Gegröle wohl doch eine andere Ursache haben müsse. Der grauhaarige Gummiboot-Retter wandte sich sodann Detti zu, schlug ihm kräftig auf die Schulter und meinte zum Abschied: »Sisu, deutscher

Mann, sisu!« Was Detlef sichtlich gut tat und erheblich zu seiner Genesung beitrug ...

Matti, der sich als sachkundiger Begleiter und potentieller Lebensretter ansah, brachte gemeinsam mit mir Detlef anschließend ins ›terveyskeskus‹ (›Gesundheitszentrum‹) im Kirchdorf. Dort wurde er nach der ortsüblichen Wartezeit von mehreren Stunden und der etwas ungnädigen Erkundigung einer ›sairaanhoitaja‹ (›Krankenschwester‹), warum wir wegen einer solchen Lappalie zu ihnen kämen, genäht und erhielt eine Tetanusauffrischung.

Die Stunde war demnach schon vorgerückt, als wir ins Sommerhaus zurückkehrten. Viivi und Claudia mit den Kindern hatten schon zu Abend gegessen. Fridolin, der Fürsorgliche, hielt Wache am Bett, in das sich Jens Machtniks, zartbesaitet, empfindsam und erschöpft, zurückgezogen hatte.

Der Mundharmonikaner säuselte seinem Cousin auf der Mundorgel sanfte Laute vor, neben anderen Melodien meinte ich, Mozarts ›Kleine Nachtmusik‹ herauszuhören. Konnte allerdings auch Moussorgskys ›Die Träne‹ sein, so genau will ich mich da nicht festlegen.

War es diesen Klängen zuzuschreiben oder der Tatsache unserer Rückkehr, jedenfalls erhob sich der Fachmann für alles und jedes Jens Machtniks, sobald er unsere Stimmen hörte. Er bewunderte Detlefs eleganten weißen Kopfverband, bemerkte flüchtig, dass die Haube stark an eine Zipfelmütze ohne Zipfel erinnere und legte uns allen ausführlich dar, wie dankbar wir sein müssten, dass er selbst keine so ganz ernsthafte Verletzung davongetragen hatte.

Im Anschluss leistete er uns am Esstisch Gesellschaft, und zwar sehr aktiv. Das Ereignis wurde in aller Ausführlichkeit während der Mahlzeit diskutiert. Die versammelte Mannschaft war selbstverständlich und definitiv erleichtert, dass das Malheur so glimpflich abgelaufen war.

Detti verkündete bald nach der Abendmahlzeit, er müsse sich hinlegen, er fühle sich doch noch etwas schwummrig. Dann verschwand er. Claudia und Viivi zogen sich auf die Sitzbank in der Ecke zurück, stopften sich Kissen in ihre Rücken und tauschten Erfahrungen aus, die sie mit ihren jeweils unfassbar einfältigen Ehemännern in langen Ehejahren hatten sammeln können (»Haste ja heute wieder gesehen, beim Detlef!« »Erleb' ich jeden Tag beim Jens!«).

Ich selbst blieb mit den Kindern am Tisch sitzen und führte meine Notizsammlung weiter, die ich später als Grundlage für einen wahrheitsgemäßen Bericht über die aktuelle Reise verwenden wollte. Silkchen und Tommi einigten sich überraschend schnell darauf, Karten zu spielen.

Jens und Matti, reichlich abgefüttert und jetzt wieder entsprechend energiegeladen, zeigten Unruhe. »Habe ich tolles Idee, Jens, kleines Angsterlein (wollte er ›Gangsterlein‹ sagen oder war ›Angsterlein‹ mal wieder eine seiner kreativen Wortschöpfungen?)! Ist sich draußen nicht dunkel, nur bisschen dämmerlich. Eben finnisches Sommernacht. Gehen wir Elch gucken, vielleicht wir finden! Oder hast du keines Mut?« Jens zögerte und überlegte. Wahrenddessen beugte sich Matti zu meinem Ohr und wisperte: »Finden wir sowieso nicht hirvi.«

Jens drehte sich zu Fridolin, der weltentrückt auf seinem Stuhl hockte. »Was meinst du, Frido? Hallooo! Gehst du mit?« Der Mundharmonikaner schreckte hoch. »Mit? Wohin?« – »Elche gucken. ›Machti‹ weiß, wo's welche gibt. Draußen ist's ja noch taghell. Also?«

Fridolin ist nicht der mutigste, aber wenigstens der vernünftigste der drei Herren. Entsprechend rangen in ihm nun minimales Draufgängertum und Klugheit miteinander. Immerhin: Elche zu sehen, das hatte schon was. Andererseits, die Biester waren recht groß; wäre unter Umständen doch besser, hierzubleiben ...

»Lieber Fridolin, dein Cousin wird nicht zulassen, dass du hierbleibst, glaub' mir«, dachte ich, weil ich sein Zögern sah. Und behielt recht: »Los, Frido, auf geht's, du Feigling!«, drängte HERR Machtniks.

Und neben ihm der süffisant grinsende Matti fügte hinzu: »Gibt gutes Abenteuer, Frittolin!«

Jetzt meldeten sich auch die Kinder: »Dürfen wir mit, Papa?« Thomas war sofort Feuer und Flamme. Da aber wurde Claudia, die bisher still und tatenlos zugehört hatte, aufmerksam. »Dass das klar ist, Tommi und Silke: Ihr bleibt hier. Wenn die spinnerten Männer Tarzan spielen wollen, von mir aus. Aber ihr bleibt bei uns!« »Oho«, ging mir durch den Kopf, »die Fantastereien von Jens über Bären und Elche und die Gefahren der finnischen Wildnis haben doch Wirkung gezeigt.«

Ihr energischer Einspruch bewirkte nicht nur (erfolgloses) Quengeln beim Machtniks-Nachwuchs, sondern schien auch Fridolin etwas zu verunsichern. Jens dagegen protestierte mit keiner Silbe gegen die Intervention seiner Angetrauten, vermutlich eingedenk seiner ›Glanzleistungen‹ der letzten Tage. Er beschränkte sich darauf, seinen unschlüssigen Vetter durch gezielte Verbalinjurien wie »Muttersöhnchen«, »Angstmeier«, »Bangbüx« und weitere unter Druck zu setzen. Da konnte der Erfolg nicht ausbleiben ...

Schon wenige Minuten später schlüpften die Burschen in ihre Gummigaloschen, leerten beim Einreiben so ungefähr drei Flaschen Anti-Mückenmittel und stiefelten hinaus in die laue Sommernacht. Matti voran, Jens und sein Cousin hinterdrein. Bald waren sie zwischen Bäumen und Findlingen im Unterholz verschwunden.

Wir, die ›Hinterbliebenen‹, hatten einen geruhsamen, gemütlichen Abend im Sommerhaus. Die Machtniksschen Sprößlinge beendeten ihr Gemeckere wegen Claudias Unnachgiebigkeit (Silke und Tommi unisono (!): »Nie dürfen wir was, nie, nie, nie!«) fast schlagartig, sobald das Heldentrio das Haus verlassen hatte und nahmen ihr Spiel wieder auf. Lediglich Silkchen, beim Kartenspielen gegen ihren Bruder nicht besonders erfolgreich, geriet zunehmend in Rage. Es dauerte nicht lange, bis ihr helles Stimmchen mit der üblichen Beschwerde die harmonische Atmosphäre durchdrang: »Ümmer gewinnt der Tommi! Ümmer, ümmer, ümmer!« Und auch die Replik ihres Bruders entsprach dem Gewohnten: »Bin halt besser und älter und größer!« Es gelang Claudia erfreulicherweise, Ruhe zu stiften, indem sie den beiden liebevoll androhte: »Ruhe! Sonst müsst ihr sofort ins Bett!«

So verstrichen die Minuten, Viertelstunden, halbe Stunden, Stunden. Ich las und schrieb, die beiden Damen plauderten über dies und das, die Kinder wurden allmählich schläfrig. Nach Verlauf von etwa drei Stunden, die Zeiger des Weckers auf der Kommode zeigten auf halb zwölf, hob Viivi ihr Haupt und meinte: »Wo bleiben die Blödmänner bloß?« Claudia hob gelassen die Hand. »Jens ist dabei. Also kein Grund zur Sorge.« Sie führte nicht näher aus, wie sie das meinte ... Ich bin allerdings fest überzeugt davon, dass Viivi diese Aussage völlig anders als ich interpretierte ...

Es dauerte noch weit über eine Stunde, die Kinder schliefen schon, auch Detti ruhte sanft in Morpheus Armen, Viivi, Claudia und ich saßen nach wie vor im Sommerhaus zusammen und tranken starken Kaffee um wach zu bleiben, als wir draußen Schritte vernahmen und leise Stimmen hörten. Dann wurde die Tür geöffnet und drei auffallend kleine Gestalten mit eingezogenen Köpfen traten ein.

Der Gesichtsausdruck der Burschen war in gewisser Weise ... ich weiß nicht, wie ich es nennen soll ... am ehesten trifft es wohl ›verlegen‹, ›verschüchtert‹ und ›jämmerlich‹. Wobei Matti bemüht schien, seinen Status als reckenhaftes finnisches Prachtexemplar aufrecht zu erhalten, das durch nichts aus der Ruhe zu bringen ist. Jens erweckte in mir den Eindruck, deutlich mehr aus dem Gleichgewicht zu sein als der finnische Safari-Guide. Kann aber auch sein, dass er nur Theater spielte. In Bezug auf Fridolin reicht es wohl, wenn ich berichte, dass er bleich und zitternd auf den nächstbesten Stuhl sank.

Was war passiert? Besorgt prüfte ich das Aussehen der Ankömmlinge von oben bis unten: Soweit ersichtlich, waren sie heil und unverletzt.

Die Frauen und ich warteten schweigend, bis Claudia endlich das Verhör mit der vielsagenden Aufforderung eröffnete: »Na?!«

Matti zog es dennoch vor, weiterhin nichts zu sagen. Er winkte Jens zu und signalisierte ihm, es sei seine Aufgabe, Bericht zu erstatten. Fridolin blieb schwer atmend außen vor.

Mithin begann Jens Machtniks zu erzählen. Es stellte sich heraus, dass Fremdenführer Matti schon bald (»Bin ich sehr gutes Wildniskenner! Kann ich laufen nach Sterne!«) im Wald völlig die Orientierung verloren hatte. Das führte dazu, dass die Burschen, ständig panischer werdend, ziellos zwischen Felsen, Büschen und Bäumen herumstolperten. Jens und Fridolin sahen sich schon verhungert am Boden liegen oder von einem Bären traulich umarmt. Ihre Knochen würden in dieser

Einsamkeit inmitten bemooster Steine bleichen, dessen waren sie sich sicher. Auch Matti, der anfangs ihre Befürchtungen in der ihm eigenen Art mit einem selbstbewussten »Ruhe, Quatschköpflein! Seid ihr kleine Hühnchen!« kommentierte, war immer stiller geworden.

Nach endlosem Herumirren fand der finnische Groß-kopferte endlich an Baumästen einen Fetzen rotes Plastik: die Markierung einer Loipe vom Winter, der sie nun folgten. Und nach etwa einem Kilometer trafen sie wahrhaftig auf den Fahrweg, der zu Viivis und Detlefs Sommerhausgrundstück führt.

Aufatmend trabten die Koryphäen im Bockmistbauen Richtung mökki. Es war noch etwas dämmriger geworden, wie in Mittelfinnland zu dieser mitternächtlichen Zeit zu erwarten war. Die Stimmung hatte sich gehoben, nichtsdestoweniger wurde wenig gesprochen. Alle hingen ihren Gedanken nach. Insbesondere für die beiden Deutschen war die herrschende Stille der Natur, nur gelegentlich unterbrochen durch undefinierbare Geräusche, nicht geheuer. Dazu die seltsamen Schatten der im Dämmerlicht verschwimmenden Sträucher und Bäume mit ihren Ästen und Zweigen ...

»Wenn jetzt ein Bär kommt! Oder ein Elch!« flüsterte Jens Fridolin zu. Der duckte sich tiefer. »Lassen wir Matti vorgehen! Der kennt sich doch aus!«, raunte der Musikus zurück. Matti strebte derweil eilenden Schrittes dem Sommerhaus zu, bog um eine scharfe Kurve – und blieb schlagartig stehen, wie angewurzelt. Fast rannte Jens ihn über den Haufen, weil er so dicht hinter ihm ging.

Warum, weshalb, wieso, weswegen und aus welchem Grund aber stoppte der »Finnländer«, wie mein Nachbar Jupp seinen Freund Matti so gerne tituliert, so abrupt und ohne jede rücksichtsvolle Vorankündigung?

Nun, was hätte er sonst tun sollen? Wie reagiert man, wenn urplötzlich ein riesenhafter Elch mit ausladendem Geweih vier Meter vor einem steht?

Matti jedenfalls und seine Begleiter erstarrten so ungefähr zu Salzsäulen, es überlief sie eiskalt. Jens tastete hilflos nach seinem Schweizer Messerchen: Natürlich, gerade jetzt war es in seiner anderen Hose. Matti hielt den Atem an, sein Mund war wie ausgetrocknet. Fridolin kroch soweit möglich in sich selbst hinein, hatte die Augen geschlossen und erwartete sein Ende.

Es muss aber auch für den Elch ein Schrecken gewesen sein. Der Kaventsmann, bestimmt mehr als zwei Meter hoch und entsprechend lang und schwer, stand bewegungslos. Stand und starrte. Stand und starrte. Glupschte die drei Nachtschwärmer an, wandte kein Auge von ihnen. Minutenlang! Dann hatte er sich offensichtlich gefasst. Er schnaubte verächtlich, drehte den Verängstigten sein Hinterteil zu und schlurfte einige Schritte weiter.

Schon wollten Matti, Jens und Fridolin aufatmen, als das Ungetüm nochmals kehrtmachte und wieder einige Schrittlein auf sie zukam. Nochmals schnaubte er sie an, sein heißer Brodem traf die wachsbleichen Gesichter der drei tapferen Schlotterhanseln, dann wandte er sich endgültig um und verschwand gemächlich im Wald.

Die Helden wagten geraume Zeit nicht, sich zu rühren. Dann aber! Im Eiltempo preschten sie zum mökki, schnell wie die Wiesel, sahen nicht rechts, nicht links. Erst kurz vor dem Haus stoppte Matti und hielt Jens und Fridolin zurück. »Müssen wir gehen langsam! Sonst die Frauen denken, wir hätten Angst gehabt. Dabei war doch nur lustiges Ausflug mit schönes Abenteuer!« Jens, diesmal vom Erlebnis doch einigermaßen beeindruckt, schüttelte den Kopf. »Nee, nee, ich hab' doch immer gesagt: Urwald! Wildnis! Bären, Wölfe und andere Ungeheuer! Jetzt seht ihr, dass ich recht hatte! Schade, dass ich mein Messer nicht dabei hatte, sonst hätten wir jetzt Elchbraten!« Da war sie schon wieder, seine bekannte Chuzpe ...

Matti musste sich im Anschluss an den Jensschen Bericht einige Vorhaltungen von seiten der Frauen anhören. Was er mit zerknirschter Miene tat, um sich dann allerdings feixend an mich zu wenden. »Kleines Bücherschreiberlein, musst du mir dankbar sein. Kannst du schreiben wunderherrliches Abenteuer über hirvi und mutige ›sankarit‹ (›Helden‹)!«

22 Tervo, uimaranta, Lohimaa

Am nächsten Morgen sah man zwei Kinder, die ›mit großen Ohren‹ am Frühstückstisch saßen. Jens schilderte ihnen ausführlich das nächtliche Elch-Abenteuer. Dass in seinem Bericht das Untier rotglühende Augen hatte und Feuer spie, wütend mit den Hufen scharrte und nur durch das mutige Draufgängertum ihres heldenhaften Herrn Papa vertrieben werden konnte, wird niemanden überraschen. Thomas und Silke kennen aber die Spleens ihres Vaters und seine märchenonkelhafte Veranlagung und zogen erst einmal geschätzte fünfzig Prozent der Geschichte ab, um zu einem einigermaßen realistischen Wahrheitsgehalt zu gelangen. Auch dann war das Ganze für sie noch höchst beeindruckend. Denn Jens nutzte das Ereignis als nachträglichen Beleg für die Notwendigkeit seines Überlebenstrainings zu Hause mit Museumsbär, Hirschfänger und dergleichen.

Fridolin und Matti, die dabeisaßen und die Jenssche Schauergeschichte mithörten, nickten bei den besonders dramatischen Stellen gewichtig, verzogen jedoch ansonsten keine Miene. Schließlich sprach die von Jens anschaulich und genüßlich ausgemalte Schreckensszenerie auch für ihre Tapferkeit. Ich vermute, sie hofften, Jens' Geschichte werde dazu beitragen, ihr Ansehen bei den Zuhörern zu mehren. Diese Erwartung allerdings war vergebens. Nicht nur wir Erwachsenen verdrehten die Augen ...

Der schauspielerisch begabte Überlebens-Spezialist hielt seinen Vortrag nicht etwa im ruhigen, gelassenen Sitzen, sondern zelebrierte ihn regelrecht, indem er den Ablauf durch Gestik, Mimik und vollen Körpereinsatz untermalte. Manches Mal sprang er hoch, so dass ich weniger um seinen

Schädel als vielmehr um die Paneele bangte, mit der die Zimmerdecke verkleidet war. Dann wiederum sackte er in sich zusammen, wich vor einem imaginären Elch zurück, schwang sein Frühstücksmesser in wilder Abwehr oder hechtete zur Tür und riss sie auf, um mit ihr einen grimmigen Ringkampf zu veranstalten.

Eine wahrhaft nervenzerreißende Inszenierung! Es war wirklich beeindruckend! Die Kinder lauschten mit offenen Mündern, Claudia, Fridolin, Viivi und Detti (Letztgenannter schon wieder putzmunter, wenn auch sehr dekorativ ausstaffiert mit seinem weißen Kopfverband) waren von der Vorstellung hingerissen. Der Applaus, der anschließend aufbrandete, war entsprechend ... Jens nahm ihn würdevoll entgegen, strahlte übers ganze Gesicht und verteilte Luftküsschen an sein Publikum. Er ist ja der geborene Komiker, der aus allem und jedem eine Show macht. Einzig Matti schien unzufrieden, vermutlich, weil der Bursche ihm die Schau gestohlen hatte.

Es dauerte einige Zeit, bis Jens sämtliche Fragen der Kinder und von Detti erschöpfend (im wahren Sinn des Wortes) beantwortet hatte. Inzwischen war es schon nach zehn Uhr und somit Zeit zum Aufbruch. Denn: Für den heutigen Tag war ein kleiner Ausflug geplant, nicht extrem weit, jedenfalls für finnische Verhältnisse nicht. Wir, Familie Machtniks, Fridolin und Matti wollten zu einem kleinen hübschen Ort fahren, den Matti und auch ich in den zurückliegenden Jahren schon mehrfach aufgesucht hatten: Tervo.

In Tervo gibt es nicht nur eine allerliebste, wirklich hübsche Kirche, die in den 1920er Jahren errichtet worden ist, sondern auch einen idyllischen, malerischen, bezaubernden Friedhof, beides direkt am See gelegen. Jawohl, auch Friedhöfe können charmant sein. Mir jedenfalls gefällt es dort. Ich könnte mich direkt mit dem Gedanken anfreunden, dort begraben zu sein. Das Ruhen unter Schatten spendenden Kiefern und Birken stelle ich mir recht behaglich vor ... Und was ich besonders reizvoll finde: In nächster Nähe zum ›hautausmaa‹ (›Friedhof‹) befindet sich nicht nur die Schule, sondern ein hübscher kleiner Schwimmstrand: Lebendigkeit neben Sterblichkeit. Können die Abläufe und Ereignisse unserer Lebenswirklichkeit sinnvoller und klarer dargestellt werden als in diesem direkten Nebeneinander?

Da Gummiboot und das sonstige Gepäck von Fridolin und Machtniks in Viivis und Dettis Unterkunft gestapelt war, gab es im orange-grünen Kleinbus genügend Platz für uns alle. Die beiden Gastgeber wollten zu Hause bleiben. Detti war beleidigt oder tat wenigstens so, weil Jens ihn immer wieder in dreister Respektlosigkeit als »Zwerg Zipfelmütze« betitulierte, und das, obwohl er selbst beim Unfallhergang, genau genommen, nicht ganz unbeteiligt gewesen war.

Matti hatte Jens und den Kindern den Mund wässerig gemacht, indem er ihnen breitmäulig davon vorschwärmte, dass er ihnen in der Nähe von Tervo vorführen würde, wie man erfolgreich Lachse und Lachsforellen angelt. »Müsst ihr lernen! Muss man in Finnland Fisch fangen können, wegen Überleben in Urwald!« Während er diese Belehrung von sich gab, musterte er Jens streng und oberlehrerhaft. Der nickte vorsichtig. Ich vermute, er befürchtete, sein Konkurrent im Unsinnreden könne womöglich den Eindruck zerstören, den die fesselnde Schilderung des gestrigen Elchabenteuers bei den Machtniksschen Spößlingen hinterlassen hatte.

Matti schlug zum Zweck der Fischereidemonstration vor, das in der Nähe von Tervo gelegene ›Lohimaa‹ (›Lachsland‹)

zu besuchen, eine Einrichtung direkt an flachen Stromschnellen, in denen man Wildlachse fangen kann. Zu dieser Anlage gehören neben Weiern mit Lachsforellenbesatz auch eine Räucherei und ein Hotel im Blockhausstil mit ›ravintola‹ (›Restaurant‹).

Claudia wirkte anfangs nicht allzu enthusiastisch. Sie mag wohl das Essen von Fischen, und auch deren Zubereitung bereitet ihr keinerlei Kopfzerbrechen. Aber Angeln und das damit verbundene Hinüberbringen der armen Fischlein vom Leben zum Tode, das war und ist, um es einmal vorsichtig auszudrücken, nicht so sehr ihres.

Silkchen schien mir ebenfalls nicht vor Freude zu strahlen, als sie hörte, dass es zum Angeln gehen sollte. Was aber konnte sie tun? Sie sah, dass die Konkurrenz in Form ihres lieben Brüderchens Thomas mit regelrechter Begeisterung lauschte und vor Tatendrang nur so strotzte. Folglich schaltete sie wieder einmal ihre Kulleraugen ein, was dazu führte, dass ihr Herr Papa, fleischgewordene Unsensibilität, meinte: »Guck da, das Silkchen, kann's kaum erwarten! Ja, ja, ist halt meine Tochter!« Welchselbige Bemerkung drei Dinge nach sich zog: 1. »Bääh!« von einer triumphierenden Silke in Richtung Tommi, 2. energisches Kneifen in Silkchens Oberarm durch Thomas, 3. markerschütternde Unmutsäußerung von Silke, richtungslos in den Mikrokosmos des Sommerhauses geblökt.

Ich konnte daraufhin noch besser als vorher verstehen, dass Viivi und Detti den ursprünglichen Vorschlag, die Kinder könnten doch im mökki bleiben, abschlägig beschieden hatten, mit der Begründung, sie könnten die Verantwortung nicht übernehmen.

Fridolin saß im Bus hinterm Steuer. In der Zwischenzeit hatte er sich an die unbefestigten Schotterpisten gewöhnt. Es bereite ihm, verriet er mir, der ich als menschliches Navi neben ihm auf dem Beifahrersitz saß, sogar Vergnügen, auf ihnen zu fahren. »Das ist mal was anderes, als immer nur Asphalt unter den Rädern, weißt du!«

»Na, dann wollen wir mal, lieber Fridolin«, hatte ich bei mir gedacht. Denn es war selbstverständlich klar, dass die Reise ihren exklusiven Reiz haben sollte. Und es galt, dem Mundharmonikaner zu zeigen, in Suomi ist ›Schotterstraße‹ nicht gleich ›Schotterstraße‹; da gibt es schon noch feine, reizvolle Abstufungen. So hatte ich eingeplant, wenigstens ein nennenswertes Stück des Weges auf einem sogenannten ›museotie‹ (›Museumsweg‹) zurückzulegen.

Bei den diversen Museumswegen in Finnland handelt es sich meist um kleine Straßen, die zuweilen unasphaltiert und mit jenem Lehm/Sand-Gemenge oberflächenbehandelt sind, das auch auf sonstigen öffentlichen Nebenstraßen, die nicht als ›museotie‹ deklariert sind, heutigentags noch verwendet wird. Das Besondere am eigentlichen ›museotie‹ ist, dass sein Verlauf weitestgehend ursprünglich belassen wurde. Da gibt es unzählige auch enge Kurven, die Landschaftstopografie bestimmt Steigung und Gefälle. Das heißt, die Straße weist vielerorts steile, unüberschaubare Anstiege auf, und hinter der Kuppe geht es oft achterbahnmäßig wieder bergab. Gleichzeitig ist die Fahrbahn schmal.

Bestimmt kann man sich vorstellen, dass das Fahren auf einem derartigen Weg für den durchschnittlichen Mitteleuropäer, der großenteils Autobahn und Schnellstraßen benutzt, nicht nur reizvoll, sondern gelegentlich auch anspruchsvoll ist. Und das wiederum erklärt meine leicht maliziöse Vorfreude, als ich Fridolin über die von mir vorgesehene Wegstrecke informierte.

Matti, der seit Beginn unseres Ausflugs ohne Pause von der hinteren Sitzbank aus weise Reden zum Fahrstil geschwungen hatte (wie immer), unterstützt von Jens Machtniks (ebenfalls wie üblich), war seit Abbiegen auf den museotie stiller geworden und hatte zuletzt zumindest zeitweise keinen Pieps mehr von sich gegeben. Fridolins anfangs noch recht forsche Fahrweise war schon binnen Kurzem zurückhaltend geworden. Letztlich verfiel er sogar ins Schneckentempo, was allerdings ebenso wie seine ursprüngliche ›normale‹ Geschwindigkeit den Unmut der Herrenriege auf den hinteren Rängen herausforderte.

Und tatsächlich: Schon bald, nach wenigen Kilometern Museumsstraße, hielt der Musikus am Rand des Weges an, mit Schweißperlen auf seiner Stirn. Verdonnerte mich dazu, das Steuer zu übernehmen, der Feigling. Was ich, nebenbei bemerkt, sehr gerne tat, da ich derartige Herausforderungen liebe – und die Straße recht gut kenne, ein nicht zu unterschätzender Vorteil ...

Und in Bezug auf Kommentare von Matti (»Oh je, jetzt kommt sich Bücherschreiberlein an Steuerrad! Sag' ich schon mal ›apua‹, ›apua‹! (›Hilfe‹, ›Hilfe‹!).«) oder von Jens Machtniks, der seinem neuen finnischen Freund, wie nicht anders zu erwarten, zustimmte (»Risiko, sag' ich nur! Risiko!«), bin ich allwettertauglich, sozusagen.

Die Fahrt führte uns durch lichte Wälder entlang weit geschwungener Seen, an deren flachen Ufern Schilfhalme sich im lauen Sommerwind wiegten. Die Stimmung der Reisegruppe war heiter, Matti und Jens hatten ihre nörgelnden, großspurigen Randbemerkungen eingestellt und sich auf das wechselseitige Singen finnischer und deutscher Trinklieder verlegt. Matti bevorzugte »Oluessa« (»Im Bier«). Mit dieser

Melodie und dem geistreichen Text malträtierte er und sein rauer Bass etwa hundert Mal die Ohren der im Bus Versammelten. Der Jenssche ›Countertenor‹ hielt mit »In München steht ein Hofbräuhaus« dagegen.

Als dann aber auch noch Fridolin seine Blasapparatur hervorzog, hielten Claudia, die Kinder und ich zwar noch einige Kilometer tapfer durch, doch ich registrierte, dass die gesamte Zuhörerschaft einschließlich meiner Person zunehmend schlappzumachen drohte. Es war eben wirklich schaurigschön – korrekter ausgedrückt, eher wohl schaurig.

Ich spähte daher angestrengt umher, in der Hoffnung, eines der in Suomi gerne an entsprechenden Wegeinmündungen aufgestellten Schilder zu entdecken mit der Schrift: ›uimaranta‹ (›Schwimmstrand‹).

Das ist eine äußerst lobenswerte Einrichtung an heißen Sommertagen wie dem gerade beschriebenen: An vielen Straßen in Finnland, die in Seenähe verlaufen, findet man diese Wegweiser zu öffentlichen, kostenlosen Stränden. Ein Angebot zu einer höchst willkommenen Erfrischung, wenn man Badesachen dabei hat (wie in unserem Fall) – und gegebenenfalls die Gelegenheit, sich aus der unfreiwilligen ›Haft‹ im orange-grünen Blechkasten und der Folter durch zwei Kindsköpfe mit gesangstechnisch zweifelhaften Qualitäten, dazu noch begleitet von einem tirilierenden Harmonika-Bläser, zu retten.

Welch ein Glück! Rechts stand eine dieser Tafeln und wies den Weg zum Sandstrand. Ich fragte nicht lange, sondern bog kurzerhand ab. Schon nach wenigen Metern Holperns und Polterns öffnete sich der Blick aufs ersehnte Nass. Und kaum stand unser Vehikel, ich glaube fast, die Räder waren noch nicht zum Stillstand gekommen, befreite Claudia Silkchen aus ihrem Marterstuhl und schob die Seitentür zurück. Tommi war schon, schwupps, haste nicht geseh'n, aus dem Bus gesprungen. Auch Claudia, Silke und ich entkamen in weiten Känguruhsprüngen der akustischen Marter durch das Musikertrio. Denn mein zielstrebiger Kurswechsel war für die drei Herren so überraschend erfolgt, dass sie ihre Darbietung noch nicht beendet hatten. Ein Grund mehr, die Flucht zu ergreifen, neben dem heißen Wetter und der Sehnsucht nach Erfrischung. Und zwar schnurstracks!

Wir verlustierten uns fast eine Stunde lang im kühlen Wasser. Tommi hatte, was mir bei unserer Abfahrt von Viivis und Dettis mökki entgangen war, sein ferngesteuertes Modell-Feuerlöschboot mitgenommen. Eigentlich hatte er die Absicht gehabt, es auf den Lachs-Teichen im ›Lohimaa‹ zu Wasser zu lassen. Gut, dass wir das Ding noch hier bemerkt hatten; ich schätze, es hätte ein klitzekleinwenig Ärger gegeben, wenn es tatsächlich zu diesem Stapellauf auf einem der dortigen Fischbecken gekommen wäre.

Hier am Strand nun bereitete das Schiffchen ihm viel Vergnügen. Silke dagegen allerdings weniger, da der Frechling sich einen Spaß daraus machte, sie mit der Wasserkanone zu duschen. Ich saß beobachtend dabei und dachte, wie wahrhaftig beeindruckend es doch immer wieder ist, wenn Geschwister ihre kindliche Zuneigung (und Konkurrenz) mittels leicht verdrehter Handlungen kanalisieren müssen – und später im Leben dennoch ein Herz und eine Seele sein können.

Claudia war in einem der rot und weiß gestrichenen Umkleidehäuschen am Ufer verschwunden und dort in ihren Badeanzug geschlüpft. Jetzt döste sie auf ihrem Badetuch. Silkchens und Tommis Querelen versetzten sie nicht weiter in Unruhe; sie ist da einiges gewöhnt.

Fridolin, Matti und Jens, ebenfalls in Badehosen, nutzten die Gelegenheit, am immerhin fünf Meter hohen Sprungturm ihren Mut und, wie gewohnt, ihre Albernheit zu erproben. Der Tapferkeitsbeweis bestand darin, überhaupt auf dieses Holzgerüst zu klettern – was insbesondere von Fridolin sichtbar einiges an Überwindung forderte. Das Allotria dagegen zeigte sich insbesondere bei Jens und Matti: Während Fridolin brav das Einmeterbrett erklomm und von dort, natürlich Füße zuerst, ins Wasser sprang, mussten Jens und der ›Finnländer‹ sich gegenseitig sowie den anderen Anwesenden beweisen, wie originell und draufgängerisch sie sind. Ergo erstieg Jens das Dreimeterbrett, Matti die Fünfmeterplanke.

Anschließend bot Jens den Zuschauern eine seiner Meinung nach extrem witzige Darbietung: Er hatte sich unter den missbilligenden Blicken von Claudia sein großformatiges Badetuch unter den Arm geklemmt, faltete es nun auseinander, fasste es mit beiden Händen an den vier Zipfeln und sprang unter »Hurra!« in die Tiefe.

Seine Heldentat löste bei Tommi ausgiebiges Gähnen aus, Claudia und ich zogen lediglich unsere Augenbrauen nach oben, Matti schnaufte verächtlich. Nur Silkchen klatschte begeistert in ihre Hände, als das Badetuch den Händen ihres Herrn Vaters entglitt und er, ›Platsch!‹, in einer meterhohen Fontäne ein dicke Bauchlandung hinlegte.

Jens selbst hatte keine Zeit, die Wirkung seiner Nummer auf das Publikum zu registrieren. Man sah den ›Kunstspringer‹ wild und panisch im Wasser herumfuhrwerken, seine edelsten Teile und vornehmsten Körperregionen blitzten immer mal wieder zwischen schaumgekrönten Wellen auf. Die Wasser tobten und wogten, aufgewühlt bis zum Grund, einem Seebeben tsunamischen Ausmaßes ähnlich.

Was war passiert? Hatte der Chaot sich etwa verletzt? Mitnichten! ›HERR‹ Machtniks hatte bei seiner Akrobatik bloß sein Beinkleid verloren und forschte nunmehr kopf- und hosenlos nach dem Verbleib desselben. Gleichzeitig sank das Badetuch vollgesogen tiefer und tiefer – alldieweil Claudias Stimmung sich hob und hob, als sie das hilflose Nacktgeturne ihres Ehemannes beobachtete. Es tat ihr entschieden gut, seinen ›Reinfall‹ miterleben zu können; liebevoll rührte sie keinen Finger, um ihm zu Hilfe zu eilen.

Matti ebenso wie Fridolin krümmten sich auf ihren jeweiligen Planken vor Lachen, was Jens Machtniks sehr missbilligte. »Idioten! Schwachköpfe!«, gurgelte er zornig zwischen den Tauchgängen, bei denen er den Seegrund durchkämmte, auf der Suche nach Tuch und Shorts.

Es dauerte geraume Zeit, bis der Kindskopf seine Utensilien beisammen hatte. Dann kam er an Land gestakt, das klitschnasse Tuch um die Hüften gewunden und nahm, sichtlich in sich gekehrt, neben Claudia Platz.

Matti hatte triumphierend zugesehen. Obgleich ich sein selbstsicheres Grinsen schon von unzähligen Gelegenheiten her kenne, schien es mir dieses Mal noch pausbäckiger und sonniger als üblich.

Jetzt nun, nachdem Jens Land gewonnen hatte, trat mein finnischer Freund an die Kante des Brettes und nahm stramme Haltung an, Bauch rein, Brust raus. Wippte federnd auf den Fußspitzen, streckte die Arme übern Kopf, hob ein Bein im rechten Winkel, setzte es wieder ab – und sprang mit einem Frontflip kopfüber in die Fluten. Dazu muss man wissen, dass Matti tatsächlich in jungen Jahren eifriger Turmspringer war. Aber: eben in jungen Jahren! Und die sind auch bei ihm einige ›Monate‹ her. Entsprechend sah das Ergebnis seiner Kür aus ... Die oben beschriebene Grundhaltung war ja noch recht beeindruckend, aber der Absprung ... Und der Fall ... Und das Eintauchen ... Das Eintauchen! Es platschte nicht nur, es klatschte und patschte, wallte, brandete und wogte, rauschte und toste!

Und was schwamm denn da, blähte und bauschte sich, geblümt in bunten Farben? Das war doch ...

Vielstimmiges Gelächter durcheilte die finnischen Lüfte. Und dauerte an, während ein nicht mehr ganz schlanker Finne mit hochrotem Kopf die Wellen eines finnischen Binnensees durchkreuzte, in der Absicht, seine Schwimmhose zu finden, um seine Blöße, den Regeln von Anstand und Sitte gemäß, wieder zu bedecken.

Unser Aufenthalt an besagtem Schwimmstrand währte nicht wesentlich länger. Die beiden Herren Akrobaten zogen sich aus naheliegenden, nässebedingten Gründen eilenden Schrittes in eine der kleinen Umkleidebuden zurück, um ihre Kleidung anzulegen. Gut, dass Claudia daran gedacht hatte, Ersatz-Handtücher mitzunehmen ... Kurz darauf saßen die Varieté-Asse im Kleinbus und drangen ungeduldig auf zügige Weiterfahrt.

Wir erreichten ›Lohimaa‹ am frühen Nachmittag. Der Himmel hatte sich in der Zwischenzeit bezogen, schon fielen schwere Tropfen. Matti und Jens hatten längst schon wieder Oberwasser. Sie unterhielten sich angeregt, Thema (im übertragenen Sinne): »Wer von uns hat die muskulöseren Oberarme?« Fridolin und Claudia spielten mit den Kindern ›Ich sehe was, was du nicht siehst‹. Ich selbst hing meinen Gedanken nach und freute mich auf etwas zu essen, denn ich verspürte Hunger.

Dass es zu regnen begann, war mir nicht unlieb, um ehrlich zu sein. Zwar hatte ich unüberlegt die Fahrt nach ›Lohimaa‹

angeregt, doch später plagten mich leichte Gewissensbisse. Es ist nämlich so, dass entgegen früheren Zeiten sich meine Einstellung gegenüber dem Angelsport grundlegend geändert hat. Während ich früher bei Aufenthalten in Finnland selbst angelte (bescheiden mit einer Wurm- und keiner Wurfangel) und auch in Lohimaa einige Male Lachsforellen aus den Becken geholt hatte, widerstrebt mir das heutigentags. Mir tun schlicht und ergreifend die Fische leid; ich kann mir nicht vorstellen, dass sie keine Schmerzen leiden.

Da ich jedoch nach Ankurbeln des ›Lohimaa‹-Ausflugs nicht mehr zurück konnte, insbesondere, weil Matti für meine Bedenken garantiert nicht den Hauch von Verständnis aufgebracht hätte, hoffte ich, ›die Himmel kämen mir zu Hülfe‹; sprich, Machtniks plus Anhang und Matti würden von Fischerei-Aktivitäten absehen. Die Chancen schienen mir nicht schlecht, weil die beschriebenen Unterwasserabenteuer der beiden Sprungturmexperten, so dachte ich, die Lust auf weitere nassforsche Aktionen dämpfen würde.

Und mein Optimismus – hurra! – bestätigte sich! Es goß mittlerweile in Strömen. Alle Mitglieder der Reisegruppe, einschließlich Matti, plädierten dafür, das Gelände nur rasch unter Regenschirmen versteckt zu erkunden. Und siehe da, die zahlreichen wetterharten Finnen am Rande der Fischbecken, ursprünglich hergekommen, um hier ihr Angelglück zu finden, traten ebenfalls mehrheitlich den Rückzug an und suchten sich ins Trockene des ›Lohimaa‹-Restaurants zu retten. Dazu muss ich allerdings der Wahrheit gemäß erläutern, dass es sich dabei um ›Angellaien‹ handelte, ähnlich erfahren und routiniert im Fischen, wie ich es war und bin.

Nur in den wild strömenden, schäumenden Strudeln der Stromschnellen außerhalb der Anlage standen die ›wahren‹

Lachsjäger, eingemummelt in ihre Gummihosen und Schaftstiefel und ließen pausenlos ihre Fliegen schnellen, unbeeindruckt vom Wetter. Echte Kerle!

Schon wenige Sekunden nach unserer Ankunft taten alle jungen und älteren Kleinbusinsassen kund: »Hunger!«. Und so kam es denn, dass wir an einem großen Tisch am Fenster saßen, im warmen, anheimelnden Ambiente des ravintola ›Lohimaa‹, mit Blick auf Teiche und vereinzelte, ausdauernde, unverwüstliche Angelfreaks. Vor uns standen appetitlich angerichtete, verführerisch dekorierte Teller mit exquisiten ... Nein, *nicht* mehrheitlich Fischgerichten! Allein Matti, aus Prinzip, hatte sich eine Lachsforelle bestellt. Schließlich und endlich ist er Finne!

Wir anderen aber, klein wie groß, waren und sind Deutsche. Und was verspeisen Deutsche, wenn sie ›auswärts‹ essen gehen? Genau: einen großen gemischten Salat mit Hähnchenbrustfilets (Claudia und das kleine aber solidarische Silkchen), Schnitzel mit Pommes frites (Jens, Fridolin, Tommi, meine Person). Schließlich saßen wir in einem ›Fischressort‹ zu Tisch ...

23 Sommervergnügen und Elchgeweih

Die Zeit nach diesem Ausflug verbrachten Familie Machtniks und Fridolin für einige Tage geruhsam bei Viivi und Detti. Ich selbst fuhr mit Matti zurück in unser Sommerhaus. Für eine Woche später war mit Fridolin, Matti, Jens und mir ein Männerausflug verabredet. Allerdings, nach Intervention von Claudia, inklusive ihr und den Kindern. Tja, so ist das Leben.

Viivi und Detlef stimmten auffallend widerspruchslos und rasch zu, an dieser Fahrt nicht teilzunehmen. Ich vermeinte, in ihren Augen Erleichterung zu sehen, ja fast so etwas wie Beglückung ... Und wenn ich richtig gehört habe, murmelte Detti sogar irgendetwas, das wie »Gott sei Dank davon verschont geblieben« klang.

Savonlinna sollte unser Ziel sein, die bekannte Opernstadt im Saimaa-Seengebiet. Nicht weit von Savonlinna liegt Punkaharju, der beeindruckende eiszeitliche Höhenzug: ein nicht allzu hoher, hügeliger Moränendamm, der sich über mehr als sieben Kilometer in zahlreichen Windungen durch den Saimaasee zieht, zwischen den Seen Puruvesi und Pihlajavesi. Von der schmalen Straße auf seinem Kamm aus bieten sich beeindruckende Ausblicke auf das Wasser zu beiden Seiten.

So. An dieser wunderschönen Strecke findet sich ein alle Kinder begeisterndes ›Spiel-Ressort‹ mit Namen ›Kesämaa‹ (›Sommerland‹). Genau dorthin hatte Matti für denselben Tag Claudia, die Kinder, Jens, mich und sich selbst eingeladen. Man sieht daraus: Mein lieber Freund ist nicht nur schrullig und großspurig veranlagt, sondern ebenso weitherzig. Sorgt zwar oftmals dafür, dass man das übersieht, der Bursche, zeigt es jedoch durchaus auch mal. Nicht regelmäßig, aber gelegentlich. Und wenn man weiß, welche Eintrittspreise in diesem Spielparadies verlangt werden, ist seine Großzügigkeit besonders bemerkenswert.

Unser Ausflug erfolgte sinnvollerweise wieder mit Fridolins Kleingruppen-Transporter von Viivis und Dettis Anwesen aus. Matti und ich fuhren von unseren Sommerhäusern aus dorthin, und zwar mittels: »Oh je, kleinem Kleinwagen von Kleinbücherschreiberlein mit Kleingehirnlein«, so Matti, als ich ihn bei Päivi abholte. Schon diese kurze Anreise mit meinem finnischen Kumpel begann also als ein reines Vergnügen ...

Matti hatte unverkennbar beschlossen, mir die Enge unseres Autos anschaulich zu demonstrieren. Dazu zwängte er sich mit eingezogenem Kopf und eingeklappten Beinen unter Ächzen und Stöhnen auf den Vordersitz, angelte ausdauernd aber vergeblich nach dem Sicherheitsgurt, bis ich ihm das Ding zureichte, hielt sodann die Luft an, um anschließend, vernehmlich japsend, auszuatmen, tief, tief, tief, murmelte leise aber hörbar: »Muss ich machen mich dünn!« vor sich hin und klickte nach längerem Suchen endlich den Verschluss ein. Dann drückte er sich bewusst gaaanz tief in den Sitz, so dass seine Knie übers Armaturenbrett hinausragten, zog sich am Türgriff nach vorne und – öffnete das Handschuhfach auf der Suche nach etwas Essbarem.

Ich bin aber auch nicht völlig verblödet, trotz meines »kleinen Gehirnleins«. Daher packe ich gerne extrem saure Fruchtgummibonbons ins Fach, wenn ich weiß, dass mein finnischer Possenreißer an Bord sein wird. Und zwar so sauer, dass es nicht nur Lippen und Zunge, sondern den gesamten Verdauungstrakt zusammenzieht. Die süßen, leckeren Sachen dagegen stecken bei mir in den Taschen der Fahrertür. Matti ist bisher noch nicht hinter diesen Trick gekommen, und das tut ihm gut, finde ich.

Als wir losfuhren, zeigte sich die Sonne. Sehr schön, nach den vorausgegangenen Regentagen. Es ist wirklich eine Erholung, über die finnischen Straßen zu kurven, mit Tempolimit 80, gelegentlich 100. Und das Erfreuliche: Die Mehrheit der finnischen Fahrerinnen und Fahrer hält sich an die Geschwindigkeitsvorschriften! Hängt sicherlich maßgeblich mit den drastischen Strafen bei Übertretungen zusammen. Deren Höhe steht nämlich in Relation zum Einkommen des Verkehrssünders. Höchste Zeit, diese Regelung auch in Deutschland einzuführen, jawohl.

Fridolins orange-grünes Gefährt stand schon bereit, als wir ankamen. Es hatte freilich inzwischen etwas ›gedämpftere‹ Farben angenommen, als Folge der mehrfach stattgehabten Touren und Ausflüge auf Sandwegen und Schotterstraßen. Das verschönert, besonders an Regentagen, unbestreitbar stets die Karosserie. Klugerweise hatte der Musikus bisher davon abgesehen, sein Vehikel zu waschen – es wäre vergebliche Liebesmüh gewesen, behaupte ich mal. Schon nach wenigen Kilometern wäre das Erscheinungsbild nicht wesentlich anders gewesen als vor der Säuberung.

Beim Einsteigevorgang staunte ich: Silke machte keinen Muckser, als sie in ihren Kindersitz verfrachtet wurde. Von Claudia erfuhr ich den Grund: Das Madämchen war bei Viivi und Detti auf den Geschmack einer kleinen finnischen Spezialität gekommen: ›ruisnappi‹ (›Roggenknopf‹) nannten die beiden die Leckerei. Es handelt sich dabei um kleine Roggenbrote in runder Form, etwa vier bis fünf Zentimeter im Durchmesser. Bestrichen mit Butter und belegt mit Käse schmecken sie wunderbar, und man kann herrlich an ihnen knabbern. Viivi war auf die Idee gekommen, Silke mit dem Angebot zu ›bestechen‹, dass sie jeweils ein oder zwei von den

›Gustostückerl‹ erhielt, wenn sie sich ohne Meutern auf ihrem Thron platzieren ließ. Und siehe da: Was Strenge nicht erreichte, schaffte der Gaumenkitzel. Chapeau, Viivi!

Auf unserem Weg nach Savonlinna machten wir einen Abstecher ins ›Järvisydän Hotel und Spa Resort‹. Es handelt sich um ein architektonisch geschickt in die umgebende Natur integriertes Hotel an einer Bucht des Saimaasees, das von der Straße aus zu erreichen ist, die von Joroinen über den Ort Rantasalmi nach Savonlinna führt. Nicht nur die Lage ist außergewöhnlich, sondern vor allem das urige Ambiente der Gebäude und des Restaurants: Granit und unbehandeltes, luftgetrocknetes Kelo-Holz sorgen für eine ganz besondere Atmosphäre.

Matti präsentierte uns das Gelände und die Gebäude mit so stolzer Attitüde, als hätte er selbst das Ganze erbaut, zumindest aber die Felsen höchstselbst gesammelt und herbeigetragen und die Honkastämme eigenhändig gefällt und zugerichtet. Wir ließen ihm die Freude, ich klopfte ihm mehrfach anerkennend auf die Schultern, Claudia lobte, nach spitzbübischem Blick zu mir, seinen exzellenten Geschmack, Fridolin äußerte pausenlos: »Ach du liebes Lieschen!«, was bei ihm ja nun alles Mögliche ausdrücken kann. Lediglich Freund Jens gähnte in gespielter Langeweile. Dadurch zog er sich nicht nur einige kräftige Rippenstöße von Claudia zu, sondern wurde von Matti auch darauf hingewiesen, er sei ein »dummes ›virtahepo‹ (›Flusspferd‹)«. Ich kann Matti in diesem Fall nur recht geben und tat das auch.

Wir setzten uns für eine halbe Stunde auf einen der Bootsstege, ließen die Füße ins Wasser baumeln und beobachteten die Ankunft eines alten Saimaa-Dampfschiffs, das Hochzeitsgäste zur Feier ins Hotel brachte. Derweil buddelten die Kinder im Sand.

Um die Zeit für Silke und Tommi nicht zu lange werden zu lassen, wurde einstimmig beschlossen, vom ›Järvisydän‹ direkt ins ›Kesämaa‹ zu fahren, mit der Überlegung, dass die beiden sich dort mal richtig austoben könnten.

Im ›Kesämaa‹ gibt es tausenderlei Aktionsmöglichkeiten für Kinder jeglichen Alters: Wasserrutschen, Hüpfburgen, Trampolins, Kettcars, Crossräder, Klettergerüste, Paddel- und Tretboote, Warmwasserbecken zum Plantschen und Schwimmen sowie neben weiteren Attraktionen eine Wasserrutschbahn durch den Körper eines Betonkrokodils (mein, ich gebe es gerne zu, persönliches Highlight). Alle diese Einrichtungen finden sich in einer wenigstens einigermaßen naturbelassenen Umgebung.

Die Fahrt vom ›Järvisydän‹ bis zum ›Kesämaa‹ nimmt nicht allzu lange Zeit in Anspruch, maximal eine Stunde. Trotzdem nahm der Ungedulds-Pegel im Kleinbus rasch zu. Bemerkt werden muss: Es waren nicht die Minderjährigen unter den Passagieren, die dafür sorgten, dass die Hochspannung zur Höchstspannung mutierte. Es war wieder einmal das männliche Wesen oder Unwesen mit der Statur, Stimme und dem gesamten Habitus eines erwachsenen Mannes, aber den Verhaltensweisen von etwas, das die Österreicher meiner Kenntnis nach als ›Bauxerl‹ bezeichnen.

Da sich *zwei* Mannsbilder dieser Spezies in der Reisegruppe befanden, sei es der Klarheit halber erwähnt: Gemeint ist Jens. »HERR Jens«, um genau zu sein und so Claudias (wie meist) vergebliche, mißbilligende Reaktion einzuflechten. Dieser personifizierte maskuline Störfaktor meines und anderer Leute Seelenfrieden nervte durch Fragen im Minutentakt in der Art: »Wie lange dauert es noch?«, »Wann sind wir endlich da?«, »Sind wir auch wirklich richtig?« und dergleichen.

Matti dagegen, selbst einigermaßen hybrid strukturiert, verfiel nach Initialzündung durch Jens Machtniks in einen schrulligen, skurrilen Aktionsmodus. Den hat er ja stets in seinem Verhaltensrepertoire auf Lager, für ›Notfälle‹. In der mildesten Form äußert sich das als ungesteuerter Auswurf von Diminutiven der deutschen Sprache. Da wimmelt's dann nur so von »kleinen Unwisserlein«, »Miniköpflein«, »Denkzwerglein« und dergleichen. Je nach Anlass steigert sich das Ganze auch bis hin zu so hirnrissigen Spektakeln wie das am Sprungturm geschilderte.

In der aktuellen Situation, festgezurrt auf der hinteren Sitzbank der orange-grünen Nuckelpinne, beschränkte sich sein Beitrag zum Unterhaltungsprogramm auf ungnädiges Granteln, verbunden mit halblautem, aber durchweg hörbarem Gnatzen, Knurren und Maulen. Dabei bediente er sich, was den Spaßcharakter erhöhte, nicht nur der finnischen Hochsprache, sondern speziell des Savo-Dialektes (›Savo‹ ist die Landschaft Mittel-Ostfinnlands, durch die wir momentan fuhren). Diesen Kauderwelsch (sorry, liebe ›Savolaiset‹ = ›Leute aus Savo‹) untermengte er mit einzelnen russischen Flüchen, von denen es meiner Kenntnis nach nicht wenige gibt.

Es war demnach ein neolinguistischer Hochgenuss, den Matti uns bot. Wir alle, selbst Jens, amüsierten uns königlich.

Unser Betragen hatte einen höchst indignierten Matti zur Folge. Wobei man bei genauem Hinsehen entdecken konnte, wie über seine Züge für Sekunden ein verschmitztes Grinsen huschte, dem unmittelbar darauf düster zusammengezogene Augenbrauen den Garaus machten.

Sowohl Matti als auch Jens wären definitiv hervorragende Kursleiter für das ach so schwierige Fach ›mimische Schauspielkunst‹ ...

Die Zeit im ›Kesämaa‹ wurde von sämtlichen Angehörigen der Machtniks-Familie mit kindlicher Freude genossen. Auch Claudia entspannte zusehends, ließ sich von ihrem lieben Jens nassspritzen, rutschte gemeinsam mit ihm und den Kindern die Wasserrutsche hinunter und schwang sich auf einer der großen Schaukeln in den finnischen Himmel. Silke und Tommi hatten einen Heidenspaß, ich glaube, so unbefangen und locker haben sie ihre Mama nur selten erlebt.

Ich beteiligte mich wohl an dem Toben, stand jedoch auch manches Mal beobachtend dabei und freute mich für Machtniks. Fridolin blieb vorhersehbar zurückhaltend, hatte sogar darauf verzichtet, seine wie immer elegante Bekleidung zu wechseln und schaute mehr oder weniger zu. Ich hegte daher anfangs Zweifel, ob es für den braven Musikus im ›Kesämaa‹ auch nur den geringsten unterhaltsamen Moment geben würde.

Aber dann: Ich war soeben der Länge nach durch den Bauch meines heiß geliebten giftiggrünen Krokodils geschlittert, da drangen hehre sphärische Klänge an meine so überaus sensitiven Ohren. Lauschend und spähend hob ich meinen rutschbahnwassertriefenden Kopf, auf der Suche nach der Quelle dieser Töne. Und siehe da: Aus einer wimmelnden Schar von Kindern, Jugendlichen und Erwachsenen, die eine Bank unter Birken umringten, drangen die Laute einer Mundharmonika. Unbekümmert hörten sie sich an, gut gelaunt und fidel.

Ich trat näher und entdeckte Fridolin. Er saß auf der hölzernen Freiluft-Ottomane, hatte seine Beine lässig ausgestreckt und blies auf seiner Mundorgel, was die Backen hergaben. War unverkennbar der Star der Runde, präsentierte sich virtuos bis auf ein, zwei quietschende Ausreißer, die das

Publikum nicht weiter zu stören schienen. Zu meiner und aller Überraschung erhob er sich nach einigen Minuten zu voller Länge und begann einen Tanz, ich kann nicht sagen, war er orientalisch oder polynesisch, mit fast artistischen Verrenkungen. Dabei begleitete er sich selbst per Mundharmonika. Die Zuhörerinnen und Zuhörer rasten! Oder, besser gesagt, sie hatten die Augen aufgerissen und die Münder weit offenstehen, auf diese Weise den Buchstaben ›O‹ bildend. Für gängige finnische Verhältnisse ging diese Gefühlsäußerung aber als ›rasen und toben‹ durch, und daher erlaube ich mir, sie auch so zu benennen.

Ich war nicht der Einzige, der über unseren sonst so kühlen und scheuen Fridolin staunte. Matti hatte die ›wundersame Melodei‹ ebenfalls vernommen und sich der Versammlung zugesellt. Nun, von Fridolins akrobatischer Darbietung angeregt, hielt er es nicht länger aus, ausschließlich passiv zuzuhören. Vielmehr erhob er seine Stimme und fiel in Fridolins Töne ein, begleitet von Gebärden, die denen des Helden ›Sheng‹ in der Pekingoper nachempfunden sein mussten, wie mir schien.

Als ich die Szene sah, schoß mir augenblicklich durch den Kopf, welches Glück es war, dass sich Jens Machtniks nicht in der Nähe befand ...

Die beiden Herren beendeten ihr deutsch-finnisches Musik- und Tanzprojekt nach einigen Minuten, und die Menge zerstreute sich, nicht ohne durch ausgiebiges Kopfschütteln ihren ›Beifall‹ kundgetan zu haben. Sie hinterließ einen glücksstrahlenden Fridolin und einen ebensolchen Matti, die sich gegenseitig zu diesem Erfolg gratulierten. Insbesondere Fridolin war voller Lob. »Hätte niemals gedacht, dass die Finnen so kunstsachverständig sind!«, meinte er. »Vor allem auch die Jugend. Kiitos, Matti, für diese Einladung!« Und er küsste dem Finnen dankbar die Stirn. Was dieser mit einem glückseligen Schmunzeln hinnahm.

Jens Machtniks, wenig später über die Performance der beiden informiert, reagierte kurzzeitig mit Vorwürfen: »Seid selbst schuld, ihr Grützköppe, dass ihr mich nicht dazugerufen habt! Dann wär's wenigstens 'n richtiger Erfolg geworden!« Da sich das Ereignis aber nicht um seine Person drehte, wandte er sich umgehend wieder anderen Dingen zu, nämlich einem Trampolin, um dort mit mehr oder weniger Eleganz seine exquisiten Kunststückchen zu demonstrieren.

Gegen 15 Uhr verließen wir das ›Kesämaa‹, um nach Savonlinna zu fahren. Alle waren müde und ausgepowert, bis auf die Drei-Herrenriege, bestehend aus Matti, Jens und Fridolin. Während Claudia, Silke und Thomas erschöpft dösten und in halbkomatösem Dämmerzustand auf ihren Sitzen hockten, schwärmten die männlichen Teilnehmer der Gesellschaftsreise von ihren Erlebnissen.

Die Finnen bezeichnen Savonlinna gerne als ›kesäkaupunki‹ (›Sommerstadt‹), weil es in den warmen Sommermonaten eine Art touristisches Zentrum des Saimaagebietes ist. Im Winter dagegen ›schläft‹ die Stadt. Atmosphäre haben vor allem der kleine Binnenhafen, die Parkanlagen am Ufer mit ihren kleinen Cafés und die beeindruckende Burg ›Olavinlinna‹ (›Olafsburg‹), trutzig auf einer Felseninsel inmitten des Wassers errichtet und Stätte der namhaften Opernfestspiele.

Hauptproblem für Touristen, die mit dem eigenen Auto in Savonlinna ankommen, ist es, einen Parkplatz zu finden; aber wir hatten Glück und konnten unseren Kleinbus so günstig abstellen, dass die genannten Sehenwürdigkeiten fußläufig zu erreichen waren. Zwar maulten Tommi und Silke etwas, als wir in Richtung ›tori‹ (›Marktplatz‹) aufbrachen, doch dort angelangt, wurden sie rasch munter. Auf dem kleinen Platz direkt am Hafen war noch der Markt zu Gange, mit vielen ausgefallenen Artikeln, mit Obst- und Gemüseständen, Spielzeug und zahllosen anderen Dingen mehr. Und im Hafen selbst lagen mehrere alte Dampfschiffe vor Anker und als besondere Attraktion ein Wasserflugzeug.

Aber kommen wir zum wirklich Wichtigen: Jens Machtniks. Finnlandbegeisterter großsprecherischer Schnellstdenker, selbstüberzeugter Vorsitzender der, leider inexistenten, ›Bruderschaft brillanter Universal-Genies‹ und blitzgescheiter Alleswisser, Alleskönner und Allesfresser kraft Geburt. Nicht zu vergessen: Inhaber eines imaginären Diploms in erlesenem, nichtsdestotrotz schlechtem Geschmack.

Und kommen wir zu seinem Konterpart Matti. Mindestens ebenbürtig, eher ihn übertreffend.

Diese beiden Auserwählten vom Herrn verkündeten uns auf dem Marktplatz von Savonlinna, sie hätten da ein Schild an einem Laden entdeckt, handgeschrieben in großen Lettern. Auf Claudias Erkundigung, was auf diesem Tableau geschrieben stünde, bekam Matti glänzende Augen: »Kirpputori!« Und Freund Jens ergänzte mit wildem Blick: »Das, Claudia, bedeutet auf Deutsch ›Flohmarkt‹. Da muss ich mit Mahti hin!« Er piekste Fridolin mit spitzem Zeigefinger in die Brust. »Und du, Frido, kommst mit!« Der wehrte empört ab, wegen der Anrede »Frido« und als Reaktion auf den spitzigen Finger. »Glaub' gar!« Jens lockte: »Denk mal, Fridolin, da könnt es nicht nur Mundharmonikas geben, sondern auch entsprechende Noten und so ...« Damit hatte er selbstverständlich sofort Erfolg. Sein Cousin, mit Ungeduld in der Stimme: »Also los dann!«

Claudia wurde überhaupt nicht gefragt, legte auch keinen Wert auf diesen Event, sondern ließ sich in ihrer meditativen Betrachtung des romantischen Hafenpanoramas und ihrer herumtollenden Kinder nicht stören. Und die Begleitung durch mich wurde von Matti und Jens als selbstverständlich vorausgesetzt.

Ergo marschierte das Männertrio gemeinsam mit mir in Richtung des als ›Kirpputori‹ ausgeschilderten Ladens.

Flohmarkt-Geschäfte gibt es in Finnland seit Langem und gefühlt an jeder Straßenecke. Es sind wahre Fundgruben für Alltägliches und Merkwürdiges, ein Sammelsurium von Dingen, die beim Betrachten Staunen auslösen: überwiegend nicht etwa, weil sie so selten und wertvoll erscheinen, sondern aus exakt dem gegenteiligen Grund. Da finden sich eindeutig ungeputzte Einmachgläser neben Omis Silberbesteck, zerfledderte Zeitschriften neben wirklich antiquarischen Büchern, Plastikgeschirr, Eishockeyschläger, defekte Radios und tausenderlei undefinierbare Gegenstände mehr.

So war es auch in diesem ›Flohmarkt‹ in Savonlinna. Im Halbdunkel des im Keller eines mehrstöckigen Wohnhauses angesiedelten Ladens entdeckten wir einen schwermütigen, unrasierten Finnen mit traurigen Augen. So schwermütig war der Arme, dass er unseren Gruß nur gepresst zwischen verwelkten Lippen hervor erwidern konnte. Er dauerte uns, jedenfalls mich. Matti, Jens und Fridolin allerdings verschwanden in den Reihen zwischen den Exponaten, auf der Suche nach Gegenständen von Interesse. Juchzen (fast hätte ich ›Schluchzen‹ geschrieben) aus einer Ecke erregte meine Aufmerksamkeit. Ich eilte dorthin und fand einen begeisterten Fridolin, der nicht eine, nicht zwei, nein, sage und schreibe drei Mundharmonikas in seinen zitternden Händen hielt. Er strahlte übers ganze Gesicht vor Glück über seinen exquisiten Fund.

Ich gratulierte ihm von Herzen und bückte mich nach einem Gegenstand in einem Plastikkorb am Boden, der mir äußerst begehrenswert erschien: Es musste sich, soweit ich erkennen konnte, um ein Periskop handeln, aus irgendeinem U-Boot. Fragt mich nicht, wie das Objekt hierher gekommen war! Es war da, es war bildschön, es war extraordinär.

Und fragt mich nicht: »Was hast du damit vor, du Spinner?«, wie es mein Ehegespons tat, als ich im Sommerhaus mit dem ›Unterwasser-Spektifel‹ eintraf. Ich wusste es nicht, weder in Savonlinna noch im Sommerhaus, und ich weiß es auch heute nicht. Aber es gehört mir und wartet im Schuppen darauf, Verwendung zu finden. Basta!

All dies aber war gar nichts gegen die leidenschaftlichen Schreie, die ich wenig später, kurz nach der Entdeckung meiner Unterseeboot-Rarität hören musste. Sie schreckten sogar den Flohmarktbesitzer aus seiner Bedrückung und ließen ihn wenigstens für Momente seine trübselige Stimmung vergessen. Wer schrie und warum?

Fridolin war's nicht, der stand neben mir. Matti konnte ich ebenfalls sehen, er wühlte konzentriert in irgendwelchen Zeitschriften, augenscheinlich zum Thema Häkeltechniken oder Strickmode der Fünfziger ... Hatte zwar aus für mich unerfindlichen Gründen rote Ohren, aber geschrieen, nein, das hatte er nicht.

Blieb Jens. Denn weitere Kunden außer uns gab es im Laden nicht.

Wir drei, sogar Matti, suchten mithin Jens Machtniks und fanden ihn. Der Kerl stand, zur Salzsäule erstarrt, vor einer der Wände des Etablissements und glotzte. Glotzte und stand in höchster Verzückung. Hatte beide Hände begehrlich erhoben, und wir vernahmen beim Näherkommen: »Will ich! Will ich! Will ich haben!«

Von der Wand aber, oberhalb vom Machtniksschen Haupt, blickte sanft und verständnisinnig ein Elchkopf auf den schwärmerisch Entflammten. In originaler Größe. Mit ausladendem Schaufelgeweih. Mit listigem Lächeln, seiner hängenden Unterlippe zum Trotz. Mit geblähten Nüstern und Kinnbärtchen und mit gespitzten Ohren. Jens Machtniks schnaufte, es klang wie der Elch selbst.

Inzwischen war der Händler herbeigeschlurft. Er zeigte, wenn möglich, eine noch lethargischere, desinteressiertere Miene als vorher. Blickte von einem zum anderen, dann auf den Elch und meinte auf Englisch: »Very wonderful. My grandfather shot it, when I was a child. It's really part of my heart.« (»Sehr wunderbar. Mein Opa hat ihn geschossen, als ich ein Kind war. Er ist wirklich Teil meines Herzens.«) Ob er mit ›Teil meines Herzens‹ den Opa oder den Elch meinte, blieb unklar. War wohl auch so von ihm gewollt.

Jens stieß Fridolin aufgeregt in die Rippen. »Haste gehört, Fridolin? Vom Opa!« Vergeblich suchte er seine Aufregung zu verstecken, als er den Händler ansprach: »Was kostet der Kopf?« Der schlitzohrige Filou tat, als ob er nicht verstünde, woraufhin Matti übersetzte: »Mikä on hinta?« (»Was kostet es?« Wörtlich: »Was ist der Preis?«).

Es ging einige Zeit hin und her, bis Jens das Ungetüm in Händen hielt. Der Preis war stolz, ich will ihn hier nicht nennen, aus Rücksicht auf Jens; denn ich vermute stark, dass Claudia von ihrem Ehegatten bis heute nicht über die exorbitant hohe Summe aufgeklärt wurde. Und für eine Machtnikssche Ehekrise möchte ich nicht verantwortlich sein.

So einen Elchkopf aus der Nähe zu sehen, ich meine, einen echten, mit Geweih ... Ich kann dazu nur sagen: Es ist beeindruckend, riesig, wahrhaft gewaltig und kolossal. Jens musste alle seine Überredungskünste aufwenden, um bei seinem Cousin die Zustimmung zur Mitnahme des Monstrums im orange-grünen Kleinbus zu erreichen. Die Trophäe im Bus unterzubringen wurde auch nur möglich, weil entschieden wurde, das Gummiboot in Finnland zu lassen und den Rücktransport desselben Viivi und Detlef aufs Auge zu drücken.

Claudia wurde der Erwerb des Riesenteils vorerst verschwiegen, als wir zu ihr zurückkehrten. Jens teilte ihr lediglich mit treuherzigem Augenaufschlag mit, wir müssten noch beim Flohmarkt vorbeifahren, etwas abholen. »Etwas ganz besonders Schönes, mein Schatz!«, süßholzraspelte er. Es wäre übrigens, nebenbei bemerkt, sowieso ganz unmöglich gewesen, den Kopf bis zu Fridolins Vehikel zu schleppen.

Es überrascht wahrscheinlich niemanden, dass schon diese ›harmlose‹ Ankündigung von Jens ausreichte, Claudia in spürbare Unruhe zu versetzen. Und als wir später beim ›kirpputori‹ vorfuhren, wo der Händler, jetzt gar nicht mehr so sehr melancholisch gestimmt, händereibend zusah, wie wir mit drei Mann den Kopf unter Drehen, Kippen und Verkanten mühsam in den Bus luden, bedurfte es einigen Einsatzes von Jens, Fridolin, Matti und mir, um Frau Machtniks bei ihrem Nervenzusammenbruch beizustehen. Silkchen, von Elch und Claudias Schock erstaunlich wenig beeindruckt, streichelte dabei liebevoll die Hände ihrer Mama, bemüht, sie zu beruhigen. Thomas beschränkte sich dagegen darauf, nicht über Claudias, sondern über den Elchkopf zu streichen. Er ist eben ein würdiger Sohn seines Vaters, auch, was Zartgefühl und Einfühlungsvermögen anbetrifft.

So war das im ›Kesämaa‹ und in Savonlinna. Die Rückfahrt verlief weitgehend schweigend, wobei die Stille im Bus immer mal wieder unterbrochen wurde von Claudias Seufzen, einem vorsichtigen Anblasen der neu-alten Mundharmonikas durch Fridolin und ein dezentes Knarzen des Elchgeweihs ...

24 Gepäckverladung und Rückfahrt

Allmählich näherte sich der Aufenthalt des Machntniks-Clans dem Ende. Die letzten Tage verbrachten sie bei Viivi und Detti. Es war wohl so, dass sich die fünf inzwischen ›akklimatisiert‹ hatten. Zwar hielt ich mich in dieser Zeit nicht bei ihnen auf, aber Detlef und insbesondere Viivi telefonierten mehrfach mit uns und schilderten uns die aktuelle Situation. Danach war es erstaunlicherweise so, dass Claudia plus Jens plus Anhang durchaus selbstständig Ausflüge und Einkäufe unternahmen und Viivi und Detlef nicht, wie anfangs befürchtet, über Gebühr beanspruchten. Claudia und Fridolin hatten sich tatsächlich noch einige Finnisch-Brocken mehr angeeignet und vor allem Mut gewonnen, das, was sie kannten, auch anzuwenden.

Jens sägte und spaltete, angeleitet von Detti, Berge von Holz. Seine spinnerten Einfälle waren allmählich weniger geworden. Es kam wohl nur noch selten zu Situationen, die bei Umstehenden Kopfschütteln auslösten. Die spezifisch Jenssche Aussprache des Finnischen allerdings behielt er stur bei, sprach ›Viivi‹ konsequent mit ›Fiefi‹ an und verballhornte ›Suomi‹ zu ›Sohmi‹.

Ich selbst hatte an unserem Sommerhaus viel zu tun. Überdies forderte mich Matti nicht nur einmal als »kleines Hilfsarbeiterlein mit schwaches Muskulus« an, zwecks Assistenz bei irgendwelchen Bau- und Reparaturarbeiten. Einer der Höhepunkte dabei war, kurz will ich es erwähnen, die ›Restaurierung‹ der ›Elch-Kuckucksuhr‹, die er bei seinem Besuch in Deutschland im Schwarzwald erworben hatte, dokumentiert im Büchlein ›Kuckuck ruft der Elch‹. Matti warf mich schon am frühen Morgen, ich glaube, es war halb fünf, per

Telefon aus dem Bett. Ich vernahm seine gehetzte Stimme, er wirkte völlig aufgelöst. Mein erster Gedanke war, dass Päivi etwas zugestoßen sei. Meine entsprechende Erkundigung verneinte der Bursche zu meiner Erleichterung: »Quatsch! Päivi ist sich noch in Bett und schläft. Ist sich viel schlimmer: Elchlein in Kuckucksuhr hat sich Stimme verloren! Weg, aus, fort. Hat sich noch gestern Abend gekuckuckt, ist sich jetzt stumm wie Goldfisch. Musst du kommen sofort!«

Ich lehnte, noch leicht schlaftrunken, ab: »Keinesfalls, Matti! Ich will noch schlafen. Nach dem Frühstück kann ich rüberkommen, so gegen zwei Uhr.« – »Bist du verrückt, Schreiberlein?!« Der Finne war offensichtlich kurz vorm Kollabieren. Ich hörte, wie er schluchzte. In der Zwischenzeit war ich allerdings andeutungsweise wach und bereit zur ›Nothilfe‹. Aus pädagogischen Überlegungen heraus ließ ich den Burschen aber bewusst noch etwas zappeln. Erst als er anbot, mir ein mehrgängiges Frühstück zu kredenzen und meine Forderung akzeptierte, ganz alleine unser huussi zu leeren (das war besonders gemein von mir, ich weiß), ließ ich mich erweichen und teilte meinem Freund mit, ich werde umgehend aufbrechen.

Dann, nachdem ich aufgelegt hatte, drehte ich mich im Bett aktiv auf die Seite und schloss für eine weitere Stunde meine Augen, ohne auf das mehrfache Klingeln des Fernsprechers zu achten. Der Erfolg blieb nicht aus: Nach besagten 60 Minuten klopfte es an unserer mökki-Tür, und ein erboster Matti drohte mir mit der Faust. Er werde unser Häuschen erheblich demolieren, wenn ich nicht augenblicklich aufstünde und mit zum Krankenlager des »Kuckuck-Elchleins« käme.

Nun, was soll ich sagen: Ich ging mit. Doch habe ich keine Erinnerung mehr, was das Problem mit der Uhr war. Dunkel ist mir noch im Kopf, dass ich an irgendeine Stelle im

Gehäuse einen Tropfen Öl gab. Daraufhin fing das Elchviech wie wild an zu schreien, kuckuckte pausenlos und penetrant, so dass Päivi im Nachthemd erschien und Matti und mir mit ernsthaften Konsequenzen drohte, »wenn das Gekreisch von diesem Ungeheuer nicht augenblicklich aufhört!« Wir hielten infolgedessen mit vereinten Kräften die Klappe zu, aus der das Biest gewöhnlich rauskommt, um die Zeit zu vermelden. Das bewirkte wenigstens, dass das Geschrei endete, man vernahm nur noch ein lästiges Klopfen, weil das ›Elchlein‹ beharrlich und völlig uneinsichtig versuchte, die Klappe zu öffnen. Erst nach Verlauf von etwa einer Stunde beendete das Untier sein vergebliches Pochen – und, siehe da: Als wir das Türchen losgelassen hatten, sprang es ganz freundlich zur passenden Uhrzeit auf, das Elchlein trat gesittet hervor und verkündete durch die korrekte Anzahl von Schreien die Zeit.

Fragt mich aber bitte nicht, wieso, weshalb und warum. Es war eben so.

Werfen wir einen abschließenden Blick auf die Rückfahrt der Familie Machtniks und ihres musikalischen Begleiters Fridolin. War das orange-grüne Vehikel von Fridolin schon auf der Herfahrt bis oben hin beladen, so gestaltete sich nunmehr das Verstauen der Reiseutensilien und des sonstigen Gepäcks zu einem wahren Abenteuer. Fridolin schwitzte bei dieser Arbeit mehrere Hemden durch, Claudia erlitt so manche Herzattacke, die Kinder flüchteten in den aitta und verkrochen sich unter den Betten. Viivi und Detlef dagegen ruhten in bequemen Sonnenliegen vorm Haus, delektierten das Schauspiel und dokumentierten das Geschehen mit Detlefs Kamera.

Jens Machtniks hatte, keine Ahnung woher, weiße Baumwollhandschuhe an den Händen und beschäftigte sich damit, den Elchkopf im Kleinbus zu verstauen. Polsterte da etwas ab, stützte dort das Geweih mittels eines von Viivis Sofakissen, stopfte an anderer Stelle eine handgewebte Wolldecke von Dettis Urgroßoma in einen Zwischenraum, umwickelte und umschnürte einen Zacken des Elchgehörns mit (gebrauchten) Unterhemden aus seinem persönlichen Fundus. Allein das Unterbringen dieser Flohmarkt-Trophäe beanspruchte das Ladeteam über alle Maßen und brachte es an die Grenzen seiner Leistungsfähigkeit.

Zum guten Schluss breitete Jens seinen sowie Claudias Bademantel über das Kunstwerk, so dass lediglich die Elchschnauze mit Nasenlöchern und hängender Unterlippe sowie die Augen darunter hervorschauten und interessiert aus dem Rückfenster des Busses lugten.

Der Abschied von Viivi und Detti, die, wenigstens vorübergehend um ein knallrotes Gummiboot reicher (Jens: »Aber nur geliehen, Detti!«), aus nachvollziehbaren Gründen merklich aufatmeten, als es Richtung Deutschland losgehen sollte, war tränenreich, wenigstens aufseiten der Machtniks und von Fridolin.

Der Rest ist rasch erzählt: Die Fahrt verlief ohne jegliche Besonderheiten, was bei dieser Reisegruppe wirklich etwas heißen will!

Fridolin bestand darauf, den von ihm bewunderten finnischen Mundharmonika-Künstler auf der Rückfahrt aufzusuchen, hatte aber Pech, der Betreffende war nicht da. Fridolin hinterließ daher seine Karte im Briefkasten; ob der finnische Musiker sich jemals bei ihm gemeldet hat, ist mir unbekannt. Wohl aber steht der Mundharmoniker in regelmäßigem brieflichen Kontakt mit seinen Musikerkollegen vom Schiff: dem schottischen Dudelsackspieler und dem Regenmacher-Virtuosen. Die drei planen für ›irgendwann‹ ein gemeinsames Konzert ...

25 Verzeichnis der finnischen Wörter

aitta	kleines Holzgebäude auf Bauernhöfen, das als Kornspeicher oder Schlafraum für Mägde oder Knechte genutzt wurde
Alko	staatliche Verkaufsstelle für Alkoholika
anoppi	Schwiegermutter
anteeksi	Entschuldigung
apu	Hilfe
apua!	Hilfe!
auto	Auto
autokorjaamo	Autowerkstatt
autotalli	Garage
hammastikku	Zahnstocher (Sg.)
hammastikut	Zahnstocher (Pl.)
harppu	Harfe
hautaus	Beerdigung, Bestattung
hautausmaa	Friedhof
hepo	Ross (dichterisch, besonders in ›virtahepo‹ = ›Flusspferd ‹ oder ›Nilpferd‹)
hevonen	Pferd
hinta	Preis
hirvi	Elch
huuli	Lippe, Witz, Scherz
huuliharppu	Mundharmonika
huussi	Klohäuschen, Plumpsklo
hyvä	gut
hyvää iltaa	guten Abend
idiootti	Idiot
ilta	Abend
ilves	Luchs
itikka	Schnake, Stechmücke
itikoita	Schnaken, Stechmücken (Part. Pl.)

itse	selbst
Jouko	männlicher finnischer Vorname
juu	Ja (umgangssprachlich)
järvi	See
kahvila	Café
kala	Fisch
kalkkuna	Truthahn
karhu	Bär
kaupunki	Stadt
kaura	Hafer
kaurapuuro	Haferbrei
keinu	Schaukel
keskus	Zentrum, Mitte
kesä	Sommer
Kettu	finnischer Familienname
kettu	Fuchs
kiitos	Danke
kiikku	Schaukel
kirjasto	Bibliothek
kirppu	Floh
kirpputori	Flohmarkt
-ko	Frage-Suffix (siehe als Beispiel koskee und koskeeko)
koira	Hund
korjaamo	Werkstatt
koskea	schmerzen, berühren
koskee	(er/sie/es) schmerzt (3. Pers. Singular Präs.)
koskeeko?	schmerzt es, tut es weh?
kotimainen	einheimisch, inländisch
kotimaista	Part. Sing. von kotimainen
kulta	Schatz, Gold
kultani	mein Schatz
kuu	Mond (und: Monat)
käymälä	Toilette

Lahti	Stadt nördlich von Helsinki
Lapeenranta	Stadt in Ostfinnland
linna	Burg, Schloss
liiteri	Geräte- oder Holzschuppen
lohi	Lachs
maa	Land, Erdreich
maito	Milch
mansikka	Erdbeere
mansikoita	Erdbeeren (Part. Pl.)
Matin	Mattis (Genitiv von Matti)
Matti	männlicher finnischer Vorname
mies	Mann
mikä?	Was?
minulla	mir
mitä?	Was?
moottori	Motor
moottoritie	Autobahn
mulla	umgangssprachlich für »minulla« = »mir«
museo	Museum
museotie	Museumsweg, in Finnland eine im ursprünglichen Zustand etwa der fünfziger Jahre belassene, teils unasphaltierte Straße: kurvenreich, mit zuweilen steilen Steigungen und Gefällen
mustekala	Tintenfisch
mökki	Sommerhaus
nainen	Frau
nakki	Würstchen (z. B. Wiener oder Frankfurter)
nappi	Knopf
-ni	Suffix für »mein« (siehe als Beispiel kulta und kultani)
no	Ausruf, etwa wie im Deutschen »Na«
näkötorni	Aussichtsturm
näyttely	Ausstellung

Olavi	Olaf
olla	Infinitiv von »sein«
oluessa	im Bier
»Oluessa«	»Im Bier«, altes finnisches Trinklied
olut	Bier
omistaja	Besitzer, Eigentümer
on mulla	ich habe (wörtlich: »ist mir«; ›mulla‹ = Kurzform für ›minulla‹)
on	er/sie/es ist (3. Pers. Singular Präs.)
onhan mulla	ich habe doch (zu ›mulla‹ siehe dort)
onni	Glück
Onni	männlicher finnischer Vorname
pahvi	Pappe, Karton
pahvipää	Pappkopf (Schimpfwort)
pieni	klein
piimä	Sauermilch
piirakka	Pirogge
piirakoita	Piroggen (Partitiv Plural)
Pirjo	weiblicher finnischer Vorname
poimia	pflücken (Verb)
poiminta	Pflücken (Substantiv)
poliisi	Polizei
pontikka	selbstgebrannter Schnaps
puhelin	Telefon
pulla	süßes Hefeteilchen
puukko	spezielles, sehr scharfes finnisches Messer
puuro	Brei
Päivi	weiblicher finnischer Vorname
pää	Kopf
ranta	Strand, Ufer
ravintola	Restaurant
ruis	Roggen
ruisnappi	kleines rundes Roggenbrot, etwa vier bis fünf Zentimeter im Durchmesser

saari	Insel
saattue	Eskorte
sairaanhoitaja	Krankenschwester
Saksa	Deutschland
sankari	Held
Savo	Landschaft Mittel-Ostfinnlands
savolaiset	Bezeichnung für die Einwohner von Savo
Sibelius, Jean	berühmtester finnischer Komponist
silmä	Auge
silmänvilkutus	Augenzwinkern
sisu	ist nicht direkt übersetzbar. Gilt als spezifisch finnische Eigenheit, beinhaltet Kraft, Mut, Ausdauer, Sturheit, Durchhaltevermögen etc.
sota	Krieg
sotamuseo	Kriegsmuseum
suo	Sumpf, Moor
suola	Salz
Suomi	Finnland
supi-koira	Marderhund, auch Fuchshund
suu	Mund
sämpylä	Brötchen (Nom. Sg.)
sämpylöitä	Brötchen (Part. Pl.)
taide	Kunst
talli	Stall
terve	Hallo; eigentliche Bedeutung: gesund
terveys	Gesundheit
terveyskeskus	Gesundheitszentrum
tie	Weg
toivoa	wünschen
toivoo	er/sie/es wünscht (3. Pers. Singular Präs.)
tontti	Grundstück
tori	Marktplatz
torni	Turm

tulitikut	Streichhölzer
uimaranta	Badestrand, Schwimmstrand
Viivi	weiblicher finnischer Vorname
vilkutus	Zwinkern, Wink
virta	Fluss, Strom
virtahepo	Flusspferd, Nilpferd
voi	Butter
vuohenputki	ein lästiges ›Unkraut‹, zu Deutsch »Giersch«
Vuosaari	ein östlicher Stadtteil von Helsinki
ystävä	Freund/Freundin

Eberhard Apffelstaedt

Finnen? Finnen!

Mehr Finnen?
Mehr Finnen!

»Finnen? Finnen!« erzählt von Finnland und den Finnen. Der Autor liefert auf humorvolle und augenzwinkernde Art eine treffliche Annäherung an den Charakter und das Seelenleben der Finnen, an ihre Lebensart und ihr Lebensgefühl. Witzige Anekdoten rund um seine Freunde Matti und Päivi und spielerischer Umgang mit Klischees machen die Lektüre zu einem Vergnügen. Ganz nebenbei erfahren Leserin und Leser eine Menge an Fakten über Land, Leute, Sprache und Kultur.

Taschenbuch · 212 Seiten · 14,80 Euro · ISBN 978-3-937507-20-0

Nach dem Erfolg des Erstlings ist die Fortsetzung »Mehr Finnen? Mehr Finnen!« eine weitere Liebeserklärung an dieses Land und seine so geschätzten Bewohner, voller Anekdoten und kleiner Schmunzel-Geschichten.

Taschenbuch · 212 Seiten · 14,80 Euro · ISBN 978-3-937507-29-3

Kuckuck! ruft der Elch

Matti der Finne zu Besuch in Deutschland

Mit liebenswürdigem Schmunzeln und viel Selbstironie erzählt der Autor von Mattis und Päivis Besuch in Deutschland und den dabei erlebten Abenteuern. Denn die skurrilen Umgangsformen von Matti und das Zusammentreffen mit nicht weniger absonderlichen deutschen Typen führen ständig zu außergewöhnlichen, fantastischen Ereignissen.

Taschenbuch · 228 Seiten · 14,80 Euro ISBN 978-3-937507-40-8

www.labonde-verlag.de